KB134415

ENTERPRISE PROJECT MANAGEMENT

엔터프라이즈 프로젝트 매니지먼트

폴 C. 딘스모어 지음 / 박영민 옮김

한언 HANEON.COM

ENTERPRISE PROJECT MANAGEMENT
엔터프라이즈 프로젝트 매니지먼트

펴   냄 | 2003년 9월 20일 1판 1쇄 박음 / 2003년 9월 25일 1판 1쇄 펴냄
지은이 | 폴 C. 딘스모어
옮긴이 | 박영민
펴낸이 | 김철종
펴낸곳 | (주)한언
　　　　등록번호 제1-128호 / 등록일자 1983. 9. 30
주   소 | 서울시 마포구 신수동 63-14 구 프라자 6층(우 121-854)
　　　　TEL. 02-701-6616(대) / FAX. 02-701-4449
책임편집 | 이은정 ejlee@haneon.com
디자인 | 추소정 sjchu@haneon.com

홈페이지 **www.haneon.com**
e-mail **haneon@haneon.com**
　　　　ISBN 89-5596-116-2　03320

ENTERPRISE PROJECT MANAGEMENT
엔터프라이즈 프로젝트 매니지먼트

WINNING IN BUSINESS WITH
ENTERPRISE PROJECT MANAGEMENT
by Paul C. Dinsmore

앞으로의 기업들은 더욱 더 프로젝트 중심으로 변화할 것이다.

− 워렌 베니스(Warren Bennis)

CONTENTS

머리말 | 새로운 변화
이 책을 읽는 방법
시간에 쫓기는 독자를 위한 방법

I　비즈니스 게임의 본질

1장 모든 일은 프로젝트 · 21

프로젝트와 프로세스:닭이 먼저냐 달걀이 먼저냐의 문제 · 24
생성 과정 · 28
범세계적 프로젝트관리 · 31
프로젝트 조직과 기능 조직 · 32

2장 기업을 효율적으로 운영하기 · 34

전사적 관점에서 프로젝트관리 바라보기 · 36
전사적 프로젝트관리의 특성 · 37
프로젝트 포트폴리오 · 40
전사적 관리 시스템에 관해 · 42
전사적 관리에 대한 보호막으로서의 전사적 프로젝트관리 · 44

3장 기업의 전략과 프로젝트의 간격 메우기 · 47

비즈니스 계획에서 프로젝트 구현까지 · 49
간격 메우기 · 52
돌발 사태 관리 · 63
프로젝트의 전략적 정렬 · 65

4장 요리책, 레스토랑, 그리고 전사적 프로젝트관리 · 68

주요 성공 요소 · 70
프로젝트 분류 체계 접근법 · 73
전사적 프로젝트관리의 단계적 구현 · 74
경영자 세션 · 77
험난한 미래 · 81
요리 계속하기 · 82

5장 떠도는 버팔로, 프로젝트 오피스, 그리고 프로젝트 책임자 · 84

프로젝트 오피스를 찾아서 · 85
혼합 형태 · 100
프로젝트 오피스 만들기 · 102
집, 즐거운 집 · 105

6장 스테이크를 들고 있는 사람:프로젝트 주역들을 다루는 모델 · 107

조직 전반에 걸친 이해관계자 관리 · 108
체계적인 이해관계자 관리 · 113
더 이상 없는 이해관계자의 문제 · 121

II 비즈니스 게임하기

7장 올바른 질문법:경영진으로 살아 남는 비결 · 125

빈틈없이 보이기 · 126
프로젝트관리 지식 체계에 의한 질문 사항 · 131
간결한 프로젝트관리 지침 · 133
전사적 프로젝트관리의 장려 · 135
경영진을 위한 자가 진단 · 137
지속적 교육의 신속한 시작 · 138

8장 프로젝트관리, 코끼리, 그리고 NBA · 140

프로젝트관리 101 · 142
프로젝트 퍼즐의 기본 조각들 · 145
관리가 필요한 기타 사항:보조 영역 · 154
다 함께 모아 그 상태로 유지하기 · 160
계속 드리블하기 · 163

9장 프로젝트관리, 교육, 그리고 돌팔이 의사 · 164

해답은 교육에 있다 · 166
교육 프로그램 준비하기 · 169
자체 개발할 것인가, 외부 전문 기관을 활용할 것인가? · 172
교육 내용 · 173
개인 지도와 기타 강의실 밖에서의 교육기법 · 178
보장할 수 없음 · 181

10장 프로젝트관리 역량:그들이 무슨 일을 하는지 알고 있는가? · 182

역량이란 무엇인가? · 184
역량은 왜 필요하며 어떤 이점이 있는가? · 185
역량 모델에 포함해야 할 대상 · 187
역량과 프로젝트의 성공 · 190
역량을 갖춰야 할 사람 · 191
역량은 측정 가능한가? · 193
역량을 갖추는 방법 · 195
역량을 갖춘 사람이 성과를 높인다 · 196

11장 당신의 조직은 어떻게 성장했는가? · 197

과학적인 접근법인가, 겉핥기식 검토인가? · 199
프로젝트관리 성숙도 모델 · 200
경험에 의한 성숙도 측정 · 211
다음 단계 · 212

12장 프로젝트 관리자에 대한 금전적 보상과 동기부여 방법 · 214

기술을 기준으로 하는 보수 체계 · 218
10달러를 쓸 수 있다면 · 220
금전 이외의 보상 체계 · 221
어려운 때의 동참 · 225
돈 이외에 다른 것도 중요하다 · 227

13장 의사소통:유선인가, 무선인가? · 228

논리 전제 탐구:가치 있는 시간과 노력의 투입 · 230
논리 전제 탐구:아주 쉽게 접근 · 232
명확한 전제는 명확한 의사소통을 뜻하는가? · 233
의사소통에 있어서의 몇 가지 미묘한 점들 · 236
프로젝트와 기업 전반에 관해 · 240

14장 모든 것의 종착점 · 242

세계화 · 243
세계화 추진의 주체와 방법 · 244
'빛보다 더 빠르게' · 246
기술 · 246
전사적 프로젝트관리 문화를 향해 · 248
지난해 성탄절 만찬과 같은 경험 · 249
정글로 돌아가기 · 250
내부로부터의 직업적 전망 · 251
추세 따라잡기 · 254
벤치마킹 · 257
프로젝트관리의 확산은 놀랄 일이 아니다 · 259

역자 후기 · 260

부록 · 263

주석 및 출전 · 265
프로젝트관리를 지원하는 전문 조직들 · 269
찾아보기 · 270

새로운 변화

이 책은 기본적으로 성공적인 비즈니스를 펼치려는 사업가들을 위한 것이다. 비즈니스의 성공은 비즈니스의 가치를 어떻게 증대시키느냐에 따라 좌우되며, 비즈니스의 가치는 모든 새로운 프로젝트를 통합, 조직화하여 충실히 수행해 나갈 때 증대된다. 프로젝트를 효율적으로 관리할수록 그만큼 비즈니스는 더욱 번성한다는 것이다.

또한 이 책은 기업의 발전에 크게 기여하려는 열정적인 프로젝트 관리자들을 대상으로 하고 있다. 따라서 기업이 모든 프로젝트를 충실하게 관리하여 부가가치를 얻을 수 있도록 기업 차원에서 프로젝트를 관리, 조정하고 통합하는 방법을 소개하고 있다.

혼란하고 불확실한 지금의 경제 흐름을 감안할 때 이러한 주제는 특히 더 시의적절하다고 하겠다. 앨빈 토플러*Alvin Toffler*는 이미 1970년대에 그의 대표적인 저서《미래의 충격*Future Shock*》에서 오늘날의 경제 상황을 경고한 바 있다. 당시 소수의 선도적 기업가들만이 그의 경고에 귀를 기울였을 뿐, 그의 주장을 무시했던 기업인들은 현재 시간이 갈수록 빠르게 변화하는 기업 세계에서 뒤떨어지지 않기 위해 혼신의 노력을 다하고 있다. 여러 가지 변화에 대응하기 위해 모든 기업들은 그 동안의 전혀 변화하지 않을 것 같은 정적인 상태에서 동적인 상태로 변화하고 있다. 마치 언제 어디서 돌연변이가 툭 튀어나올지 예측 불가능하며, 위계 질서와 일정한 틀 안에 갇혀 있던 조직의 모습 역시 점차 사라지고 있다.

따라서 이제 기업들은 연주자들이 저마다 '자신만의 악기'를 연주하지만 힘차게 약동하면서 조화를 이루는 재즈 밴드처럼, 그와 같은 효과를 내기 위해 변화를 꾀해야 한다.

프로젝트관리는 꽤 오랜 시간 동안 정해진 예산과 계획한 시간 내에 완벽하게 업무를 처리해 낼 수 있는 실용적인 방법이었다. 1969년 우주선 이글Eagle 호가 달에 착륙한 것도 체계적인 프로젝트관리를 통해서였다. 우주선의 달 착륙이 너무 엄청난 성공이었을까? 그후 25년간 알궂게도 프로젝트관리는 주로 대규모 건축 사업, 항공 우주 산업, 방위 산업 등 기술 집약적이고 실현되기 매우 어려운 분야에만 필요한 것으로 인식되었다.

그러나 지금은 이 모든 것이 변화를 맞고 있다. 모든 비즈니스가 달 착륙처럼 집중적이고 확실한 성과를 거두어들여야 하는 시대가 되었다. 이제 대부분의 기업들은 프로젝트관리 기법을 단순히 개개의 프로젝트를 완성하는 데 적용하기보다는 기업의 전략적 목표를 이루어내는 데 이용하고 있다. 프로젝트관리에 대한 활용 범위가 이처럼 변화하면서, 많은 기업들은 관리하는 것과 동시에 완성해야 하는 수많은 프로젝트로 이루어진 역동적인 유기체로 인식하게 된 것이다. 새로 시작되는 프로젝트가 있는가 하면 진행 도중에 폐기되는 프로젝트가 있다. 때문에 프로젝트는 기업 스스로 생존하고 경쟁력을 갖추기 위해 지속적으로 변화를 주어야한다. 이것이 변할 수 없는 프로젝트의 핵심이다.

비즈니스 세계가 끊임없이 변화하기 때문에 기업들은 과거에 단계적으로 조직을 운영하던 것과는 달리 여러 가지 프로젝트 포트폴리오를 관리해야 한다. 때문에 전사적 프로젝트관리는 시의적절하게 등장한 개념이라고 할 수 있다. 전사적 프로젝트관리는 프로젝트관리를 개개의 프로젝트에 응용할 뿐만 아니라, 이를 전사적 차원에서도 응용함으로써 목표를 어떻게 달성해야 하는지 그 방법을 제시하며, 프로젝트관리 기법을 통해 사업을 추진하는 새로운 방법도 보여 준다. 또한 기업 전체에 프로젝트 원칙을 통합하는 데 역점을 두고 있다.

이 책은 개별적인 프로젝트의 관리 방식보다는 기업 경영에 관한 내용을 다루고 있다. 단순히 프로젝트관리 방법을 제시하는 것이 목적이 아니므로 다른 프로젝트관리에 관한 문헌과는 차이가 있을 것이다. 대신 조직 경쟁력을 중심으로 하는 조직 운영에 관한 방법을 설명하는 프로젝트관리에 역점을 두고 있다. 또한 표준 관리 방식을 부정하기도 하는데, 그 이유는 이 책이 전사적 프로젝트관리의 사고방식을 정착시킴으로써 기업의 생산성을 크게 향상시키는 기업 혁신에 관한 방법을 설명하고자 하기 때문이다.

이제는 프로젝트관리를 통해 계획을 세우고 일상적인 비즈니스를 실행하는 것이 자연스럽게 되었다. 다시 말해 프로젝트관리가 품질 관리나 고객 만족 또는 감량 경영 등과 같은 기업의 경영 철학이 되고 있다. 프로젝트관리는 기업 내에서 기본 관리 요소로 크게 자리매김하고 있으며, 목표에 도달하기 위한 일반적인 방식으로 인정받고 있는 것이다. 이 책을 읽다 보면 아메리칸 익스프레스, 시티뱅크, EDS, ABB, IBM 등과 같이 세계의 유명한 기업들을 만나게 된다. 모두 전사적 프로젝트관리 방법을 응용하기 위해 차별화된 조치를 취하여 크게 성공한 기업들이다.

전사적 프로젝트관리는 고객 중심의 경영, 품질 향상 도모, 업무 프로세스 변경, 심지어 프로세스 관리 등과 같은 오늘날의 경영 철학과도 호환성을 갖고 있다. 그러므로 프로젝트관리를 기업 내부에서 보다 폭넓게 활용하면 지금보다 업무 처리 속도를 줄이고 생산성을 더욱 높일 수 있다. 전사적 프로젝트관리는 신성 불가침한 세 가지 프로젝트 원리(시간-비용-품질 관리)에 그 목적을 두고 있기 때문에 일반 기업의 목표와도 일치한다.

오늘날은 몇몇 선도적인 기업들이 경영 혁신을 주도하고 있기 때문에 나머지 기업들은 기업의 위상을 높이고 전략 및 운영 프로젝트, 이 두 가지를 신속하게 실현하기 위해 많은 노력을 기울이고 있다. 전사적 프로젝트관리를 통해 바로 그러한 목표를 이루어낼 수 있으며, 이 책에서는 그 방법으로 몇 가지 주요 원칙을 제시하고 있다. 모두 14가지의 원칙을 제시하고 있으며, 전사적 프로젝트관리의 개념과 전사적 프로젝트관리가 현실적으로 효력을 발휘하는 데 필요한 원칙 등 크게 두 부분으로 나누어 소개하고 있다.

1부에서 다루게 될 6가지 비즈니스 게임 원칙들은 전사적 프로젝트관리의 개념과 프로젝트를 수행할 조직을 관리하는 데 필요한 핵심 원칙들로, 개개의 원칙은 각 장에서 상세히 설명하고 있다. 2부에서 다룰 8가지 비즈니스 게임 원칙들은 프로젝트 수행에 유리한 환경을 조성하고 유지하는 것을 목표로 한다. 이 8가지 원칙들은 전사적 프로젝트관리가 일시적인 유행이 아니라 견실한 원칙을 기초로 하는 경영 철학의 주요 부분이라는 것을 입증하는 데 중점을 두고 있다.

이 책을 읽는 방법

1부는 프로젝트에 의한 조직 경영의 기본 개념을 다루고 있으므로 전체적인 주제를 파악하려는 독자들에게 적합하다고 할 수 있다. 조직 차원에서 프로젝트관리 방법론을 적용하려는 이유와 배경을 설명하고 전사적 프로젝트관리와 프로젝트 포트폴리오 관리가 비즈니스 성공에 중요한 까닭을 설명하고 있다. 또한 조직 전략과 프로젝트 수행 사이의 간격을 메우는 방법과 전사적 프로젝트관리를 신속히 도입하는 데 필요한 단계적이고 조직적인 변화를 유도하는 여러 조치에 대해 언급하고, 다양한 형태의 프로젝트 오피스를 통해 지원을 받는 방법을 설명하며, 마지막으로 전사적 프로젝트관리를 도입하고 운영하는 데 따르는 이해관계자 관리의 중요성에 대해 언급하고 있다.

2부는 전사적 프로젝트관리 체계를 도입하기 위한 여러 가지 준비 사항과 전사적 프로젝트관리 체계를 유지하는 데 필요한 내용을 설명하고 있다. 전사적 프로젝트관리의 요점에 관심이 많은 독자라면 2부의 내용을 상세하게 읽어볼 것을 권한다. 2부에서는 프로젝트관리의 기본 원칙, 교육, 역량, 조직의 성숙도, 보상 제도, 의사소통, 미래에 대한 대비 등의 주제를 다루고 있기 때문이다. 2부는 경영진들에게 조언하는 장으로 시작한다. 즉, 중역들에게 프로젝트관리에 대해 정확하게 질문하는 방법을 제시하고, 모든 일이 프로젝트화된 이 시대에 생존할 수 있는 방법을 제시하고 있다.

시간에 쫓기는 독자를 위한 방법

책을 읽는 방법에는 처음부터 끝까지 읽어나가는 일반적인 방법 이외에 특별한 정보만을 찾아서 읽는 방법이 있다.

시간에 쫓기는 독자라면 다음 두 가지 방법으로 네 개의 장을 선택하여 읽을 수 있다.

1. 프로젝트관리에 대해 기본 개념이 없는 독자들은 8장, 2장, 4장과 9장을 순서대로 읽는 것이 효과적이다.
2. 프로젝트관리에 대한 개념은 알고 있으나 전사적 프로젝트관리 개념에 대해 생소한 독자들은 2장에서 5장까지 읽어볼 것을 권한다.

이 책은 조직 내에서 각 조직원들이 서로 다른 방법으로도 이용할 수 있도록 구성되어 있다. 누구나 이 책을 읽고 중요한 관리 기법에 관한 정보를 수집하고, 기업을 프로젝트에 바탕을 둔 조직으로 변모시키는 기본 틀로 이용할 수 있다. 조직의 변화를 유도하는 데 기여할 수 있는 몇 가지 방안을 제시하면 다음과 같다.

- 최고 경영자에 의한 변화 유도 전사적 프로젝트관리 제도를 채택하려고 할 때에 다른 조직원들이 이에 동의하지 않는다면, 최고 경영자는 4장에서 제시하는 전술을 동원할 필요가 있다. 기업 내부에

서 영향력이 큰 인사들 역시 이 책을 읽어보아야 한다.

- 고위 중역들에 의한 변화 유도 기업 전략과 다수의 프로젝트 실행 사이에서 결정을 내리지 못하고 고민하는 중역들에게 이 책을 읽어보기를 권한다. 특히 2, 4, 7, 8장에서 설명하는 개념들은 중역들의 일상 업무인 수많은 프로젝트를 처리할 수 있도록 도움을 주며 워크샵에서 이용할 수 있다.

- 중간 관리자에 의한 변화 유도 더욱 역동성을 띤 강력하고 효율적인 조직을 만들어야 할 책임이 있는 변화 관리자는 5장에서 설명하는 작업분류 체계(Work Breakdown Structure, WBS)를 계획 도구로 이용할 수 있다. 9장에서 설명하는 교육 프로그램도 변화를 위한 교육 프로그램에서 참고할 수 있다.

- 관리자와 프로젝트 전문가에 의한 변화 유도 관리자와 기타 프로젝트에 관여하는 사람들은 지원이 부족한 상태에서 프로젝트를 수행해야 할 때가 많다. 이러한 어려움에 직면할 때 이 책은 중간 관리자 및 프로젝트 전문가들을 위한 지침으로 이용할 수 있으며, 이 책을 통해 파악한 개념들을 경영진에 전달할 수 있다.

- 학자와 전문 컨설턴트에 의한 변화 유도 학자들도 확실한 기술적 근거를 갖는 연구 대상으로 이용할 수 있고, 새로운 경영 방식으로 경영학계의 필독서로 추천할 수 있다. 프로젝트 지향적으로 변화하고 있는 추세에 대비하도록 고객을 설득하는 컨설턴트도 자신의 주장을 뒷받침하기 위해 이 책에서 인용된 출처를 이용할 수 있을 것이다.

보다 신속하고 정확하게 업무를 처리해야 하는 비즈니스 상황을 감안할 때 프로젝트관리 기법이야말로 주어진 예산 내에서, 정해진 기간 내에, 업무를 처리할 수 있는 최적의 방안이라고 생각한다. 이 책은 독자에게 그러한 방법을 제시해 줄 것이다.

PART 1

비즈니스 게임의 본질

chapter 1

모 든 일 은 프 로 젝 트

 기업이 우수한 제품과 서비스를 저렴한 비용으로 신속하게 제공하기 위해서는 프로젝트관리와 프로세스관리의 상관관계를 명확히 구분해야 한다.

비즈니스에서는 모든 일이 프로젝트이거나 프로젝트와 관련이 있다. 조직을 구조 조정하는 것도 프로젝트이며, 품질 개선이나 생산성 향상을 위한 일, 연간 목표를 달성하는 일과 본사를 이전하는 일 또한 프로젝트이다. 새로운 마케팅 활동이나 기술 향상 방안에서 업무 합리화 방안에 이르기까지 또는 비즈니스의 해외 진출 모색이나 국제 로터리 클럽의 대규모 회의 준비 등 모든 일이 프로젝트다. 백화점을 새로 짓는다든지, 통합 데이터 베이스 시스템을 개발한다든지 또는 무인 탐사선을 화성에 보내는 것과 같이 일반에게 잘 알려진 일은 거론할 필요조차 없다. 기업에서 매일 다루는 수많은 활동들은 모두 프로젝트와 관계가 있다.

프로젝트는 비반복적인 일들, 즉 시작과 끝이 있는 과업이다. 변화란 무자비하고 가속이 붙는 것이므로 비록 반복적인 활동이 지속된다 해도 기업은 새로운 프로젝트의 모습을 갖추게 된다. 자동차 공장에서 볼트를 죄는 일은 프로젝트라고 할 수 없지만, 4륜 구동 자동차를 새로 디자인하여 프로토타이핑하는 일은 지속적인 개선을 위한 여타 활동, 즉 생산 라인을 개조하며 생산성을 향상시키기 위해 '통합 프로젝트 팀'을 구성하는 것과 같다. 생산라인이 그 성격상 '프로세스'라면 생산라인에 생명을 부여하고 제품 순환 주기를 단축하여 경쟁력을 키우는 일은 '프로젝트'인 것이다.

거대한 컨설팅 회사인 딜로이트 앤 투쉬 *Deloitte&Touche*의 스테판 스프링클 *Stephen Sprinkle*은 《월스트리트 저널》에 기고한 '프로젝트관리에 관한 기고문'(1996년 8월 19일자)에서 다음과 같이 주장했다. "제품 주기를 단축할 경우, 팀을 조직하여 모든 업무를 신속하게 처리할 수 있다."딜로이트 앤 투쉬는 프로젝트 물결의 최선두를 달리는 회사로, 1995년에 전사적 프로젝트 접근 방식을 도입하여 실행한 지 불과 1년 만에 매출이 44%나 성장했다.

모든 기업들이 프로젝트에 몰두하고 있기 때문에 어떠한 방법으로 관리를 하느냐에 따라 기업의 성패가 좌우된다. 전략적인 프로젝트이건 특정한 프로젝트이건 이를 효과적으로 관리하는 기업은 계획한 목표를 이루어낼 수 있지만, 프로젝트관리에 서툰 기업은 가혹한 운명을 맞을 수밖에 없다. 그러므로 기업은 당연히 많은 프로젝트를 관리할 수 있는 능력을 보유하고 있어야 한다.

기업은 다음과 같은 이유에서도 프로젝트관리 역량을 향상시켜야 한다.

- 현재 진행중인 일상 업무보다는 프로젝트에 관심과 투자를 더 쏟는다.
- 조직의 성공은 '일상적인 업무'보다 '새로운 프로젝트'에 달려 있다.

- 시장에 빨리 진입하기 위해서 프로젝트는 정해진 시간 내에, 정해진 예산 내에서 규정된 품질 요건과 고객의 요구를 충족시켜야 한다.
- 비약적인 효율성 증대는 새로운 이니셔티브를 통해 얻을 수 있는데, 이는 프로젝트관리가 필수이다.
- 프로젝트관리가 정착되면 기업의 고객 만족도가 높아지고, 시장 침투 능력이 향상되며, 재정적인 면에서도 수익이 증대된다.

주어진 예산으로 지정된 품질 표준에 맞추어 정해진 기간 내에 과업을 완성한다는 프로젝트관리의 전통적인 모토는 '보다 신속하고, 보다 저렴한 비용으로, 보다 우수한' 제품을 생산한다는 오늘날의 기업의 목표와 일치한다. 프로젝트가 수행됨에 따라 성과가 구체적으로 나타나고 프로젝트관리 방안을 성공적으로 터득한 기업들은 이에 따른 수익 증대와 재작업 감소로 인해 비용을 절약하게 된다. 프로젝트가 기업의 전략과 잘 맞물려 있고, 결과, 방법론, 제품 및 프로세스 개선 지표와 고객의 요구 등에 지속적으로 관심을 가질 경우, 프로젝트가 갖고 있는 목표 지향적인 특성(시간-비용-품질)으로 인해 긍정적인 결과를 얻을 수 있게 된다.

저명한 경영 학자 및 저자들 중에는 프로젝트를 위주로 기업을 이끌어 가는 기업, 즉 프로젝트 포트폴리오 관리 방식으로 비즈니스를 수행하는 기업을 강력하게 지지하는 사람들이 많다. 남부 캘리포니아 대학 교수로 리더십 및 경영 관리에 관한 저서를 18권이나 저술한(이 중 두 권은 경영학 분야에서 최고의 저술가에게 주는 맥킨지 상McKinsey Award을 받았음) 워렌 베니스Warren Bennis는 "앞으로 기업들은 더욱 프로젝트화될 것이다"라고 주장했다. 또한 그는 "기업 조직 구도는 계층화된 기능적 집단이 아니라 프로젝트 조직들로 이루어질 것이다"라고 단언했다.《하버드 비즈니스 리뷰Harvard Business Review》지에 '경영자를 위한 프로젝트

교본'이라는 논문을 쓴 학자들은 "시간이 흐르면 고위 중역들의 자리가 프로젝트를 통해 비즈니스를 완성한 경험이 많고 총체적으로 지도력을 발휘할 사람들로 채워질 것이다"라고 주장했다.

반면, 생산성을 높이고 경쟁력을 키우기 위해서는 프로젝트관리보다는 프로세스관리를 더 중시해야 한다고 주장하는 학자도 있다. 저술가 마이클 햄머*Michael Hammer*는 자신이 쓴 《리엔지니어링을 넘어서 *Beyond Reengineering*》라는 책에서 프로세스 중심의 관리가 미래의 패러다임이 된다고 주장했다. 여기에는 그럴 만한 충분한 근거가 있다. 예를 들어, 석유 화학 공장이나 전자 제품 제조업 등 프로세스 지향적인 기업들은 프로젝트에 의한 관리 방식을 채택할 가능성이 희박해 보이기 때문이다. 결국 그러한 기업들이 성공하기 위한 관건은 표준화된 프로세스를 토대로 생산 활동을 반복하여 생산성을 높이는 것이다. 그러나 프로세스를 개선하고 비약적인 새로운 프로세스를 개발하여 이를 실행하는 데는 프로젝트가 필수적이다. 그렇다면 프로젝트는 프로세스에 예속되는 것인가, 아니면 그 반대인가?

프로젝트와 프로세스 : 닭이 먼저냐 달걀이 먼저냐의 문제

프로세스와 비교하여 프로젝트의 중요성을 이해하는 것은 닭이 먼저냐 달걀이 먼저냐 하는 질문에 답하는 것과 같다. 그것은 물론 흥미로운 두뇌 운동이기는 하지만, 어느 것이 먼저냐 또는 어느 쪽이 더 중요하냐 하는 물음은 별 의미가 없다. 닭과 달걀, 프로젝트와 프로세스, 이 두 가지는 모두 통합되어 있는 관계이며 부분적으로는 상호 의존적인 관계이다. 그림 1-1과 같이 한 부분이 존재하기 위해서는 다른 부분 역시 존재해야 한다. 프로젝트는 프로세스에 의존하고, 프로세스는 프로젝트에 의존한다. 프로세스관리와 프로젝트관리는 이처럼 태생적으로 상호 관계를 맺고 있기 때문에 프로세스관리가 늘어나면, 그 프로세스에 연관된 프로젝트를 관리해 주어야 하는 것이다.

프로세스의 눈으로 세상을 보는 사람들은 프로젝트 개념을 프로세스에 맞추기 쉽다. 결국 프로젝트는 대부분 '가능 프로세스' 또는 '변환 프로세스'라고 설명할 수 있다. 즉, 목표 프로세스를 만들어서 운영하기 위해 실행된 하나의 활동이라고 설명할 수 있다. 프로젝트는 프로세스 개념으로부터 일상적 업무의 개념으로 변화되는 프로세스 가운데 비반복적 부분과 관계가 있다. 또 프로젝트는 비반복적인 유지 보수와 주요 업그레이드와 같은 것이다.

〈그림 1-1〉 프로젝트와 프로세스

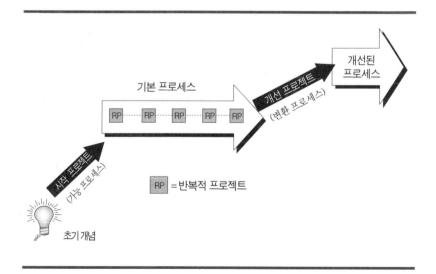

햄머는 프로젝트-프로세스의 관계를 다른 각도에서 설명한다. 《PM Network》지와의 회견에서 그는 다음과 같이 말했다. "프로세스와 프로젝트 사이에는 상관 관계가 아주 많다. 프로세스에서는 프로젝트를 반복적으로 수행한다." 따라서 프로세스관리의 관점에서 보면 프로젝트는 프로세스 안에서 최적으로 반복되는 개별적인 일이거나(햄머의 견해), 또는 프로세스를 설계하고 실행하는 데 도움이 되는 '권능을 부여하는 자'이다. 지속적인 개선 프로젝트도 하나의 프로세스로 볼 수 있는데 이것은 데밍 Deming의 PDCA(Plan-Do-Control-Act, 계획-실행-통제-행동) 사이클을 나타내는 것이며 이 사이클은 변화의 바람 안에서 보조를 맞추기 위한 노력과 함께 지속적으로 반복된다.

햄머의 책에서는 프로젝트라는 용어가 매우 드물게 나타나며, 그는 프로세스 디자인, 수정 프로세스, 그리고 대체 프로세스와 같은 용어를 사용하는데(《리엔지니어링을 넘어서》 77-81쪽 참조), 이것도 프로젝트의 시각에서 볼 때는 프로젝트를 설명하는 것이다. 그러므로 모든 프로세스적인 사고는 상이한 프리즘을 통해 인식할 수 있다.

프로젝트의 시각으로 세상을 보는 사람들에게 일상 업무적인 프로세스는 다음 프로젝트를 준비하는 동안 일어나는 중간 휴식 정도로 생각할 수 있다. 운영 프로세스는 모두 노화되므로 현재 시행되는 것이 무엇이든 새로운 프로젝트의 표적이 된다. 새 프로젝트는 실시되고 있는 것을 조금씩 개선하거나 근본적으로 바꾸어 버린다. 운영 프로세스가 현재 진행중인 작업의 능률을 충실하게 유지시켜 주는 데 비해, 새로운 프로젝트는 온라인상으로는 더 효과적인 프로세스를 제시하고 효율성을 높이는 등 전반적으로 향상하게 된다. 그러므로 개념에 대한 선입견과 의미적으로 어떤 차이가 있든 결국 같은 뜻이다.

프로세스와 프로젝트관리 사이의 이러한 태생적인 상호 의존성 때문에 프로세스가 늘어남에 따라 프로세스와 연관되는 프로젝트를 관리해야 하는 필요성도 증대된다. 그러므로 선도적인 기업들은 프로젝트에 의한 경영 패러다임 쪽으로 신속하게 움직여 간다. 성과를 이루기 위한 하나의 방안으로서 프로젝트관리에 관한 경영학 문헌이 증가하는 것은 우연이라고 할 수 없다. 비즈니스에 대한 욕구는 점점 증가하는 데 비해 자원은 항상 부족하므로 이러한 추세는 계속될 것이다. 정해진 시간 내에, 정해진 예산 내에, 고객을 만족시킬 수 있는 품질이 우수한 제품을 생산해 내는 관리 기법을 채택하는 경향은 앞으로 계속 증가할 것이다. 그러한 예로 AT&T 같은 기업들이 1990년대 초부터 점차 프로젝트관리 제도를 도입하여 이행해 오고 있다. AT&T는 관리자들에게 프로젝트관리 협회(Project Management Institute, PMI)에서 발급하는 자격증(Project Management Professional, PMP)을 소지하도록 권장한다. AT&T는 프로젝트관리 협회의 자격증을 보유한 부사장급의 전문가까지 두고 있다.

중전기 장비를 생산하는 유럽 굴지의 대기업 ABB는 프로젝트관리를 강력하게 신봉하는 기업이다. ABB는 자체 내에서 프로젝트관리 기법을 확산시키기 위하여 워싱턴에 있는 조지 워싱턴 대학 *George Washington University*을 통해 프로그램을 계약했다. 라틴아메리카를 담당하는 사장 로버트 뮬러*Robert Muller*는 회사의 영업 활동 조정 능력이 국제 경쟁력에 큰 영향을 끼친다고 주장하며 '범세계적 프로젝트관리'에 대한 필요성을 강조한다. ABB의 브라질 영업 책임자인 세드릭 루이스*Cedric Lewis* 또한 자신의 조직을 통해 프로젝트관리 능력을 개발하는 것도 ABB의 범세계적 정책에 따라 긴밀하게 조정된 훈련 프로그램을 지지하기 때문이라고 말한다.

시티은행도 프로젝트관리 시류에 가담했고, EDS, 얼라이드시그널, 패니매, PECO 에너지, 크라이슬러, 앤더슨 컨설팅과 그 밖의 수많은 기업들이 프로젝트관리에 관심을 보이고 있다.

중역들 사이에 프로젝트관리에 대한 인식이 대두됨에 따라서 기업들은 계획을 입안하고 일상 업무를 관리하는 방편으로 프로젝트관리를 장려하기 시작했다. 노스웨스턴 뮤추얼 라이프의 코퍼레이트 플래닝 *Corporate Planning* 부사장 브루스 밀러*Bruce Miller*는 이렇게 말했다. "프로젝트관리는 중요한 관리 도구로서 도구의 의미보다 관리의 의미를 강조한다. 우리 조직과 같은 주요 전문 조직들에게 필요한 것은 조직 활동을 조직 전체에 정착시키기 위해 프로젝트관리를 더욱 강화하는 것이다." 그러므로 프로젝트관리는 조직이 일상적으로 직면하는 어려운 문제를 해결하기 위한 방책으로 등장하기도 한다. 이것은 한편으로는 바람직해 보이지만 동시에 우려를 자아낼 수 있다.

1990년대 초 이후 많은 기업들이 신속하게 결정을 내려야 한다는 이유로 프로젝트관리를 도입했다. 많은 회사들이 구조 조정으로 '가볍고 유연한 구조'를 갖게 되었으며, 이들은 '능력 있는' 직원들로 구성되었고 '학습하는 조직'이 될 것을 요구받았다. '자발적인 팀'이 조직되어 관리 공백을 메워야 했는데, 이는 구조 조정으로 많은 관리자들이 회사를 떠났기 때문이다. 심지어 자폭할 것을 요구받는 기업도 많았다. 그러나 결국 이러한 조직의 혁명으로 인해 적은 인원으로 더 많은 업무를 수행할 수 있게 되었다. 잿더미 속에서도 불사조처럼 일어날 수 있다는 희망이 있었기 때문이다. 프로젝트 위주의 조직이라면 충분히 가능한 일이다.

생성 과정

공식적인 조직 구조가 붕괴됨에 따라 많은 관리자들이 밀려나고, 조직은 점차 프로젝트 위주로 운영된다. 남아 있는 조직원들은 새로운 환경에서 비즈니스를 수행해 나가는 방안을 모색해야 한다. 생산성을 높이기 위해서는 새로운 시각이 요구되며, 여기에는 비즈니스의 범위를 변경하거나 새로운 시스템을 활용하거나 다른 방법론을 응용해야 한다.

새로운 방안을 모색해야 하는 현실에 따라 이제는 더욱 많은 사람들이 프로젝트관리에 보다 큰 관심을 가지고 보다 면밀하게 관찰할 수 있게되었다. 때문에 프로젝트관리에 대한 지식을 얻으려 하고, 프로젝트관리협회(PMI)를 통해 프로젝트관리 교육을 받고 정보를 얻으려는 기업과 전문가들이 줄을 잇고 있다. 프로젝트관리 협회 회원이 1994년에 15,000명에서 1998년에는 45,000명으로 증가한 것만 보아도 그 사실을 입증할 수 있다(역자주: 2001년 1월 8일 현재 100,000명).

사용하기 편리한 일정 관리용 소프트웨어를 쉽게 구할 수 있는 것도 프로젝트관리를 도입하는 데 일조했으며, 이러한 프로그램들이 대규모로 활발하게 상품화되고 있다. 프로젝트 추적용 표준 소프트웨어는 말할 것도 없고, 위험 관리, 성숙도 모델, 그리고 역량 평가 등의 프로젝트와 연관된 제품도 시장에 등장하고 있다. 소프트웨어가 이처럼 인기를 끌게 되자 컴퓨터업계에 종사하는 사람들은 소프트웨어 프로그램은 물론 프로젝트관리에 대한 기초적인 사항도 연마할 수 있게 되었다.

캐나다 정보 기술*Information Technology* 컨설턴트 회사 LGS 그룹의 대표 맥스 화이어슈타인*Max Fierstein*은 "소프트웨어를 구입하는 것은 프로젝트관리를 실행하는 것과는 다르다"고 강조하며 이렇게 말한다. "'좋다, 우리도 프로젝트관리를 도입하겠다. 가서 소프트웨어를 사서 시작해 보자.' 기업들이 이렇게 말하는 경우가 많지요. 그러나 교육의 중요성을 망각한 행동입니다." 그는 또 이렇게 말한다. "예를 들어 자동차를 운전할 줄 모르는 사람에게는 차고에 쉐비*Chevy*가 있든 렉서스*Lexus*

가 있든 그것은 중요하지 않아요." 먼저 조직의 인프라를 중요하게 살펴본 다음에 소프트웨어를 생각해 보라는 것이다.

얼마 전부터 프로젝트관리 교육을 받고 소프트웨어를 다루는 사람들이 증가함에 따라, 프로젝트에 의한 경영 개념이 조직적으로 수용되는 양상을 보이고 있다. 이러한 프로세스는 조직이 프로젝트관리 기법에 대해 관심을 갖고 적극적으로 양성할 때 활기를 띠게 된다. McDonald's Corporation, IBM, Johnson Controls 등은 활발한 프로젝트관리 전담 센터를 보유하고 있는 회사들이다. 하이파*Haifa*에 있는 '이스라엘 전기*Israel Electric*'는 회사 내에 '전사 프로젝트관리 책임자'를 두고 있다.

프로젝트관리의 성장이 눈에 띄는 기업들도 꽤 많다. 3M에서는 프로젝트관리에 특별한 관심을 갖고 있는 '프로젝트관리 특별관심그룹*Project Management SIG*'이 4,000명 이상의 회원을 거느리고 있으며 매월《*PMPost*》를 발간하여 회원들에게 최신 정보를 제공하고 있다. 3M의 경우는 프로젝트관리에 관여하는 직원들이 1987년도 프로젝트관리 협회 회원수보다 더 많았다.

IT Education&Performance Service의 밥 스토리가드*Bob Storeygard*는 날로 생산성이 증대하는 3M의 프로젝트 리더 겸 전문가다. 3M에서 이용하는 한 가지 접근법은 프로젝트관리 역량 모델과 커리큘럼을 통해 프로젝트관리 전문 지식을 개발하기 위한 토대를 마련하는 것이다. 따라서 회사 차원의 프로젝트관리에 대한 특별관심그룹(SIG)을 보완하고 프로젝트 책임자들 사이의 정보 교환을 조정하기 위해 정보 기술(IT) 그룹이 '프로젝트관리 전문가 개발 센터(the Project Management Professional Development Center, PMPDC)'를 설립했는데, 이 센터는 컨설팅, 적용, 연구, 교육, 서비스 지원 등의 업무를 수행한다. '프로젝트관리 전문가 개발 센터'는 4개월마다 열리는 '프로젝트 지도자 포럼*Project Leader*

Forum'과 포럼의 프로젝트관리 개발을 조정하는 '실행자 자문 기구 *Practitioner Advisory Board*'를 두고 있다. 포럼에 참석할 수 없는 전문가들에게는 '전자 프로젝트 오피스*Electronic Project Office*'를 통해 욕구를 충족시켜 준다. 또한 일반 참고용 정보 제공, 프로젝트 착수 지원, 현행 프로젝트관리 기법 갱신, 회합 장소 마련 등 서비스를 제공한다.

범세계적 프로젝트관리

프로젝트관리에 대한 범세계적 관심은 국제 품질 표준(국제 표준 기구 지침 10006 : 품질 관리 : 프로젝트관리에 있어서 품질 지침)에도 반영되어 있는데, 이것은 프로젝트관리 협회의 프로젝트관리 지식 체계(Project Management Body of Knowledge, PMBOK) 지침과 완전히 부합하지는 않지만, 인정된 국제 문서로서 주요 분야를 망라하고 있다. 달라스*Dallas*에 본거를 둔 컨설턴트 데이비드 펠스*David Fells*의 제의로, 1996년 10월 뉴올리언스*New Orleans*에서 프로젝트관리 협회 세미나 및 심포지엄 기간에 열린 '제1차 세계 프로젝트관리 포럼'에 다음 인사들도 참석했다.

- 미국 연방 정부 국방부 소속 웨인 압바*Wayne Abba*(국방부 내 프로젝트와 관련된 제안으로 수상 경력)
- 스웨덴의 ABB 전 부사장 앤더스 오스테린*Anders Österlin*
- AT&T사의 세계 정보 시스템의 '프로젝트관리 프로그램' 이사 메리트 랜스테드*Merritt Ranstead*
- 국제 프로젝트관리 협회(International Project Management Association, IPMA) 전 회장 클라우스 패넨베이커*Klaus Pannenbacker*

토의에 참석한 인사들은 국제적으로 증가하고 있는 프로젝트관리 조직들의 노력을 조정할 필요가 있음을 강조했다. 26개 나라에서 온 대표들이 처음 열리는 국제 포럼에 등록했고, 포럼에 참석하는 대표들의 수가 매년 증가하고 있다. 파리, 발리, 인도, 오스트레일리아 등 다양한 장소에서 열리는 많은 국제 포럼에서 프로젝트관리 영역을 넓혀야 한다는 견해에 대해 관심을 표명했다.

프로젝트 조직과 기능 조직

제조업이나 유통업과 같이 반복 작업을 위주로 하는 기능 중심의 조직에 큰 변화가 일어났다. 거의 모든 반복적 기능은 로봇과 컴퓨터의 몫이었으므로 그 동안의 관리는 주로 지속적인 경영 개선이나 변화관리 프로젝트에만 초점이 맞춰져 있었다. 그러나 반복되는 활동을 감독하는 데 필요했던 지금까지의 경영 기법은 프로젝트를 개발하고 관리하는 데 필요한 기법으로 대체되고 있다. 따라서 프로젝트관리의 요점을 파악하기 위한 교육 프로그램의 필요성이 시급하게 대두되었는데, 이는 대부분의 관리자들이 프로젝트관리에 관한 훈련을 받지 않았기 때문이다.

프로젝트 조직에서 널리 보급된 프로젝트관리 접근법을 이용하는 것과 기능 위주의 업무 환경에서 프로젝트관리를 이용하는 데에는 큰 차이가 있다. 프로젝트 위주의 활동 계획안(건설, 건축설계, 시스템 설계, 주문 생산 작업장)에서는 당연히 프로젝트를 다루는 방법으로 업무를 처리한다. 그들은 프로젝트 측면에서 생각하고 프로젝트 개념과 기법에 밝다. 역설적으로 말하면 대부분 프로젝트관리 훈련이 형식적으로 행해지지 않는다. 언제나 현장 학습이 시행되기 때문이다. 그런데 프로젝트 위주의 회사 내부에서 프로젝트관리를 응용하는 경우 그 개념들을 시장 활동, 인적자원, 조직 개편 등의 분야에 전면적으로 적용한다는 것은 아니다. 프로젝트 위주의 조직까지도 프로젝트관리가 갖고 있는 힘을 충분히 이용하지 않고 있다.

전통적인 기능 조직들(공공 사업체, 일반 제조와 운영 형태의 회사)이 이러한 수단을 다양한 프로젝트를 관리하는 데 이용하기 위해서는 프로젝트관리에 관한 훈련을 받을 필요가 있다. 기능적인 환경에서는 전사적 프로젝트관리가 비약적인 발전을 거두게 되는데, 이러한 발전을 거두기 위해서는 조직이 프로젝트화한 사고방식을 갖추어야 하며 따라서 시간과 자원에 투자를 아끼지 않아야 한다.

조직이 기능적이든 또는 프로젝트 지향적이든 '모든 일은 프로젝트'라는 추세를 이해해야 하며, 이러한 새로운 현실을 받아들이는 조직들은 경쟁에서 앞서갈 수 있을 것이다. 비즈니스 세계에서 우위를 점하기 위해서는 프로젝트관리라는 강력한 개념 속에 내재하는 무수한 실용 가치를 이용할 수 있어야 한다. '더욱 빠르게, 더욱 저렴하게, 더욱 효율적으로'라는 구호가 시장의 상투어가 된 이 시대에 프로젝트관리의 신조를 받아들이는 조직은 단연 앞설 수 있을 것이다.

chapter 2

기 업 을 효 율 적 으 로 운 영 하 기

 전사적 프로젝트관리는 경영의 핵심 에너지를 반복적인 일상 업무보다 조직의 다양한 프로젝트의 개발, 계획, 실행, 그리고 프로젝트 포트폴리오 관리의 구현에 사용한다는 개념을 기초로 한다.

시장 압력으로 인한 조직의 프로젝트화의 추세에 따라 경영자들은 지금까지와는 다른 새로운 각도에서 비즈니스를 생각해야 하는 새로운 조직적 마인드를 갖지 않으면 생존하기 어렵게 되었다. 최고 경영진은 더 이상 비즈니스를 일상적인 업무로 보는 시각에서 벗어나 새로운 방법으로 기업의 목표를 설정하여 이를 달성해 나가야 한다. 경영자들은 이전의 '사일로 사고 *silo thinking*'에 의존하기보다는 이제는 동시에 추진되는 여러 가지 프로젝트의 관리자로 자신을 새롭게 인식해야 한다. 이러한 프로젝트에는 전통적인 자본 확충과 정보 기술 사업은 물론이고 운영 개선 및 조직 개편 프로그램도 포함된다.

이러한 환경에서 경영자들은 정적인 기업 조직 구조에 안주하려는 생각에서 탈피하여 프로젝트를 관리하여 성공적으로 완성하는 데 역점을 두어야 할 것이다. "회사에서 무슨 일을 맡고 있는가?"라는 물음에 이제는 더 이상 "금융을 담당하는 부장입니다" 또는 "부품 창고 책임자입니다"라고 대답하지 않는다. 요즈음은 "연말까지 생산성 증대 책임을 맡은 품질 팀에서 일합니다" 혹은 "지금은 세 가지 프로젝트를 추진하고 있고, 6월에는 네번째 프로젝트에 들어갑니다"라고 대답한다.

필자는 처음에는 이러한 추세를 '프로젝트에 의한 조직 관리(managing organizations by projects, MOBP)'라고 불렀다. 그것은 조직 내에서 전통적 프로젝트관리 방법론을 응용하는 전체론적 방법이기 때문이다. 그러나 그 개념이 전개되어 나감에 따라 필자는 시스템에 바탕을 둔 전사적 관리 개념을 조직 내의 프로젝트에 의한 조직 관리와 통합했다. 따라서 이 책에서 필자는 '프로젝트에 의한 조직 관리'라는 용어 대신 '전사적 프로젝트관리'라는 용어를 사용하게 되었다. 요약하면 전사적 프로젝트관리는 동시에 수행되는 다수의 프로젝트에 의해 조직의 목표가 달성될 수 있다는 원칙을 기초로 하는 조직 경영 철학이다.

전사적 프로젝트관리는 지금까지의 관행과 크게 다른 비즈니스 수행 방식이며, 시대의 변화에 따라 등장한 독특한 경영 방식이다. 조직들은 전사적 관점에서 조직의 전체적인 전략적 욕구를 충족하기 위해 프로젝트관리를 응용하고 있는데, 이는 단순하게 특정한 개별적 프로젝트를 완성하는 것과는 다르다. 이와 같이 프로젝트관리를 새롭게 해석하면, 조직은 스스로를 동시에 관리하여 완성해야 하는 무수히 많은 프로젝트로 이루어진 역동적 유기체로 인식할 수 있다. 중단되는 프로젝트가 있는가 하면 새로 시작되는 프로젝트도 있다. 다만 결코 변할 수 없는 프로젝트의 핵심은 기업이 시대에 뒤지지 않고 경쟁력을 갖추도록 필요한 변화를 유도해야 한다는 것이다. 따라서 전사적 프로젝트관리는 이익을 증대시키려는 기업에게 최대한의 시간적 이점을 제공한다.

전사적 관점에서 프로젝트관리 바라보기

일반적으로 프로젝트관리에 관한 문헌들의 대부분은 특정한 단일 프로젝트를 다루는 방법을 설명한다. 특히 프로젝트와 관련된 저작과 교육 프로그램에서 이러한 현상이 두드러지는데, 이것은 프로젝트 실행과 관련하여 프로젝트 팀원들의 전문 지식과 역량을 향상시키고자 하는 프로젝트 전문가들과 경영자들의 열망을 반영하는 것이었다. 프로젝트관리 방식은 크게 두 가지로 생각해 볼 수 있다. 그 하나는 단일 프로젝트를 목표로 하는 이론과 방법론을 가리키는 것으로, 단순히 '프로젝트관리'라고만 일컬어진다.

또 다른 하나는 기업 전반에 걸친 다중 프로젝트관리를 가리키는 것으로, 이와 관련된 조직의 문제, 프로젝트를 사업 전략과 일치시키는 문제를 포함하는 방식이다. 전사적 프로젝트관리는 이 두번째 범주에 속하며 표준화, 방법론, 프로젝트의 전략적 정렬, 지원 체계와 프로젝트 통합체계 등 광범위한 프로젝트 이유를 다룬다. 이것은 조직과 연관된 프로젝트관리이며, 보완적인 개념이나 중복되는 개념이 포함될 수도 있다.

조직의 관점에서 볼 때 프로젝트관리에는 다음과 같은 형태가 있다.

- **근대적 프로젝트관리** 1990년대에 등장한 용어로서 프로젝트관리는 통상적 기술 부문 이외에 마케팅, 인력 개발, 조직 개편, 총체적 품질 프로그램 등의 분야에서 광범위하게 응용될 수 있음을 시사한다.
- **프로젝트 경영** 프로젝트관리에 대한 다원론적인 개념으로서 다중 프로

젝트에 응용할 것을 강조한다. 프로젝트 경영에서는 전사적 인터페이스와 프로젝트 책임자들에 대한 관리가 주요 이슈로 대두된다.

- **전사적 관리** 조직 전체를 망라하여 공동의 목표에 따라 추진되는 다중 프로젝트에 초점을 맞추어 통합 시스템, 정보 처리, 관리 통제를 강조한다.
- **프로그램 관리** 미 국방성과 우주 및 전자 산업체들이 모두 이용하는 우주 프로그램 등 연관성이 있는 프로젝트들, 또는 계속 새로운 노력을 기울이는 프로젝트들이다.
- **프로젝트에 의한 조직 관리** 한 조직 내에서 전통적 프로젝트관리 방법론을 실행하는 전체론적 방법이다.
- **전사적 프로젝트관리** 기업의 목표는 동시에 추진하는 여러 가지 프로젝트를 통해 달성할 수 있다는 원칙을 토대로 한다. 이러한 프로젝트관리에는 체계적인 접근법이 필요하고, 통상적인 개발 프로젝트는 물론 기업의 전략적 프로젝트, 경영 개선 프로젝트, 조직 개편 프로젝트가 포함된다.

그 밖에 건설 프로젝트에서 선호하는 건설사업관리와 소비재 생산 업체에서 사용하는 제품 관리 등 기타 산업체의 특성을 나타내는 용어들도 있다.

전사적 프로젝트관리의 특성

본질적인 측면에서 볼 때 전사적 프로젝트관리는 기본적인 프로젝트관리와 큰 차이가 없다. 다만 전사적 프로젝트를 응용하는 방법과 각 분야의 전문 지식이 강조된다는 점에서 큰 차이가 있다. 기본적 프로젝트관리가 주로 프로젝트의 효율적이고 능률적인 완성 방안에 대한 물음에 답하기 위한 것이라면, 전사적 프로젝트관리는 급속하게 변하는 복합적인 프로젝트 환경에서 비즈니스의 적응력과 대처 능력을 높임으로써 수익성을 증대시키는 방안을 묻는다. 그러나 이 두 가지 개념은 상호 보완성이 매우 높아 서로 협력하여 기업의 생산성과 효율성을 높일 수 있다.

프로젝트를 효율적으로 관리하기 위해서는 ①일반관리 원칙 ②프로젝트관리 원칙 ③응용 분야 원칙 등 세 가지 분야의 지식과 기량이 필요하다. 협상과 의사결정과 같은 일반관리 능력은 모든 비즈니스 환경에 필요하며 범위 관리, 계획, 성과 추적 등 프로젝트관리 기술은 모든 프로젝트에 필요하다. 시스템 처리와 건축물 가치 분석과 같은 특수 응용은

〈그림 2-1〉 전사적 프로젝트관리와 기타 관리 분야와의 관계

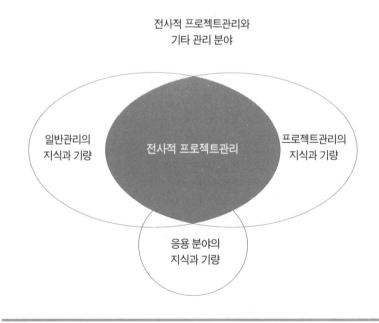

일정한 응용 분야에 필요하다. 고속 성장하는 기업의 경우, 일반관리와 프로젝트관리의 중복이 꾸준히 지속되며 이에 따라 전사적 프로젝트관

〈그림 2-2〉 전통적 프로젝트관리와 전사적 프로젝트관리의 차이점

프로젝트관리 분야	전통적 프로젝트관리	전사적 프로젝트관리
전반적 배경	프로젝트 지향적, 특수 목적, 착수에서 종료까지	조직 지향적, 회사 견해, 계속 진행중
관리 프로세스	기업 의사결정 프로세스에서 조정된 프로젝트 방법론	기업 의사결정 프로세스와 통합된 생명주기의 연속체
통합	다른 영역과의 일시적인 인터페이스	조직 내에 구축된 종합적인 인터페이스
범위	프로젝트 인터페이스 관리, 작업분류 체계(WBS)	조직적 인터페이스 관리
일정	프로젝트 일정, 일자, 기간	프로그램 일정, 다중 프로젝트
원가	프로젝트 산정, 예산, 실제 비용	기업과 프로그램 산정, 예산, 실제 비용
품질	특수 프로젝트 품질 보증 및 통제	전체적인 품질수준 준수
의사소통	프로젝트 내의 의사 전달	조직 전반에 걸친 프로젝트 상호간 의사 전달
인적자원	현행 프로젝트용 인적자원	조직 전체에 필요한 프로젝트 유경험 직원
물자 조달과 계약	프로젝트를 토대로 하는 공급자	공급자 통합을 위한 회사 정책
위험	프로젝트 위험 부담	회사 프로그램에 대한 종합적 위험 부담

리가 새로운 관리 형태로 나타난다. 그림 2-1에서 볼 수 있듯이 중앙의 공유하는 면은 전사적 프로젝트관리의 개념을 구체적으로 나타내 준다. 앞에서 언급한 바와 같이 전사적 프로젝트관리에는 이전의 기술 지향적인 프로젝트관리가 변형된 모습으로 포함되어 있기도 하다. 몇 가지 특징이 그림 2-2에 요약되어 있다.

일반관리와 프로젝트관리가 중복됨에 따라 전사적 프로젝트관리는 새롭게 프로젝트화한 관리 형태로 등장하고 있다.

주요 기업들이 프로젝트관리를 조직 수준에서 응용하는 문제에 관심을 갖고 이를 새롭게 인식할 수도 있지만, 관련 개념들이 오래 전부터 통용되었다고 주장할 수도 있다. 예를 들어 '프로젝트에 의한 경영' 은 1990년 빈에서 열린 '제10차 세계 프로젝트관리 총회' 의 주제였으며, '균일적이고 유연한 조직 구조' 와 '최고 경영진과 프로젝트관리' 문제에 대해 다룬 바 있다. 톰 피터스*Tom Peters*는 프로젝트화한 조직에서 프로젝트관리 기법을 적용할 것을 적극 권장했다. 그가 벡텔과 EDS 같은 기업을 프로젝트관리의 전형으로 지적한 것은 물론 사안을 매우 단순하게 보았기 때문일 수도 있다. 이들은 말할 것도 없이 프로젝트를 능숙하게 관리하는 기업들이고, 프로젝트야말로 이들의 제품이고 본업이다. 프로젝트를 위주로 하지 않는 기업들은 큰 위기에 직면하게 될 것이며, 프로젝트를 위주로 하든 하지 않든 프로젝트를 시행중인 조직은 프로젝트를 조직의 전략과 정렬시켜야 한다.

프로젝트 포트폴리오

그렇다면 조직은 '프로젝트의 포트폴리오' 라고 볼 수 있다. 프로젝트

〈그림 2-3〉 현대의 조직은 프로젝트 포트폴리오로 간주할 수 있다

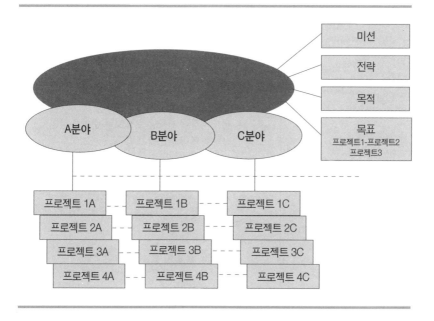

화한 기업의 경우 프로젝트의 총체적 결과는 기업의 결산표가 된다. 미션, 비전, 전략, 목적, 그리고 목표는 기업의 의도를 행동으로 옮겨주는 기업 전체의 프로그램으로 전환된다.

이러한 프로그램은 다시 프로젝트로 분해되어 조직의 간부나 프로젝트관리 전문가에 의해 수행된다. 프로젝트 포트폴리오의 개념은 그림 2-3에 자세히 나타나 있다.

조직이 프로젝트로 분해되는 과정은 그림 2-4의 프로젝트 포트폴리오 사례에서 자세히 설명하고 있다.

주요 프로젝트 분야	프로젝트 사례
전략 사업	학습 조직 개발 및 고용 가능성 개념 주입 ISO 9000 인증 획득 모든 일에 적극 참여하는 리더십 유형 개발 핵심이 아닌 사업은 모두 하청을 줌 조직이 세계 시장에 진출할 수 있도록 준비를 갖춤 고객 중심의 마케팅 접근법 도입
제품 시장	제품 전략 및 혼합 주요 신제품 시장 조사 제품 디자인 및 생산 착수
경영	지속적인 개선 제의 프로젝트 유지 연간 경영 목표 달성 새 작업장 배치 소프트웨어 개발 훈련 및 프로그램 개발 국제적 작업 기준 표준화
시설 확충	공장 신규 건설 생산 시설 내 주요 프로세스 장비 증대 원거리 통신 개량 새 통합 데이터 베이스 설치

전사적 관리 시스템에 관해

기업들이 프로젝트화되고 기능 조직의 중간 관리 업무가 프로젝트 관리화됨에 따라 결과를 통제하고 강화하는 새로운 수단을 검토할 필요가 있다. 사실 계층 조직 탈피 현상은 오래 전부터 대두된 경향이며, 기업의 사업 활동 결과를 총체적인 프로젝트 각도에서 평가할 수 있음을 나타내는 것이기도 하다. 이것은 이전의 조직 모형과 대비되며, 프로젝트 결과에 대한 이러한 합산은 '전사'의 관점에서 파악할 수 있다. 전사적 관리는 정보 강화와 관리의 통제 측면을 강조하면서 공동의 기치 아래 추진되는 다중 프로젝트에 실리적인 역점을 두는 것을 전제로 한다.

궁극적으로 한 조직이 추진하는 모든 프로젝트는 장비, 원료, 인력, 서비스, 부동산, 금융 비용을 합산하여 화폐로 가치를 평가할 수 있으며, 시간 또한 화폐로 나타낼 수 있다. 조직은 확정된 예산과 여러 가지 프로젝트를 추진하는 데 필요한 비용 사이에서 줄타기를 하면서 금융 및 경제 두 가지 측면에서 균형자 역할을 한다. 시스템을 회사의 데이터 베이스에 연결하면, 프로젝트관리에 관한 전문 지식을 통해 개별적이든 또는 복합적이든 모든 프로젝트 현황에 관한 종합적인 정보를 즉시 파악하여 관리자 또는 경영자가 이를 이용할 수 있다.

전사적 프로젝트와 관련된 회사를 관리하는 데는 난점도 있는 반면에 이점도 있다. 난점은, 전체 회사 차원에서 통합해 놓은 데이터 베이스 시스템이 프로젝트를 감지하지 못하는 경우가 많다는 점이다. 이는 시스템이 프로세스를 바탕으로 하는 논리를 사용하기 때문이다. 이보다 더 어려운 점은 대형 시스템에 과다 정보를 유발하는 경향이 있다는 점이다.

반면에 이점은, 통합 데이터 베이스 제작자들과 프로젝트관리 소프트웨어 개발 업자들 모두 한 방향으로 나가고 있다는 것이다. 다양한 버전의 프로젝트관리 소프트웨어가 전사적 데이터 베이스를 기반으로 운용되며, 대형 시스템들은 프로젝트에 대해 예민해지고 있다.

조직 차원의 시스템과 이를 다루는 직원들에게도 어려움이 있는데, 조직 전체를 넘나드는 정보 전달은 특히 이와 관련된 문제다. 이러한 문제들이 '포춘 500 프로젝트관리 벤치마킹 포럼*the Fortune 500 Project Management Benchmarking Forum*'에서 자주 검토되는데, 이 포럼은 비정기적 벤치마킹 그룹으로 프로젝트관리 협회의 지원을 받는다. 다음은 포럼 참석자들이 토의한 일부 내용이다.

- 인트라넷을 토대로 하는 의사소통은, 과거 모건 스탠리의 경우와 같이 구체적이고 높은 수준의 정보 집적 역량을 발휘하지 못할 수도 있다.
- 다우Dow의 경우처럼 반대의 상황도 있을 수 있다. 다우에서는 인터넷 통신망을 통해 프로젝트 데이터에 액세스했으나, 데이터가 너무 많아 직원들이 정보 과다로 고충을 겪기도 했다.
- 각기 다른 플랫폼과 상이한 의사소통 시스템을 사용하는 회사들이 많은데, 켈리 서비스Kelly Service도 이러한 경험을 했다.
- 전사적 측면에서 볼 때, 프로젝트 문서를 일관성 있게 관리하기가 어렵다. 앨코어Alcoa 관리자들은 소프트웨어를 기반으로 하는 문서 관리 체제를 통해 어려운 상황을 바로잡아가고 있다.
- 문서, 음성과 전자 데이터 정보 전달을 합친 혼합 시스템은 우선 순위를 결정해야 할 때가 있다. EDS는 종이 없는 결재 프로세스를 실행하여 프로젝트 승인 단계에서 발생하는 이러한 문제를 해결했다.

전사적 관리에 대한 보호막으로서의 전사적 프로젝트관리

정보 기술의 견지에서 볼 때, 전사적 관리는 주로 프로젝트관리와 연관되는 시스템이 조직 전반에 걸쳐 일관성을 유지하도록 이를 정렬하는 작업에 집중되어 있다. 그 목적은 프로젝트를 정보, 프로세스, 기능의 외딴 섬으로 보는 '프로젝트 군도 증후군'을 제거하는 데 있다. 정보 기술을 토대로 하는 전사적 관리를 이처럼 강조하는 것은 조직 전반에 걸쳐 프로젝트 방법론, 절차, 소프트웨어, 정책 방향, 언어, 문화 등을 장려하기 위한 것이다. 정보를 기반으로 하는 이러한 견해는 '전사적 프로젝트 관리'의 일부이기 때문이다.

전사적 프로젝트관리 솔루션은 세 가지 원칙을 기본으로 한다. 첫째로, 일관성 있는 프로젝트관리 방법론을 조직 전체가 이해하고 실천하도록 해야 한다. 둘째로, 전사적 프로젝트관리를 주도하기 위한 프로젝트 오피스project office가 필요하다. 셋째로, 전사적 관점에서의 기능성과 최고 경영진의 요구사항을 충족시킬 수 있는 적합한 도구를 선정해야 한다. 정확하고 적시성이 보장된 프로젝트 및 자원의 가시화를 위해 경영진은 이 세 가지 원칙을 수용해야 한다.

이 원칙들을 구현하기 위해서는 기본적인 상식선에서 출발하면 된다. 즉, 문제를 분석하고 논리적으로 올바른 해결책을 찾는 것이다. 프로젝트 군도 증후군 가능성이 있는 포괄적이고 다중적인 프로젝트 환경에서는 관습적인 논리로 인해 보편적인 방법론을 사용해야 하고, 어떤 형태든 프로젝트 지원 오피스가 존재해야 하며, 스케줄링, 회계와의 통합, 자원 계획 및 관리 기능이 뛰어난 도구를 선택해야 한다.

이러한 접근 방식은 공통적인 체제를 이용하여 프로젝트를 계획하고 성과를 추적하는 기본 원리를 다루지만, 조직의 비즈니스 요건에 따라 프로젝트를 전략적으로 정렬하는 등 경영자에게 중요한 기타 프로젝트와 관련된 전사적인 이슈를 제외하고 있다. 좀더 시야를 넓혀 프로젝트의 우선 순위, 자원 배정, 프로젝트 중단에 필요한 정보, 모든 프로젝트의 현 사업 목적과의 조화로운 관계 유지 확보 등에 관한 필요성을 고려해야 한다.

이러한 광범위한 변화는 전사적 프로젝트를 다룰 때 급격한 생산성의 증대를 요구한다. 단순히 비즈니스를 추진하는 방법을 개선하는 것만으로는 충분하지 않다. 누구나 다 숙지하고 있는 사항들은 생략하고 다른 논리에서 다른 시각으로 정세를 관찰해야 한다는 것이다. 즉, 전사적 관리에서 상의하달식의 경영 철학을 조정하여 의도한 효율성 향상이 프로젝트관리에 대한 조직 차원의 전략적 접근과 일치되도록 해야 한다는 뜻이다.

그러므로 경영자들은 비즈니스에 대해 새로운 시각과 조직적 사고방식을 지녀야 한다. 전사적 프로젝트관리의 경우 원대하고 세련된 조직적 사고방식을 갖추어야 한다는 뜻이다. 예컨대 생산성을 크게 증대시키기 위해 경영자들은 스스로를, 동시에 추진하면서 끊임없이 변하는 수많은 프로젝트의 관리자로 인식해야 한다. 전사적 프로젝트관리는 비즈니스를 추진하는 방법을 명확하게 지적해 주고, 프로젝트관리 기법을 전사에 응용하는 전체적, 체계적 방법을 제시해 주기 때문에 이러한 요구에 부합되는 것이다.

chapter 3

기업의 전략과 프로젝트의 간격 메우기

원칙 3

전사적 프로젝트관리가 성공하기 위해서는 기업의 비전과 추진중인 프로젝트의 간격을 메워야 한다. 이를 위해 기업의 전략과 일반 프로젝트, 특정 프로젝트와의 정렬, 프로젝트 수행 등에 조정이 이루어져야 한다.

효율적인 다중 프로젝트 조직은 남쪽으로 날아가는 기러기 떼의 모습과 같다. 프로젝트 조직과 기러기 떼 모두 공동의 목표를 향해 움직이는 각 개체들로 이루어져 있다. 기러기들은 날아오르거나 나는 도중에 편대를 바꿀 때, V자 편대가 갖는 공기 역학을 이용하기 위해 마술을 부리듯 신속하게 정렬하여 선두에 선 기러기의 깃털이 심하게 마모되는 것을 줄인다. 또한 두번째 위치에서 날아가는 기러기들은 공기 저항을 덜 받아 교대로 선두에서 날 수 있다. 이렇듯 기러기들은 위치를 교환하는 등 서로 협력함으로써 목적지를 향해 효과적으로 날아간다. 이른바 그룹 시너지 효과를 만들어 내는 것이다.

조직의 여러 프로젝트도 날아가는 기러기 떼와 같다. 많은 프로젝트들도 기업의 목표를 달성하기 위해 이와 비슷하게 정렬되어야 한다. 불필요한 에너지 손실을 막기 위해 정렬의 변화는 신속하고 원만하게 이루어져야 한다. 불행한 일이지만, 프로젝트를 회사의 전략적 궤도에 따라 이동시킨다는 것이 기러기 떼의 비행 유형보다는 가축 떼를 모는 것과 유사할 때가 많다.

예를 들어 프로젝트가 늘어남에 따라 기업의 전략과 프로젝드 실행 사이에 간격이 생기면 이를 메우기가 매우 힘들게 된다. 부분적으로 프로젝트의 본질에서 그 원인을 찾을 수 있다. 프로젝트는 다른 프로젝트를 희생시키고 기업의 이익을 무시하면서까지 독자적으로 존속하기 위해 안간힘을 쓴다. 이러한 반항적인 프로젝트를 다루는 난제는 최고 경영진의 몫으로 돌아간다. 프로젝트관리에 관한 '영국 표준(The British Standard, BS 6079 : 1996)'은 이 주제에 역점을 두어 프로젝트관리에 관한 기업의 책임에 대해 이렇게 환기시킨 바 있다. "경영진에게는 수행해야 할 프로젝트의 목표와 제약 사항을 설정해야 할 책임이 있다."

'포춘 500 프로젝트관리 벤치마킹 포럼'의 분기별 회의에서도 프로젝트의 전략적 정렬에 관한 주제가 열띤 토론을 불러일으켰다. 당연한 일이다. 포럼에 참석한 인사들은 프로젝트에 의한 경영 체제로 이행하고 있는 선도 기업의 대표들로서, 중요한 프로젝트가 경쟁력을 유지하는 데 매우 중요하다는 사실을 잘 알고 있었다. 포럼의 조사 활동과 결론을 내리는 일을 과학적으로 지원하는 컨설턴트 프랭크 토니*Frank Toney*는 "비즈니스 기획과 프로젝트의 전략적 관리 사이에 보다 강력한 인터페이스가 요구된다는 데 대해 포럼 회원들 간에 분명한 공감대가 이루어져 있습니다"라고 말했다.

포럼에 참석한 다른 회원들도 같은 의견이었다. EDS의 프로젝트관리 책임자인 칼 아이젠버그*Carl Isenberg*는 "프로젝트관리를 빨리 실시할수록 좋습니다"라고 말했다. 프로젝트관리를 대행하는 아이젠버그 그룹은 "사실상 프로젝트관리는 계약 시점부터 출발해야 한다"고 말한다. NCR 의 패트리샤 피터스Patricia S. Peters도 이에 동의한다. Worldwide Service에서 프로그램 관리 책임자로 일하는 그녀는 '프로젝트는 이를 제안하기로 결정한 순간부터 시작된다' 라는 NCR의 창립 선언이 NCR의 비즈니스 오피스와 프로젝트 오피스를 결속시켜 주었다고 말한다.

새로운 프로젝트가 프로젝트관리 방법론에 따라 정식으로 착수하기 위해서는 '프로젝트관리가 비즈니스 관리의 일부' 라는 기업 차원의 결정이 필요하다. "프로젝트관리의 제반 사항은 회사의 모든 핵심 경쟁력과 통합되어야 합니다." 모토롤라의 부회장 겸 비즈니스 프로세스관리 책임자인 마틴 오설리반Martin O'Sullivan이 포럼에 참석해서 한 말이다. 그는 또 "여기에는 전략적 계획과 프로젝트 개념의 여러 단계가 포함됩니다."라고 말했다. 제프 코리크나이Jeff Koriknay는 하니웰Honeywell의 정보 기술부 프로그램 서비스 책임자로 재직하면서 "모든 일은 비즈니스 전략과 연계되어야 합니다."라고 말했다. 프로젝트관리를 전략적 계획과 더불어 인식해야 하는 것도 이슈지만, 이것을 '어떻게 실행할 것인가' 하는 것도 중요한 이슈이다.

비즈니스 계획에서 프로젝트 구현까지

여러 가지 프로젝트를 정렬하기 위해서는 조직의 전략으로부터 프로젝트 팀의 활동에 이르기까지 경로가 일관되어야 한다. 전략적으로 프로젝트를 정렬하는 단계들이 그림 3-1에 나타나 있다.

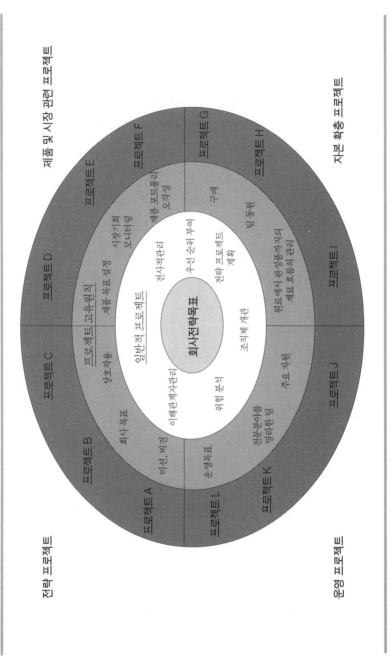

〈그림 3-1〉 기업 전략에서 프로젝트 실행까지

제품 및 시장 관련 프로젝트

자본 활동 프로젝트

전략 프로젝트

운영 프로젝트

프로젝트 A
프로젝트 B
프로젝트 C
프로젝트 D
프로젝트 E
프로젝트 F
프로젝트 G
프로젝트 H
프로젝트 I
프로젝트 J
프로젝트 K
프로젝트 L

일반적 프로젝트
상호작용
회사 목표
미션, 비전
이해관계자관리
제품 목표 설정
고객 욕구
전사적관리
시장기회
모니터링
제품 포트폴리
오차성
구매

회사전략목표
우선 순위 부여
전략 프로젝트
계획
조직체 개편
위험 분석
운영목표
전문분야를
망라한 팀
주요 자원
팀 동원
원료에서 완성품까지의
재료 흐름의 관리

- **조직의 전략** 조직의 전략은 통상적인 전략 계획을 통해 이루어지는데, 여기에는 미션 및 비전 명세서와 회사 가치 창출 또는 승인, 경제 상황 시나리오 검토, 경쟁 상대자 분석, 회사의 취약점과 장점 정리, 위험 및 기회 조사, 조직의 전략적 목표에 대한 명확한 표현도 포함될 수 있다. 이러한 전략적 목표들이 특정한 전략을 수행하든지, 새로운 제품 개발과 관련된 프로젝트, 자본 지출 또는 운영과 관련된 프로젝트로 진행되든지 간에 이들은 모든 프로젝트의 출발점이 된다.

- **프로젝트의 정렬** 일단 전략적 목표가 설정되면, 그 목표들과 개개 프로젝트의 특정한 환경 사이의 기본적인 인터페이스를 설정하는 것이 전략적 프로젝트 정렬의 성공 여부를 좌우한다. 전략적 목표와 특정 프로젝트 계획 사이에 존재하는 간격을 메우려면 이해관계자 관리, 우선 순위 부여, 위험관리, 전사적 차원의 관리 시스템, 전략적 프로젝트 계획 등의 활동이 따라야 한다.

- **프로젝트 특성에 따른 정렬** 주요 프로젝트 그룹마다 특색이 있다. 예컨대 전략적 프로젝트는 조직의 미션, 비전, 가치와 밀접하게 연관되어 있으며, 목표 달성은 수준 높은 조정과 영향력 관리에 따라 좌우된다. 제품 및 시장과 관계 있는 프로젝트는 제품 목표 설정, 제품 포트폴리오 작성, 시장 기회 모니터링에 달려 있다. 한편 자본 확충 프로젝트는 물자 공급, 팀 조직, 주요 물자 구매 등의 문제에, 운영 프로젝트는 운영 목표, 주요 자원, 각 전문 분야를 망라한 팀 구성에 의존한다.

- **프로젝트 구현** 구체적인 프로젝트 계획은 프로젝트 특성에 따른 정렬을 바탕으로 그 윤곽이 드러나며 프로젝트는 8장에서 설명하는 원리를 응용하여 완성된다. 프로젝트가 수행되는 동안 주기적으로 현황을 검토하여 조직의 전략 목표와 업무가 일치되도록 한다.

간격 메우기

전통적으로 회사 내의 프로젝트는 두 단계로 구분할 수 있다. 첫번째 단계는 아이디어부터 개시까지의 단계로, 프로젝트의 개념, 다양한 연구와 많은 토의, 개시 결정 등이 이루어진다. 프로젝트의 생명 주기에서 이 부분은 회사의 전략적 계획과 일치한다. 일단 결정하면, 프로젝트는 실제 업무를 수행해야 하는 기능 조직 또는 운영 단위체로 이관된다. 이러한 실천적인 부분이 프로젝트의 두번째 단계이며, 이 안에서 형식을 갖춘 프로젝트관리가 시작된다. 프로젝트에 의한 조직을 관리할 때 대두되는 주요 난점은 두 세계 사이의 간격을 메우고 모든 프로젝트가 경영진으로부터 관심과 지원을 충분히 받을 수 있도록 하는 것이다.

수호천사 접근법

전통적으로 주관 조직과 추진하고 있는 여러 프로젝트 사이의 간격을 메워 주는 주체는 '프로젝트 스폰서'이다. 스폰서는 프로젝트가 조직 내부에서 각종 자원과 정치적인 지원을 받을 수 있도록 이를 관리하고 보호해야 하는 책임이 있다. 프로젝트 스폰서들은 프로젝트 자체와 프로젝트 관리자를 위해 수호천사와 같은 역할을 한다. 프로젝트를 감독하고 이 둘을 위험과 잠재적인 부정적 영향으로부터 보호하는 일을 하기 때문이다.

프로젝트 스폰서를 프로젝트관리의 한 방법론으로 공식적으로 선정하는 조직들이 있는가 하면, 특정한 상황에서만 임시로 이용하는 조직들도 있다. 그런가 하면 처음부터 프로젝트 스폰서의 개념을 무시하고 프로젝트관리 책임을 프로젝트 관리자들에게만 맡기는 회사들도 있는데,

이 경우에는 관리자들이 효율적으로 프로젝트를 실행함과 동시에 고위 경영진과 원만한 정치적 관계를 유지해야 한다.

이러한 과제를 실행하기 위해 프로젝트 스폰서는 다음과 같은 요소들을 갖추고 있어야 한다.

- 프로젝트에 대한 기득권
- 전략과 프로젝트관리에 대한 전문 지식과 기량
- 기타 경영진과 중요 그룹에 대해 영향력을 행사할 능력
- 프로젝트 기술에 대한 기본 이해력
- 프로젝트 관리자 및 팀과의 조화로운 관계 유지

프로젝트 스폰서의 이러한 요건은 기업에 따라 다르다. 예를 들어 아메리칸 익스프레스*American Express*에서는 프로젝트 스폰서를 선정할 때 입증된 지도 능력(비전, 에너지, 변화 매개체로서의 영향력, 의사 전달 능력), 프로젝트 결과에 대한 이해, 이종 문화에 대한 이해, 성공적인 기업 인수에 필요한 권위를 기준으로 한다.

이와 같이 프로젝트 스폰서 제도는 다양한 형태를 띨 수 있다. 예외가 있기는 하지만 스폰서는 프로젝트 관리자의 감독자가 아니다. 일반적으로 프로젝트 스폰서는 프로젝트 관리자 입장에서 볼 때 대각선으로 위쪽의 직위에 있는 사람이다. 프로젝트 지원에 관한 몇 가지 대표적인 스폰서 제도를 열거해 보면 다음과 같다.

- 단일 스폰서 제도 위에서 열거한 요소 모두 또는 대부분을 갖춘 한 개인이 단독으로 특정 프로젝트를 지원하는 경우다.
- 이중 스폰서 제도 특히 일반 관리자와 더불어 기술적 관리자에 대한 강력

한 요구가 있을 경우 두 명의 스폰서를 활용하는 경우다.

- 집단 스폰서 제도 특별한 상황에서 의미가 있는 제도로서 상임 위원회, 프로젝트 이사회 또는 스폰서 제도 특유의 책무를 수행하는 자문 이사회의 형식을 갖고 있다.

프로젝트 스폰서의 역할은 회사의 전통, 프로젝트의 성격, 스폰서와 프로젝트 관리자의 관리 스타일에 따라 달라진다. 정치적이고 기량이 뛰어난 프로젝트 관리자는 스폰서의 지원이 거의 필요하지 않을 수도 있다. 반면에 경험이 부족한 프로젝트 관리자가 팀을 새로 구성하여 프로젝트를 맡을 경우에는 프로젝트 스폰서가 몇 가지 중요한 사항을 지원해야 할 필요가 있다. 프로젝트 스폰서는 프로젝트를 위해 다음과 같은 일을 해야 한다.

프로젝트 초기

- 프로젝트 전략, 계획, 통제가 제대로 실행되도록 보장
- 프로젝트 팀 동원을 지원
- 프로젝트가 적기에 시작되고 팀 구축이 잘 이루어졌는지 확인
- 프로젝트에 대한 정치적 보호막 제공
- 필요시 프로젝트 관리자 지도

프로젝트 수행 시기

- 프로젝트에 대한 주기적, 공식적 재검토 참여
- 지원 및 협의 제공
- 프로젝트 진척 보고서대로 준수
- 프로젝트가 의도한 방향에서 벗어날 경우에 개입

프로젝트 종료 시기

- 프로젝트가 운영으로 이행되는 프로세스를 감시
- 프로젝트의 신속한 종료를 유도
- 프로젝트 수행시 교훈을 문서화하는 작업 확인

프로젝트 스폰서 제도를 수호천사식으로 다루는 것이 조직의 전략과 프로젝트 실행 사이에 존재하는 간격을 메우는 데 효과적이라는 사실은 이미 언급한 바 있다. 이러한 필요성 때문에 스폰서 개념을 도입한 것이며, 실제로 많은 프로젝트들이 의도한 방향에서 벗어나지 않았다. 그러나 프로젝트 스폰서 제도는 프로젝트에 문제가 발생했을 때 이를 해결한다는 취지에서 출발하여 공식적인 전략으로 발전해 갔지만, 기업이 프로젝트에 의해 관리할 수 있도록 특별하게 조직되어 있지 않으면 그 목적을 달성할 수 없다.

프로젝트 정렬

프로젝트 스폰서 제도가 효과를 발휘하기 위해서는 조직의 여러 프로젝트가 조직 전체 차원에서 기술, 방법론과 사업 추진을 용이하게 해주는 시스템의 지원을 받아야 한다. 결국 프로젝트 스폰서 제도는 스폰서의 정기적인 활동 이외의 시간제 활동이다. 제1단계인 기업의 전략 단계에서 실행 단계인 제2단계로 원활하게 이행해 가도록 돕는 몇 가지 도구와 기법을 여기에 소개하려고 한다. 이러한 도구와 기법을 이용하면, 역추적을 통해 프로젝트를 재고하고, 재구성하며, 추진 방향을 바꾸거나 또는 중단할 수도 있다. 이해관계자 관리, 프로젝트에 대한 우선 순위 부여, 위험관리, 균형 성과표, 전사적 차원의 관리 시스템, 전략적 프로젝트 계획 등이 일반적인 프로젝트 정렬의 기본 요소다.

이해관계자 관리

조직에서 이해관계자를 다루는 일은 프로젝트화한 조직을 관리하는 데 중요한 부분이므로 6장에서 자세히 다룰 것이다. 이해관계자 관리는 프로젝트에 의해 관리되는 조직의 여러 부분을 고착시키는 접착제 역할을 한다. 더 나아가 프로젝트들을 효율적으로 완료함으로써 불필요한 갈등을 신속하게 해소할 수 있다는 데 의미가 있다.

준비, 목표 설정, 우선 순위 부여

조직에 최대의 효과를 제공하기 위해 프로젝트들은 체계적인 방법을 사용하여 우선 순위를 정할 필요가 있다. 그 한 가지 방법으로 '품질 기능 정렬(quality function deployment, QFD)' 이라는 기법이 있는데, 이것은 제품의 어떤 특징을 고객이 중요시하는지 알아내어 제품 개발에 이용하는 기법이다. 이 기법은 일단 제품의 특징들을 확인하면, 제품 개발 팀이 제품에 그런 특징이 포함되어 있음을 확인시켜 주는 설계 요인을 찾아내는 데 도움을 준다. 이것은 프로젝트 팀이 반드시 고객의 요구 사항에 따라 제품의 설계 특성을 변환하고 이를 연구 대상으로 삼는다는 것이다.

이러한 프로세스는 고객과 기업의 욕구를 최대한 충족시켜 주는 목표들에 등급을 정하는 방법으로 제품 개발 프로젝트에도 적용할 수 있다. QFD는 순환 주기를 단축하고 주요 자원을 이용하여 고객의 요구 사항에 최고의 품질로 대응하기 때문에, 이 기법은 시간-비용-품질에서 목표를 달성하려는 프로젝트관리의 3원칙과 대치되지 않는다. 그러므로 QFD는 기업이 자체 프로젝트에 집중하게 하고 우선 순위를 정하는 데 도움을 준다.

이러한 접근방식은 전통적인 전략적 계획분석 방법인 SWOT(strengths -weaknesses-opportunities-threats) 분석에 근원을 두고 있다. 이러한 전략적 요인들을 바탕으로 한 회사의 우선 순위 표에서 높이 평가되는 여러 가지 프로젝트들을 쉽게 결정할 수 있다. 예를 들어 SWOT 요인들은 한 회사가 다음과 같은 프로젝트를 선호한다는 사실을 나타낼 수도 있다.

- 새로운 시장 개척에 도움
- 회사의 이미지 상승
- 미래 프로젝트에 응용되는 기술 개발
- 강력한 경쟁력으로 우위 창출

프로젝트들은 회사의 전략적 기준에 따라 우선 순위가 정해져 즉각 처리해야 할 프로젝트와 나중에 처리해야 할 프로젝트 등 순위가 정해진다.

QFD가 효과를 발휘하기 위해 조직의 목표는 실행 가능한 선정 기준으로 전환되어야 한다. 이것은 쉬운 일이 아니다. 왜냐하면 선정 기준은 프로젝트를 시작하는 시점을 판단할 수 있어야 하고, 이를 모든 프로젝트에 응용할 수 있어야 하며, 필요할 때 적절한 조치를 취하는 방법을 제시해 주어야 하기 때문이다. 선정 기준도 우선 순위를 정해 둘 필요가 있다. 다른 기준에 비해 비중이 더 높은 기준이 있기 때문이다. 일단 기준에 우선 순위가 정해지면, 한 축을 따라 프로젝트를 나타내고 다른 축을 따라 선정 기준을 나타내는 매트릭스가 형성된다. 그래서 매트릭스 내의 하나하나의 부분은 조직의 성과를 향상시킬 잠재력에 따라 평가된다. 그 결과 회사의 목표에 긍정적인 영향을 미칠 가능성이 있는 프로젝트들이 분류된다. 프로젝트의 우선 순위는 위원회에서 결정하는데, 이 위원회는 중역 및 역량을 갖춘 기타 전문가들로 이루어지며, 정보를 검토하여 계속 진행시킬 프로젝트, 보류해야 할 프로젝트, 그리고 폐기해야 할 프로젝트를 선별해 낸다.

프로젝트에 우선 순위를 부여하는 위원회는 수시로 소집되어 프로젝트 등급을 재평가해야 한다. 시간이 흐름에 따라 사정이 바뀔 수 있기 때문이다. 시장이 과열되는가 하면 냉각되고, 조직의 종합적인 우선 순위가 바뀌기도 하며, 일정에 차질이 생기는가 하면 자금이 부족해질 수도 있다. 프로젝트를 전략적으로 정렬한다는 것은 이러한 상황들을 재평가하여 조직의 목표가 달성되도록 프로젝트 우선 순위에 따라 조정을 한다는 뜻이다. 이것은 경우에 따라 프로젝트가 실제로 진행되기 전이나 진행될 때 이를 폐기할 수도 있다는 것을 뜻한다. 바로 이러한 이유 때문에 위험관리 기법을 이용해야 하는 것이다.

위험 평가

프로젝트에는 항상 위험이 따른다. 일반적으로 프로젝트를 정렬할 때는 조직 내에 프로젝트 위험이 축적되는 것은 아닌지 감시해야 한다. 즉, 위험을 식별하고, 위험을 분석하고, 이에 대한 대응책을 수립하고 위험을 통제하기 위한 적절한 프로세스가 마련되어야 한다는 것이다. 그리고 이러한 프로세스는 조직원 전원이 이해할 수 있는 언어로 회사의 모든 프로젝트에 전면적으로 적용해야 한다.

위험관리 방법을 확립하여 이를 통용하는 데 주력해야 하고, 또 명시된 프로젝트 위험 데이터를 정기적으로 모아 상태를 점검하는 데 초점을 두어야 한다. 위험관리 방법을 통해 비즈니스와 관련된 위험과 각각의 프로젝트와 관련된 위험, 이 두 가지를 고려해야 한다. 비즈니스 관련 위험을 측정한다는 것은, 예를 들어 아직 완성되지 않은 철광석 파쇄 공장에서 생산될 철광석 알맹이 시장이 2년 후에 유리해질 개연성을 계산한다는 뜻이다. 각각의 프로젝트와 관련된 위험에는 불가항력적인 일이나 자연 재해, 사고, 인도 지연, 자원의 제약과 같은 프로젝트 실행에 직접적으로 영향을 미치는 것들이 있다. 두 가지 형태의 위험은 주의하여 관리해야 한다.

위험에는 세 가지 요소가 있다. 첫째 위험의 특성을 나타내는 사건이나 사실, 둘째 현실적으로 발생할 사건의 개연성, 셋째 사건이 발생할 경우 재정적인 측면에서 측정되는 영향이 그것이다. 위험관리는 발생 가능한 사건을 예측하여 현실적으로 사건이 발생할 경우 이를 다룰 대응책을 마련하고, 전반적인 사건 진행 상황을 통제하는 일이다. 위험관리는 대부분의 프로젝트 관리자들이 직관적으로 하는 일이 아니므로 프로젝트가 시작되어 완성될 때까지 발생할 위험에 대해 대비해 두어야 한다. 위험관리에 관한 몇 가지 수단과 기법은 다음과 같다.

1. **식별** 위험을 식별하는 수단에는 전문가 회견, 브레인스토밍 *brain-storming*, 델파이 테크닉 *Delphi technique*, 명목 집단 기법 *nominal group technique*, 크로포드 슬립 *Crawford slip*, 유사점 도표 *affinity diagramming* 등이 있는데, 모두 프로젝트에 위험을 초래할 수 있는 사건을 정확하게 지적해 내는 것이 목적이다.
2. **정량화** 위험을 정량적으로 표시하는 대표적인 수단에는 개연성을 이용한 영향 분석, 경로 수렴 *path convergence*, 비용 위험 요소, 프로젝트 우선 순위(수익률, 판매 수익, 투자 수익, 경제적 부가가치, 순가치, 내부 수익률, 기대 가치)를 정할 때 이용되는 경제 및 금융 요인과 의사결정 트리(위험 분석 기법) 등이 있다.

3. 위험 대응 항상 위험한 사건이 발생할 경우를 대비하여 철저하게 준비해 놓아야 한다. 즉, 위험관리 전략을 선택하여 대응책을 마련해 놓아야 한다. 대표적인 위험관리 전략으로는 수용(결과를 받아들임), 기피(원인을 제거하여 위험 가능성을 없애버림), 완화(위험을 감소시킴)가 있다. 전략상 위험스러운 결과를 수용할 수 없고, 프로젝트에서 손을 떼어도 위험을 전혀 피할 수 없을 경우, 대안 방법은 완화하는 것이다. 완화에는 개연성을 최소화하고, 충격을 다른 사람들에게 전가하거나(보험 등), 방향을 바꾸어 위험을 최소화하는 방법이 있다.

4. 위험 통제 프로젝트와 위험은 모두 역동적인 산물이므로 주기적으로(주간, 월간, 계간으로) 재평가해야 한다. 사전에 위험 대비 기준을 세워 위험관리 통제를 수립해야 한다는 것이다. 왜냐하면 프로젝트에 영향을 미치는 특수한 상황(예를 들어 금을 캐는 프로젝트 수행 기간중에 금 가격이 온스당 2달러 이하로 급락하는 일 등)이 얼마든지 일어날 수 있기 때문이다. 위험관리에는 완화 전략과 계획의 수정 이외에도 진행중인 프로젝트의 새로운 위험성과 개연성 및 영향에 대해 검토하는 방법이 있다.

프로젝트의 공헌도 계산

균형 성과표(Balanced Scorecard, 〈Harvard Business Review〉 1993년 1월호)라는 관리 평가 지표에 따르면, 비즈니스의 건전도는 ①재무 ②고객 ③내부 프로세스 ④학습과 성장, 이 네 가지 각도에서 판단할 수 있다고 한다. 모든 프로젝트가 기업의 건전도를 향상시키기 위해 생성된 것이라고 가정한다면, 이러한 분야들은 각 프로젝트의 기업에 대한 기여도라는 측면에서 검토할 필요성이 있다. 다음은 프로젝트 시각에서 검토해 보아야 할 요소들을 설명해 놓은 것이다.

1. 프로젝트의 재무적 기여도는 판단하기가 용이하다. 이전의 재정적 지표를 한 가지 이상 이용하기 때문이다. 예상 판매 수익, 투자 수익, 경제적 부가 가치, 자본 비용, 당기 순익, 그리고 내부 수익률 등의 비즈니스 개념은 프로젝트를 판단하고 이에 우선 순위를 부여하는 기준이 되는 방법이다.

2. 새로운 프로젝트에 대한 고객의 만족도는 서비스, 가치와 품질 등을 평가하기 위한 조사를 통해 검토할 수 있다. 직접 인터뷰, 설문지 배포, 그리고 제3자 조사는 고객의 관점을 평가하는 데 효과적인 방법이다. 품질 기능 정렬(QFD)도 고객이 매우 중요시하는 사항을 프로젝트에 포함시킬 수 있는 조직적인 방법이다.

3. 프로젝트가 중요한 내부 프로세스에 영향을 미치는 사실도 검토 대상이 된다. 한편 프로젝트는 온라인 은행 시스템 등 새로운 시스템을 실시하여 직접 프로세스를 개선하는 것을 목표로 할 수도 있다. 가령 원거리 정보 전달이나 진행 상황에 대해 종합적인 추적을 하기 위해 새로운 시스템을 설치할 수도 있다.

4. 프로젝트가 회사에 기여하는 것은 무엇일까? 이 물음은 오늘날과 같은 경제 혼란의 시기에 많은 생각을 하게 한다. 프로젝트는 이전의 지식보다는 재학습과 새로운 학습을 요구한다. 즉, 그 성격상 변화를 전제로 하기 때문에, 모든 프로젝트는 ― 교육 프로젝트와 같이 순수하게 학습 취지가 있는 프로젝트는 물론 ― 학습과 개인의 성장에도 유용하게 활용할 수 있다.

조직의 운명을 책임지고 있는 경영진이 이 네 가지 핵심 분야에 기여하고자 한다면 현재 추진중인 프로젝트를 평가하고 감독할 필요가 있다. 예컨대 만약 한 프로젝트가 재정적 측면에만 집중적으로 기여한다면 이에 대해 재평가를 해야 한다. 그렇게 함으로써 프로젝트가 조직에 보다 큰 영향을 주어 내부 프로세스를 개선하여 고객에게 보다 많은 이익을 주고 학습 프로세스에 기여하도록 한다. 프로젝트를 평가하고 승인하기 위한 주요 항목별 체크리스트를 토대로, 또는 특별히 프로젝트를 위해 개발된 형식을 갖춘 구체적인 채점표를 통해, 이 같은 재평가를 주관적으로 행할 수 있다.

전사적인 데이터 뱅크 이용

조직이 자체의 전략에 맞추어 제품을 생산하기 위해서는 자금 문제가 해결되어야 한다. 이것은 최초 예상 비용, 사업 예산, 예산과 대비되는 실제 비용, 그리고 현금 흐름을 관리해야 한다는 뜻이다. 전사 차원의 통합된 데이터 뱅크를 통해 정보가 프로젝트 수준에서 전사 수준으로, 또 그 반대로 자유롭게 유통되도록 업무를 처리해야 한다.

프로젝트를 전략적으로 정렬하는 것 또한 이용 가능한 자원을 — 인적 자원은 물론 재정적 또는 물적 자원을 포함하여 — 필요한 자원과 대비하여 포괄적으로 검토하는 것을 의미한다. 기업 전체의 자원 데이터 뱅크는 여러 프로젝트를 서로 비교하고 연관짓는 데 필요하지만, '프로젝트를 쉽게 익힐 수 있는' 시스템이 존재하기 위해서는 프로젝트를 지원하기 위해 조직을 어떻게 편성해야 하는가 하는 문제를 부분적으로 해결해야 한다. 만약 조직이 프로젝트 오피스를 강력하게 지지한다면, 프로젝트를 정렬하고 지원하는 상급 관리 업무는 보다 용이해진다. 5장에서는 여러 종류의 프로젝트 오피스와 그 특성을 제시할 것이다.

전략적 프로젝트 계획

프로젝트의 전략적 계획은 각 프로젝트를 진행하면서 그 자체의 목표를 달성하도록 필요한 전략을 실행하는 데 목적이 있다. 여기에는 사업 목표, 프로젝트 목표, 일정, 예산 기준, 그리고 프로젝트에 영향을 주는 제약 조건과 가정을 포함하는 프로젝트 헌장*project charter*이 요구된다.

돌발 사태 관리

이 장에서 설명하는 내용을 실천하기 위해서는, 즉 조직의 전략을 완성된 프로젝트로 연결해 주는 길은 명확해야 한다. 일단 기업의 종합적인 전략이 수립되면, 일반적인 프로젝트 전략과 특정한 전략은 프로젝트를 기업의 목표와 확실하게 일치시키는 데 필요한 지도와 도로 표지판이 된다. 도중에 사고가 없고 날씨도 좋으며 도로 공사를 하거나 우회로가 없을 경우, 도로를 따라 침착하게 운전하기만 하면 반드시 목적지에 이르게 된다. 그러나 바로 그런 상황에서 '돌발 사태 관리'가 필요한 것이다. 기업의 모든 전략 목표들은 전사적 프로젝트관리 원칙을 실천하는 모든 프로젝트의 출발점이다. 이러한 목표들이 확인되면, 목표와 각 프로젝트의 특수한 환경 사이의 기본적인 공통 영역을 확보하는 데에 프로젝트의 전략적 정렬의 성패 여부가 달려 있다.

전국 일주라든지 기업 성장을 향한 여정과 같은 긴 여행에서 도로 장애물이나 '도로공사 중' 표시가 없는 도로만을 예상한다면, 이것만큼 고지식하고 무모한 일도 없다. 장애물을 신속하고 완벽하게 처리하지 않으면 예정대로 최종 목적지에 도달하지 못하게 된다. 여행중 불시의 돌발 상황에 직면했을 때 손실을 줄이는 몇 가지 방법이 있다.

첫번째 방법은, 각고의 노력 끝에 세운 계획을 수포로 돌아가게 할지도 모를 돌발 사태를 사전에 검토하기 위해 전략 계획안에 돌발 상황을 예상해 두는 것이다. 사전에 대비해 두면 뜻밖의 상황에도 큰 영향을 받지 않으며 이미 정해 놓은 대안을 활용할 수 있다. 그러므로 비상 계획과 대체 전략을 세워두어야 하는 것이다.

돌발 사태, 특히 예측할 수 없는 전략적 돌발 사태를 다루는 두번째 방법은 문제의 요점을 즉각 확인하고 체계적인 프로젝트 해결 방법을 이용하여 문제를 해결하는 것이다. 이것은 누가, 무엇을, 언제, 어떻게 할지 정해 둔다는 뜻이다. 해결책이 성과를 거두기 위해서는 일정, 처리해야 할 사항, 정보 전달에 관한 계획을 작성해 두어야 한다. 돌발 사태로 인해 영향을 받은 전략에 관한 문제는 프로젝트관리에 따르는 모든 기법과 수단을 동원하여 착수, 수행 및 종결 단계에 따라 프로젝트를 다루듯 안전하게 문제를 처리해야 한다.

전략적 돌발 사태는 단순하기는 하지만 해결하기가 항상 용이한 것은 아니다. 예를 들어 남미에서 으뜸가는 프로젝트관리 회사인 프로몬 *Promon*이 돌발 사태에 부딪힌 일이 있었다. 프로몬의 주요 고객인 브라질 국영 원거리 통신 회사가 이미 제공한 용역 대금의 지불을 늦추기 시작하더니 밀린 대금이 5억 달러에 이른 것이다. 문제의 원인은 아시아 경제 위기에 따른 정부의 긴축 정책 때문이라고 했지만, 실제 대금 지불이 지연되고 있는 까닭은 정부 정책에 문제가 있는 것이 아니었다. 이 사실을 확실히 해 두기 위해 여러 가지 기술적이고도 행정적인 사항들을 구체적으로 밝혀두어야 했다. 프로몬은 여러 전문 분야에 팀을 조직하여 고객들의 현금 흐름 문제뿐만 아니라 정치, 국제 경제, 그리고 협잡 및 핑계와도 연관이 있는 복잡한 문제를 해결하도록 했다. 프로몬의 사장 카를로스 사이퍼트*Carlos Siffert*는 이렇게 말했다. "정통적 프로젝트 접근 방식을 다각도로 이용하여 도둑맞은 돈을 되찾은 것이다."

프로젝트의 전략적 정렬

회사의 프로젝트 전체를 조직의 목표 달성에 최대한 도움이 되도록 정렬하려면 각 프로젝트의 실행이 기업의 목표를 향해 화살처럼 움직여 가도록 조정해야 한다. 그러기 위해서는 예전처럼 담 위로 수류탄을 던지는 방식을 사용해서는 안 된다. 이 방식에서는 사업을 기획하는 관리자들이 프로젝트를 확인하여 성격을 설명한 후, 프로젝트를 완성할 그룹에게 넘겨주지만, 이들은 프로젝트관리에 대한 지식이 없고 관여해 본 적도 없는 사람들이다. 근대적 관리에 초보인 사람도 누구나 사람을 '영입' 해야 한다고 말하는 것처럼, 프로젝트를 추진하려면 사람들이 모두 준비되어야 한다.

프로젝트관리를 위한 동시공학적인 방법은 사람을 영입해 오는 이론을 기초로 한다. 그러나 기업의 전략을 프로젝트로 이행하는 문제는 간과할 때가 있다. 이는 사업 기획과 프로젝트관리 두 분야의 과거 실적이 뛰어나기 때문일 것이다. 대체로 두 그룹의 사람들은 각기 자신의 분야에서 훌륭하게 업무를 수행하는데, 이러한 사람들의 재능이 전환기에 효과적으로 발휘될 경우 어떤 일을 해낼 수 있을지 생각해 보라. 기업의 프로젝트가 명확하게 정렬되었는지 고위 중역과 스폰서가 확인할 수 있도록 도움을 주는 체크리스트를 소개하면 다음과 같다.

- 조직은 프로젝트관리를 전략적으로 이용하는 데 전념하고 있는가? 대부분의 기업들은 혁신 프로젝트, 지속적 개선 업무, 생산 시설 확충, 유지보수 관리, 직원능력 배양, 규모 조정, 아웃소싱, 품질관리 프로젝트 등 정해진 기간에 수많은 프로젝트를 추진하고 있다. 과거에 직원을 감독하거나 조직 내의 정보를 전달하던 관리자들은 이제 프로젝트 관리자나 프로젝

트 관리자의 관리자 역할을 한다. 관리자의 업무의 성격이 변했으므로 프로젝트관리에 대한 기업의 대응도 변해야 한다. 환경이 변화하면 기업의 정책 또한 변화해야 한다. 프로젝트 정책은 타이밍(timing, NCR의 경우와 같이) 및 원칙과 기법 등을 조명할 수 있다.

- 프로젝트 헌장을 정하는 공식적인 정책이 있는가? 프로젝트는 기업 전략을 실행하는 방법이므로 본래의 기업 철학 및 전략과 의도에 따라 실행되는 것이 원칙이며, 프로젝트 헌장은 프로젝트를 수행하는 수단이다. 헌장은 고위 관리자들의 승인을 받고 또 이들의 참여 하에 기본 물음—프로젝트는 어떤 방법을 통해 기업의 전체적인 목표를 향상시킬 것인가?—에 답해야 한다. 또한 프로젝트 헌장은 목적, 이해관계자들 사이의 관계, 방법론, 프로젝트관리 철학, 범위 명세서, 주요 인터페이스와 간략한 프로젝트관리 계획 등의 주제를 다루어야 한다.

- 비즈니스 그룹과 프로젝트 실행 책임자들 사이에 시너지 효과가 창출되는가? 담 위로 수류탄을 던지는 증후군을 피하려면, 프로젝트를 실행하는 사람들이 초기에 참여해야 할 필요가 있다. 이 원칙은 간단해 보이지만 실천하기는 쉽지 않다. 무엇보다도 비즈니스를 계획하는 사람들은 '아웃사이더'의 도움 없이 계획을 수립하는 것을 선호할 수도 있다. 그럴 경우 프로젝트 실행에 관여하는 사람들은 사업 제안의 초기 단계에서 브레인스톰하고 분석하는 것을 무작정 기다리지 않을 가능성이 매우 높다. 따라서 비즈니스 계획을 세우는 사람들과 프로젝트관리 오피스 사이의 관계를 분명히 밝히기 위한 경영진과 스폰서들의 노력이 필요하다.

- 경영진은 프로젝트가 헌장의 목표에서 벗어나는 것은 아닌지 어떻게 확인할 수 있는가? 관리 일정을 일상적인 프로젝트 내에서 계획해 두는 것이 프로젝트를 기업의 목표와 정렬시키는 한 방법이다. 그 대표적인 방법이 2일간의 프로젝트관리 감사로, 일반적으로 헌장 실천을 프로젝트 실행

에 대한 로드맵인 프로젝트관리 계획과 대비해 본다. 감사를 확대하여 프로젝트 현장과 고위 스폰서 제도까지 포함시킬 경우에는 전략 프로젝트 정렬에 따른 문제를 다루게 된다. 프로젝트가 진행됨에 따라 당초의 전제 조건들 중 변한 것이 있다면, 감사 제도를 이용하여 전략적인 조정의 필요성을 지적할 수 있다.

회사 업무 실행에 비약적인 발전을 기대하거나 이미 존재하는 효율적인 관리 기구가 더 많은 성과를 올리기를 기대하는가? 철새가 이동하는 모습을 지켜보면 큰 성과를 거둘 수 있는 방안이 떠오를 것이다. 앞에서 프로젝트를 전략적으로 정렬시키는 문제를 생각할 때 예로 든 기러기 떼의 V자 형 편대를 떠올려보라. 조직 내의 전략적인 프로젝트는 하늘을 나는 기러기 떼와 같으며 그들의 효율성을 이용해야 한다. 기러기 떼가 서로 협력하고 보완하면서 효과적으로 목적지에 도달하는 것처럼 여러 전략 프로젝트들은 공동 상승 효과를 창출해 내야 하는 것이다.

chapter 4

요 리 책 , 레 스 토 랑 ,
그 리 고 전 사 적 프 로 젝 트 관 리

 원칙 4 전사적 프로젝트관리가 성과를 거두기 위해서는 조직구조와 조직문화, 경영 방식, 그리고 정보 흐름이 변해야 한다.

한층 더 프로젝트 지향적인 조직이 되기 위해서는 어떻게 해야 할까? 전사적 프로젝트관리를 실현하기 위해서는 어떻게 해야 할까? 그런 변화를 위한 방법은 무엇인가?

조직은 자신의 문화와 외부 세계에서 진행되고 있는 일을 토대로 서로 다른 방식으로 기능 조직에서 프로젝트 조직으로 변해 간다. 시장이 프로젝트 접근법을 요구하는 경우도 있고 변화에 대한 압력이 회사 내부로부터 가해질 때도 있다. 어떤 경우이든 변화가 목표를 달성하기 위해서는 조직을 변화시키는 프로젝트를 추진해야 한다. 조직은 규모가 클 수도 있고 작을 수도 있으며, 첨단 기술을 갖춘 조직이 있는가 하면 재래식 기술을 갖춘 조직도 있고, 조직으로서의 형식을 갖춘 것도 있는가 하면 그렇지 않은 것도 있다. 그러므로 어떤 조치를 취하는 데 있어서 한 가지 획일적인 방법은 적합하지 않다.

예를 들면 프로젝트를 위주로 하지 않는 조직은 전통적인 업무 중심의 관리로도 사업을 추진하기에 충분했다. 그러나 이제 프로젝트 위주로 사고하기 위해서는 문화적인 변신이 많이 필요하다. 유명한 다국적 기업들을 통해 그러한 예를 찾아볼 수 있다.

시티뱅크는 시장의 방대한 요구에 따라 1984년 존 리드*John Reed*의 지도 아래 이전의 조직을 업무 추적이 신속하고 프로젝트에 기반을 둔 조직으로 개편했다. 유니레버*Unilever*의 회장인 모리스 타박스블라트*Morris Tabaksblat*는 변화의 시기에 조직을 견고히 세우기 위해서는 조직을 재구성해야 한다고 주장했다. 소비재를 생산하는 이 영국-네덜란드 거대 합작 기업은 프로젝트관리를 기술, 마케팅, 그리고 제품 개발에도 이용한다. 프록터 앤 갬블*Procter&Gamble*의 사장 존 페퍼*John Pepper*는 기술 향상은 물론 조직을 꾸준히 개선하고 보다 우수한 신제품을 개발하기 위해 회사 내에 여러 가지 프로젝트를 계속 실시해 오고 있다.

다른 회사의 경우 전사적 프로젝트관리로 이행하기 위해서는 세심한 주의가 필요하다. 물론 특정 분야에서 '이미 프로젝트관리를 경험했다면' 변신하는 데 많은 변화가 필요하지 않을 것이다. 전사적 프로젝트관리를 실행하기 위한 단계들이 계속 필요하기는 하지만, 프로젝트에 바탕을 둔 현재의 문화를 통해 실행 속도는 빨라질 것이다. 로봇, 중전기 장비, 고속 열차를 생산하는 거대 제조 기업 ABB가 대표적인 사례다. 합병을 통해 ABB를 설립하고 유럽에 본부를 둔 건실한 두 업체(스웨덴의 Asea, 스위스의 Boveri)는 이미 프로젝트를 통해 제조를 해왔다. ABB의 회장 퍼시 바네빅*Percy Barnevik*은 1988년 회사를 개혁할 때 의사결정권을 분산시킨 일로 인해 국제적으로 명성을 얻게 되었다(1992년《포춘》지커버 스토리). 그는 의사결정권을 분산하고 보다 작은 단위 조직에 권한을 대폭 위임하여 '다중현지화' 를 토대로 현지 프로젝트와 국제 프로젝트를 관리하도록 했다. ABB가 해외 시장 압력과 조직의 주요 개편 방안으로 전사적 프로젝트관리 사고방식을 채택한 것은 지극히 자연스러운 결과였다.

그러므로 프로젝트 방향으로 전환해 갈 때 요리책식으로 접근을 하다 보면 성과를 올리지 못하는 이유를 쉽게 추론할 수 있다. 노스웨스턴 뮤추얼 라이프에 선구적으로 프로젝트 개념을 전달한 마지 콤브*Marge Combe*는 프로젝트를 요리에 비유하여 이렇게 지적했다. "아무리 훌륭한 요리책이 있다 해도 최고의 요리를 만들 수 없다." 우리는 고급 레스토랑을 운영하려고 하는 것이다. 고급 레스토랑을 차리기 위해서는 훌륭한 조리법만 있다고 되는 것이 아닌 것처럼, 뛰어난 프로젝트관리 환경을 창출하는 데는 몇 가지 간단한 방식만으로는 부족하다. 한 조직이 다수의 프로젝트를 관리하는 기법을 익혀 이에 대한 능력을 갖추기 위해서는, 광범위한 지침과 모형을 토대로 실현 가능한 계획을 수립해야 한다. 이러한 목적을 달성하기 위해서는 다음에서 설명하는 전사적 프로젝트관리를 실행하는 데 필요한 주요 성공 요소, 프로젝트 분류 체계 및 단계적 접근법 등을 자세히 살펴보아야 할 것이다.

주요 성공 요소

조직을 설계하는 기준에 관심을 기울이면 보다 원활하고 효과적으로 프로젝트관리에 의한 성숙한 기업으로 이행하게 된다. '포춘 500 프로젝트관리 벤치마킹 포럼' 은 설문 조사 결과를 바탕으로 여러 가지 기능을 수행하는 최고의 프로젝트관리 조직이 되기 위한 주요 성공 요인을 다음과 같이 설명했다.

1. 프로젝트 전문가의 수준 높은 자질
   - 특정 응용 분야, 즉 항공공학 또는 프로젝트관리와 같은 전문 분야의 학위
   - 8장에서 구체적으로 설명할 PMBOK 교육
   - 10장에 설명할 공인된 기관에서 발급하는 프로젝트관리 전문가 자격증
   - 인간관계 기술
   - 유사한 또는 동일한 프로젝트 경험

2. 조직의 부가 가치를 높일 수 있는 프로젝트관리 접근법에 대한 경영진의 전폭적인 지원
3. 개념 단계부터 종료 단계까지 프로젝트에 대한 수준 높은 권한과 통제(포춘 500대 그룹의 프로젝트에 대한 설문은 풀타임 프로젝트 관리자를 대상으로 했다)
4. 자격과 업무에 대한 책임감을 갖춘, 실적을 바탕으로 보상을 충분히 받는 인물이 수행하는 수준 높은 프로젝트관리 기능의 영향력

그러므로 전사적 프로젝트관리 실행을 목적으로 하는 혁신 프로젝트를 입안하여 실시하는 동안 이러한 주요 성공 요인들을 고려해야 한다. 인물 선정과 이들에 대한 훈련이 조직을 개발하는 데 큰 부분을 차지해야 하는 것이다. 권한, 영향력을 행사할 수 있는 최고 경영자의 지원에 대한 보장도 프로젝트 계획 기준에 반드시 포함시켜야 한다. 무엇보다도 주요 결정권자의 인식이 높으면 전사적 프로젝트관리에 대한 전망은

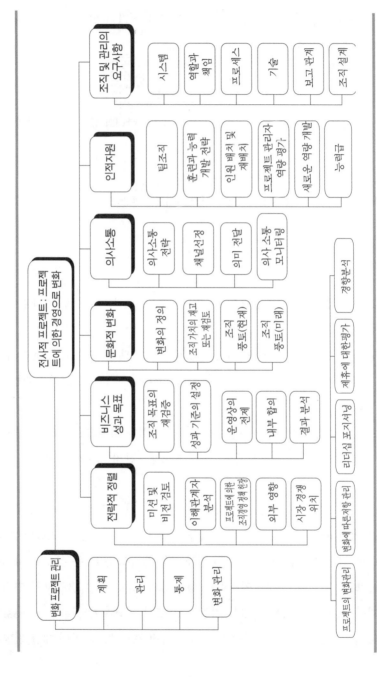

〈그림 4-1〉 조직 변환 프로젝트의 분류 체계

* Remilda Almeida가 개발한 미발표 모델에서 발췌

밝아지고, 성공 요소들은 조직 변환 프로젝트에 자연스럽게 흡수될 것이다.

프로젝트 분류 체계 접근법

조직에 중요한 변화가 일어나기 위해서는 그림 4-1의 작업 분류 체계(WBS)에 설명되어 있는 활동이 모두 필요할 수도 있다. 비교적 급진성이 떨어지는 변화 프로젝트의 경우에는 몇 가지 항목은 실행하지 않아도 된다. 그러나 이러한 프로젝트 분류 체계는 한 조직의 변화와 관련되는 모든 상황을 포괄하는 활동 점검표를 제공한다. 성공적인 프로젝트관리를 위한 프로젝트 분류 체계의 역할에 대해 자세히 알아보려면 8장을 참고하기 바란다.

다음은 전사적 프로젝트관리의 구현에 대한 단계적 접근법의 제목과 내용이다.

- **전사적 프로젝트에 대한 프로젝트관리** 전사적 프로젝트에 대한 계획, 관리, 통제, 변화 관리가 포함된다. 변화 관리는 프로젝트 자체에 대한 변화 관리, 변화에 따른 저항 관리, 리더십 포지셔닝, 제휴에 대한 평가, 경향 분석을 다룬다.
- **전략적 정렬** 사명과 비전 검토, 이해관계자 분석, 프로젝트에 의한 조직 경영 정책 헌장, 외부 영향, 시장 경쟁 위치 정립이 포함된다.
- **비즈니스 성과 목표** 조직 목표 재검증, 성과 기준 설정, 운영상의 전제, 내부 합의, 결과 분석을 수용한다.
- **문화적 변화** 변화에 대한 정의, 회사 가치에 대한 재고 또는 재검토, 현재

의 조직 풍토를 바람직한 미래의 풍토와 비교하는 것 등이 있다.

- **의사소통** 의사소통 전략, 채널 선정, 의미전달, 의사소통 모니터링이 포함된다.
- **인적자원** 팀 조직, 훈련과 능력 개발 전략, 인원 배치 및 재배치, 프로젝트관리 역량 평가, 새로운 역량 개발, 능력급 등을 의미한다.
- **조직과 관리의 요구사항** 시스템, 역할과 책임, 프로세스, 기술, 보고 관계, 조직 설계가 포함된다.

이러한 보편적인 프로젝트 분류 체계는 전사적 프로젝트관리 프로젝트 또는 다른 형태의 조직 변화 프로젝트에도 적용할 수 있다. 특히 변화가 일어나야 하는 중요한 상황임에도 불구하고 이에 대한 저항이 강할 때에 적합하다. 변화 프로젝트를 해당 구성 요소로 분해한 다음 그 요소들을 관리하는 전통적인 방법은 곧 프로젝트관리를 실천하는 것이다!

전사적 프로젝트관리의 단계적 구현

다른 프로젝트 경우와 마찬가지로, 전사적 프로젝트관리를 구현하는 데는 많은 시간이 소요된다. 처음에는 이전의 프로젝트의 생명 주기를 통해 발전해 가지만 결국은 조직이 프로젝트를 지향하는 안정된 상태로 변하게 된다. 한 조직이 착수 단계에서부터 프로젝트에 의해 역동적이고 생산적으로 관리되는 성숙한 조직으로 변모하기 위해서는 다음 다섯 단계를 밟아야 한다.

1. **설득** 조직의 주요 이해관계자들이 전사적 프로젝트관리의 개념을 접

하고 이를 실행하는 데 동의해야 한다. 이것은 조직 내에서 영향력이 위로, 측면으로, 그리고 아래로 작용해야 한다는 것을 의미한다. 프로젝트를 착수하기 위한 '설득'에는 다음과 같은 작업이 필요하다.

- 유인물을 만들어 배포하고, 유사한 관심을 가지고 있는 회사와 벤치마킹을 하며, 회사 내부 연사 및 초청 연사의 강연을 통해 공감대를 형성한다.
- 변화의 이점과 기타 프로젝트 관련 문제를 평가하는 유인물을 만들어 배포한다.
- 이 장 후반에서 설명하는 바와 같이, 경영진을 대상으로 하는 설명회를 통해 홍보하고 주요 이해관계자들의 의견을 청취한다.
- 조직 내에 전사적 프로젝트관리를 실행하기 위한 프로젝트 헌장을 마련한다.

2. 계획 프로젝트에 의한 조직 경영 프로세스와 여러 이해관계자들의 역할을 정의한다. 여기에는 다음과 같은 정책 및 절차를 결정해야 한다.

- 그림 4-2와 같이 전사적 프로젝트를 위한 작업분류체계를 개발하고 발전시킨다.
- 프로젝트 구현 팀과 스폰서를 정한다.
- 조직에 가장 적합한 프로젝트 오피스를 정한다. 즉, '프로젝트 지원 오피스(PSO)', '프로젝트관리 전문센터(PMCOE),' '프로그램관리 오피스(P-MO)' 등 5장을 참고하여 한 가지를 결정한다.
- 프로젝트의 전략적 정렬, 역량 기준, 표준 방법론, 프로젝트관리에 대한 조직의 성숙도, 보상 제도, 통합 데이터 베이스, 프로젝트 스폰서 및 프로젝트 팀 선정, 의사소통, 프로젝트 평가, 포괄적 보고 제도, 프로세스 개선

〈그림 4-2〉 전사적 프로젝트관리 구현 단계

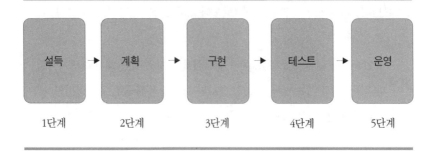

설득	계획	구현	테스트	운영
1단계	2단계	3단계	4단계	5단계

등에 관한 정책 및 절차를 재평가하거나 규정한다.

3. **구현** 조직 내의 모든 단계마다 필요한 교육을 실시해야 하며, 필요한 프로세스와 절차가 마련되어야 한다. 이때 조직 내부에 다음과 같은 근본적인 변화가 일어나야 한다.

- 프로젝트 개념과 방법론, 팀 구성, 대인관계 기법, 지도에 관해 교육한다.
- 프로젝트 진행 및 중지 결정과 자원 배분을 결정하는 위원회를 가동한다.
- 정책과 절차 준비:프로젝트 스폰서와 팀은 이러한 절차에 따라 활동한다.
- 프로젝트 팀을 지원하기 위한 내부 지도자를 선정한다.

4. **테스트** 프로젝트 구현 단계의 마지막 단계로 조직이 프로젝트에 의해 운영되기 위해 모든 사항이 계획대로 진행되고 있는지의 여부가 중심 과제로 다루어진다. 다음과 같은 사항이 이루어져야 한다.

- 프로젝트 오피스에 대한 개념을 최종적으로 설명하는 등 조직을 필요에

따라 조정한다.

- 새로운 접근법을 평가한다. 즉, 이점과 개선점을 정리한다.
- 전사적인 모든 프로젝트관리 시스템이 이해관계자들을 모두 만족시키는 지 확인한다.

5. **전사적 프로젝트관리 운영** 모든 조직은 역동적이다. 그러므로 운영상 조정이 불가피하며 의사소통 방식이나 성과 추적 기술은 주기적으로 변해야 한다. 다음 사항과 더불어 지속적인 교육 프로그램과 관리 감사 등의 조직 관리가 이루어져야 한다.

- 주기적으로 프로젝트관리 성숙도를 평가하여 완전한 프로젝트 위주의 조직이 되기 위해 어느 정도 발전해 왔는가를 평가한다(11장의 '성숙도 모델' 참고).
- 프로세스를 항상 새롭게 유지하기 위해 프로그램 개선이 지속되도록 제도화한다.
- 다른 조직들과 벤치마킹 관계를 유지한다.

경영자 세션

조직이 프로젝트관리 개념에 쉽게 적응하지 못하거나, 수단과 기법을 충분히 활용하지 않는다 해도, 새로운 이니셔티브를 통해 프로젝트관리 문화를 채택하게 하는 방법이 있다. 즉, 프로젝트 관리자로 전향할 가능성이 있는 사람이나 이를 적극 지지할 사람들의 관심을 끌기 위해 다양한 방법을 탐구하고, 또 지지자들을 규합하여 설득할 수 있는 방법을 생

각해야 한다. 또한 일종의 이벤트를 열어 주제를 부각시키고 이해시켜야
한다. 이를 실현하기 위한 방법이 경영자 세션이다. 경영자 세션은 담당
자들과 의사결정자들과의 반나절 정도의 만남을 통해 이루어진다.

움직임의 시작

세심하고 치밀하게 준비한다면 경영자 세션은 프로젝트관리 문화에
대한 내부 지지 문제를 쉽게 해결할 수 있다. 경영자 세션을 통해 업무를
추진하기 위해서는 다음과 같은 사항을 실행해야 한다.

1. 후원자 확인 조직 내에서 프로젝트관리 후원을 가치 있다고 생각하는
   사람들이 누구인지 파악한다. 내 편으로 끌어들일 수 있는 주요 이해
   관계자들을 정확하게 설정하고 격의 없는 한담을 통해 다른 사람들까
   지 끌어들이는 방안을 고안해 낸다.
2. 홍보 내부 포럼을 이용하여 주제를 부각시키고 기회 있을 때마다 이
   문제를 거론한다. 이미 설명한 것처럼 주요 이해관계자들의 인식을
   높여줄 기사와 유인물을 배포한다.
3. 경영자 세션 기획 예를 들어 처음 열리는 반나절 경영자 세션에서, 조
   직 내의 프로젝트관리 문화 창출을 위한 내부 지지를 얻기 위해 다음
   과 같은 목표를 내세운다. 즉, 경영자 세션을 독려하기 위한 목적으로
   2, 3쪽 분량의 요약문서―배경, 목적, 범위, 참가자, 진행방식, 즉 준비
   물, 세션 진행 방법, 결과 보고 등―를 작성한다.
4. 경영자 세션의 진행자 선정 조직 내부의 세션 진행 전문가, 조직 내의
   다른 분야의 경험 있는 변화 관리자, 대학 교수, 또는 신뢰할 수 있는
   외부 인사 등 경영자 세션을 매끄럽게 진행할 사람이 필요하다. 세션

사회자는 세션 자체를 진행할 뿐 아니라 행사장을 설계하고 행사를 조직하며 세션 종료 후 내용을 보고하기도 한다.

경영자 세션의 단계적 조치

일단 지원자를 확보하고 유인물을 통해 홍보한 후에는 이를 진행시키기 위해 여러 구체적인 조치들을 취해야 한다.

1. 사전 설문 조사 다음 방법에 따라 2쪽 분량의 설문지를 준비한다.

   • 귀하는 프로젝트 일정관리, 원가관리, 품질관리, 범위관리, 의사소통관리, 조달관리, 인적자원관리, 위험관리, 통합관리 등의 사업 분야에서 어느 정도의 능력을 갖고 있다고 스스로 평가하는가?
   • 귀하의 부서에서 시행하는 프로젝트를 관리할 때 봉착하는 어려운 문제를 세 가지만 열거하라.
   • 귀하의 부서에서 시행되고 있는 프로젝트관리 방법의 강점 세 가지는 무엇인가?
   • 조직의 프로젝트관리 문화를 개선하려는 이유가 무엇이라고 생각하는가? 이를 통한 이점이 무엇이라고 생각하는가? 프로젝트관리 문화를 장려하는 데 따르는 단점은 무엇이라고 생각하는가?
   • 기타 의견

2. 사전 면담 면담은 세션 진행자와 세션에 참가하게 될 주요 경영진들 사이에 50분씩 다섯 차례 이루어진다. 면담은 공개적으로 자유롭게 진행된다. 다음은 세션 진행자가 세션을 면담 대상자에게 맞추는 데

도움이 될 만한 기본적인 주제들이다.

- 면담 대상자의 배경과 프로젝트관리에 대한 지식
- 사업 부문의 프로젝트관리 역량에 대한 면담 대상자의 인식
- 면담 대상자가 생각하는 문제와 이에 대한 해결책
- 프로젝트관리 문화에 변화를 만들어 내는 주요 이해관계자는 누구라고 생각하는가?
- 조언과 제의

3. **경영자 세션 계획** 네 시간에 맞추어 세션 내용을 준비한다. 세션은 다음과 같은 방법으로 진행한다.

- 세션에 참석한 이유, 내용 및 진행 방법에 대한 언급으로 세션을 시작한다. 사전 설문서의 분석 결과에 대한 검토와 설문 내용에 대한 논평, 그리고 프로젝트관리 개선의 필요성에 대한 합의 도출을 목적으로 그룹 토론이 이루어진다. 프로젝트에 의한 관리 개념에 대해 간단한 프레젠테이션을 준비한다.
- 브레인스토밍과 프로젝트관리를 조직 문화의 일환으로 정착시키는 문제에 대한 찬반론자의 토론이 이루어진다. 세션은 아이디어 제시, 건의 사항과 다음에 취할 수 있는 조치를 토론하고 끝을 맺는다.
- 세션 후속 조치를 위한 내용을 발표한다(문서 또는 구두). 세션 참석 후 보고 자료에는 설문서 결과, 면담 결과, 세션 내용 요약, 찬반론자의 의견, 세션에서 설명된 프로젝트관리 개념 요약, 아이디어, 제의, 다음에 취할 조치, 세션 진행자의 논평이 포함되어야 한다.

세션 후에는 이행할 사항과 계속 추진할 사항을 잊어서는 안 된다. 일단 세션을 갖고 나면, 토의 결과에 따라 꾸준히 추진하도록 한다. 경영자 세션에서 도출된 결론은 지속적으로 추진하고 모니터링해야 한다. "이제 무엇을 하지?" 하는 물음에 즉각 대응할 수 있어야 하며 세션 진행자의 방문도 바람직하다.

험난한 미래

전사적 프로젝트관리로 이행해 가는 여정은 순탄하지만은 않다. 조직을 보다 프로젝트 지향적으로 전환시켜야 할 중역들이 직면하는 위험한 요소 몇 가지를 짚어본다.

- **직위 중심 관리에서 프로젝트 중심 관리로의 변화에 개인적으로 적응** 직위를 중심으로 하는 관리 체제에서 프로젝트 접근 방식으로 전환하는 일은 누구에게나 다 쉬운 일이 아니다. 직장 내에서 자신의 입지가 크고 영향력이 강한 사람들에게 이러한 조정은 어쨌든 고통스러운 일이다. 따라서 전혀 조정을 하지 않거나 스스로 조직을 떠나거나 밀려나는 사람들도 있다.
- **느슨하고 체계화가 덜 된 조직** 다수의 프로젝트가 동시에 수행되는 환경은 기능 중심 조직에 익숙한 사람들에게는 굉장한 도전거리이다. 조직이 매트릭스 형태를 띠면 상황이 불투명하고 희미하므로 이러한 환경에 익숙하지 않은 사람들은 불안해하기 마련이다. 그러한 상황에 적응하지 못하는 사람들은 훈련을 받거나 부서를 이동해야 한다.
- **이해관계자 관리의 과제** 프로젝트 접근법은 자신이 맡은 프로젝트에 관

한 한 전적인 책임을 지고 성과를 거둘 것을 요구한다. 이것은 프로젝트 팀이 프로젝트 이해관계자 등 프로젝트에 영향을 미치는 모든 요인들을 관리해야 한다는 뜻이다. 이해관계자 관리에 대해 특수한 훈련을 해야 하는 프로젝트도 있다.

- **자격을 갖춘 프로젝트 요원을 육성하는 일** 프로젝트관리에는 팀원들의 특별한 사고방식, 즉 과거의 기업 운영 사고방식과는 크게 다른 사고방식이 요구된다. 이처럼 사고방식을 변화시키려는 노력은 낙관적인 변화 주도자들에 의해 과소평가되어 변화를 늦추거나 변화를 무용지물로 만드는 결과를 초래할 수도 있다.

- **종합적 프로젝트 통합** 프로젝트 포트폴리오를 관리하기 위해서는 현재 추진중인 많은 프로젝트를 일관성 있게 한 방향으로 이끌어가기 위해 강한 인터페이스가 필요하다. 이러한 일들은 경영진의 많은 관심을 필요로 할 뿐 아니라 전사적 프로젝트를 효율적으로 추진하기 위해 조직 문화와 결합시키는 것이 중요하다.

요리 계속하기

이 장을 처음 시작할 때 언급했지만, 요리책과 같은 접근 방식으로는 한 조직을 프로젝트화된 조직으로 변화시킬 수 없다. 그런 방향으로 변화되는 조직이 있기는 하지만, 이는 프로젝트 챔피언을 강조하는 조직에서나 가능한 것이다. 대부분의 조직은 홍보와 구현 계획에 따라 경영자 세션 등을 실행하여 이를 깨우쳐 주어야 하는 상황이다. 그러나 어떤 방법을 이용한다 해도, 프로젝트관리가 성공을 거두기 위해서는 첫째로 프로젝트관리에 대한 훈련과 교육이 이루어져야 하며, 둘째로 권위, 위신,

영향력과 관계가 깊은 최고 경영진의 관심과 지원이 필요하다. 이 두 가지는 조직의 혁신을 추구하는 데 핵심 사항이다. 점점 경쟁이 치열한 비즈니스 환경으로 인해 기업체의 손익 분기점을 높여주는 기술이 돋보이고, 최고 경영진이 프로젝트화된 조직을 관리하는 능력에 큰 관심을 보이고 있다. 따라서 이 책에 소개된 지침과 모델은 많은 프로젝트 관리자들의 욕구를 충족시켜 줄 것이며 실제로 이용 가치 또한 높을 것이다.

chapter 5

떠도는 버팔로, 프로젝트 오피스, 그리고 프로젝트 책임자

원칙 5

프로젝트 오피스는 프로젝트관리가 전 조직에 효과적으로 적용될 수 있도록 하는 열쇠이다.

간단한 일이라고 생각할 수도 있지만 조직 내에서 프로젝트 관리 기능을 수행할 부서를 알아내는 일은 그리 쉬운 일이 아니다. 배회하는 버팔로처럼 프로젝트관리는 조직 내 특정한 부서에 있을 수도 있고 계절과 시기에 따라 새로운 방목장에 있을 수도 있다. 조직 내에서 프로젝트관리 기능을 수행해야 하는 부문은 다음과 같다.

- 엔지니어링 부문
- 정보 기술 부문
- 모든 프로젝트가 보고되는 중앙의 그룹
- 우선 순위가 높은 프로젝트의 관리를 전문으로 하는 그룹

- 특정 프로젝트
- 일정 계획과 통제를 돕는 지원 부문
- 프로젝트관리의 필요성을 홍보하는 부서

프로젝트관리 개념은 조직 내에 무리 없이 흡수되어야 한다. 바로 그러한 상황이 전사적 프로젝트관리의 전제가 된다. 즉, 프로젝트관리가 전면적인 경영 철학으로 받아들여져야 하는데, 이는 프로젝트관리가 모든 부문 ─ 전통적인 건설과 정보 기술 사업부터 마케팅, 지속적인 개선, 연간 경영 목표 설정, 조직 혁신 프로그램 등 ─ 에 통용되어 모든 업무를 프로젝트화해야 한다는 것을 의미한다. 전사적 프로젝트관리 접근 방식은 훈련과 역량 개발에 상당한 시간을 투자해야 한다. 이 접근 방식에는 프로젝트관리를 위한 본부가 필요하며, 프로젝트관리는 이 본부로부터 조직의 각 부문으로 유입된다.

그러나 프로젝트관리에 본부를 두는 일이 전사적 프로젝트관리의 필요 조건은 아니다. 실행할 프로젝트가 있다면 조직 내 어디 부문에서든 그 프로젝트를 지원해야 한다. 본부는 프로젝트관리에 대한 노력을 지원하고, 프로젝트에 영향을 미치며 방향성을 제시하는 데 도움을 주기 위해 존재하는 것이다. 본부에 대한 필요성은 4장에서 조직 변화 프로젝트를 설명할 때 이미 언급한 바 있다.

프로젝트 오피스를 찾아서

프로젝트를 관리하기 위해서는 대표적인 본부가 있어야 한다. 이러한 본부들은 각기 다른 개념으로 표현될 수 있지만, 포괄적으로 프로젝트 오피스라는 용어로 불린다.

독립 프로젝트 팀

독립적으로 실행되는 프로젝트도 있다. 이 경우 프로젝트관리 기능은
프로젝트 내부에 있다. 프로젝트관리 관행은 프로젝트 리더들의 경험과
관행에서 비롯되며, 조직으로부터 지원은 받지 않는다. 프로젝트 관리자
와 행정 및 기술 지원 인력들로 이루어지는 독립 프로젝트 팀(au-
tonomous project team, APT) 리더의 핵심을 프로젝트 오피스라고 부르
는 경우가 있다. 프로젝트 리딩 팀의 모든 비용은 직접 프로젝트 비용으

〈그림 5-1〉 독립 프로젝트 팀(APT)

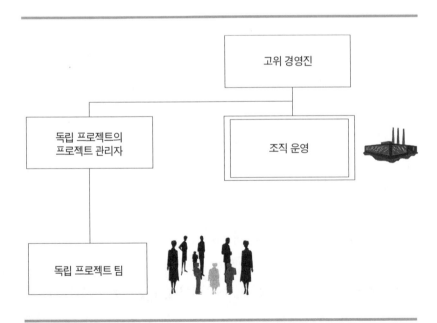

로 부과되며, 이러한 형태의 프로젝트 오피스는 프로젝트를 통째로 관리하고 운영한다. 그러므로 모든 프로젝트관리 기능은 선발된 프로젝트 팀이 수행하며, 그림 5-1을 통해 알 수 있듯이 어떤 프로젝트 리더십을 갖고 있느냐에 따라 프로젝트 성공 여부가 결정된다.

- **독립 프로젝트 팀의 임무** 독립 프로젝트 팀은 일정관리, 범위관리, 원가관리, 품질관리, 위험관리, 조달관리, 의사소통관리, 인적자원관리, 통합관리 등 프로젝트관리와 관계되는 모든 업무를 수행한다.
- **독립 프로젝트 팀의 성공 요소** 프로젝트의 성공 여부는 일차적으로는 프로젝트 관리자에게 달려 있다. 만약 프로젝트 관리자가 전문 지식과 유능한 인력과 절차를 갖추고 있다면, 프로젝트의 성공 개연성은 높을 수밖에 없다. 또한 강력하고 협조적인 스폰서나 회사의 추진 위원회가 프로젝트 주변 환경과 무관한 요소들을 관리하고 프로젝트와 조화시키도록 한다면 그것 역시 프로젝트의 성공 요인이다.
- **독립 프로젝트 팀의 일반적 적용** 그 명칭이 시사하는 것처럼, 프로젝트가 조직의 다른 부서와 크게 연계할 필요가 없고 회사에서도 제공할 전문 지식이 없을 때 독립 프로젝트 팀은 효과적으로 운영된다. 신규 시설투자가 거의 없는 회사의 생산 시설 건설의 경우가 좋은 예이다.

프로젝트 지원 오피스

그림 5-2에 나타난 바와 같이 프로젝트 지원 오피스(Project Support Office, PSO)는 4, 5명의 프로젝트 관리자들에게 동시에 서비스를 지원하지만, 특정 프로젝트 관리자를 지원하는 경우도 있다. 프로젝트 지원 오피스는 행정적 · 기술적 수단과 계획 수립, 일정 작성, 프로젝트 범위 변

경, 원가관리를 위한 서비스를 제공한다. 관련 자원(하드웨어, 소프트웨어 및 인력)은 프로젝트의 성격과 계약 내용에 따라 내부적으로 또는 외부적으로 프로젝트에 이관된다. 프로젝트 착수 단계 또는 프로젝트를 크게 확장할 때 프로젝트 지원 오피스에서 인력을 차용하는 경우도 있다. 프로젝트 지원 오피스 외에 다양한 형태의 서비스를 받는 프로젝트 관리자가 프로젝트의 성공을 보장받을 수 있다. 프로젝트 지원 오피스는 프로젝트 오피스, 프로젝트관리 오피스, 행정 지원 오피스, 기술 지원 오피스 등 다른 명칭으로도 알려져 있다.

- **프로젝트 지원 오피스의 임무** 1997년 9월, '포춘 500 프로젝트관리 벤치마킹 포럼'에서 논의된 내용에 따르면, 프로젝트 지원 오피스는 일정 계획 수립, 프로젝트 추적, 계약 준비와 관리, 행정 및 금융에 관한 서비스, 범위 변경 관리, 프로젝트관리 도구, 성과 관리, 문서 관리, 자산 추적, 현황 감사 등 업무 전반 또는 일부를 수행한다.
- **프로젝트 지원 오피스의 성공 요소** 프로젝트 지원 오피스의 업무가 성과를 거두기 위해서는 다음 네 가지 사항을 고려해야 한다.
  1) **기술적 자원** 일정한 기준에 맞는 하드웨어, 프로세스, 도구 등 우수한 장비와 최신 소프트웨어는 프로젝트 지원 오피스가 성과를 올리는 데 필수적이다.
  2) **방법론** 프로젝트 수행 방법을 일관성 있고 상세하게 지원하기 위해서는 프로젝트에 관여하는 모든 사람들이 이해하고 선호하는 프로젝트 관리 역량과 연계할 필요가 있다.
  3) **인터페이스** 조직의 위치 및 조직 전반에 의사소통이 이루어져야 한다. 프로젝트 지원 오피스는 종종 매트릭스 환경에서 운영되며 이 경우 인터페이스가 주요 이슈가 된다.

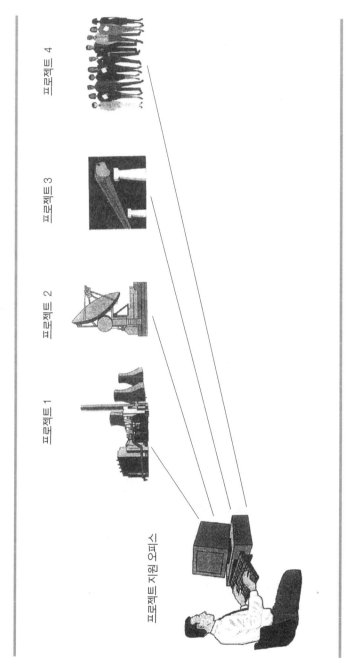

〈그림 5-2〉 프로젝트 지원 오피스(PSO)

프로젝트 1

프로젝트 2

프로젝트 3

프로젝트 4

프로젝트 지원 오피스

4) 역량 기술 지원을 제공하고 관리하는 데 능통한 사람이 필요하다. 프
    로젝트 지원 오피스의 본질은 프로젝트를 예산 한도 내에서 예정된 시
    간 안에 끝내는 데 필요한 도구와 정보를 제공해 주는 지원 능력을 개
    발하는 데 있다.
- 프로젝트 지원 오피스의 일반적 적용 강력한 프로젝트 관리자가 프로젝
    트를 지휘하고, 조직 내에 프로젝트관리에 대한 인식이 높으며, 문서 지
    원 및 성과 추적 요구가 강하고, 다수의 프로젝트가 진행될 경우 프로젝
    트 지원 오피스를 설치할 수 있다.

프로젝트관리 전문센터

프로젝트관리 전문센터(Project Management Center of Excellence, PM-
COE)는 전문 지식이 모이는 곳이지만 프로젝트 결과에 대한 책임은 지
지 않는다. 이에 소요되는 경비는 일반적인 경비 총액이며 프로젝트에
이관할 경비는 아니다. IBM의 프로젝트관리 전문센터를 창시한 수 구테
리*Sue Gutherie*는 이 조직을 통해 조직의 역량을 높이고 성숙도를 향상
시킬 수 있다고 주장한다. 프로젝트관리 전문센터의 업무는 프로젝트관
리 방법을 알리고, 관련 직원들을 변화시키며 이론가를 실천가로 변화시
키는 등 주로 전도사적인 성격을 갖고 있다. 이 전문센터는 방법론 관리
책임을 맡고 있다. 그림 5-3에 나타나는 바와 같이 여러 프로젝트들 사이
의, 그리고 외부 프로젝트관리 그룹과의 의사 전달 통로를 개방하고 유
지한다. 프로젝트관리 역량 센터, 프로젝트관리 전문가 개발 센터, 프로
젝트관리 조직개발 센터, 프로젝트관리 프로세스 센터, 프로젝트관리 리
더십 센터, 회사 프로젝트 센터, 그리고 전사 프로젝트 센터 등으로 불리
기도 한다.

- **프로젝트관리 전문센터의 임무** '포춘 500 프로젝트관리 벤치마킹 포럼' 은, 전문 센터 개념은 기업에 따라 크게 다르다는 사실을 전제하고, 훈련, 프로세스 표준화, 내부 컨설팅, 역량 향상, 성공 사례 확인, 프로젝트 우선 순위 부여, 도구에 대한 정의와 표준화, 전사 혹은 포트폴리오 리포팅, 프로젝트관리 홍보, 그리고 첨단 벤치마킹 등이 '프로젝트관리 전문센터' 가 수행해야 할 사항이라고 발표했다.
- **프로젝트관리 전문센터의 성공 요소** 다음은 성공적으로 업무를 처리하기 위해 고려해야 할 요건들이다.

〈그림 5-3〉 프로젝트관리 전문센터(PMCOE)

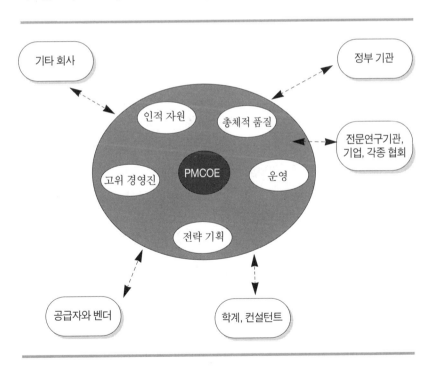

1) **스폰서 제도** 상부로부터 많은 시간적 지원을 받아야 한다. 프로젝트관리 전문센터는 경영진으로부터 전폭적인 지지를 받을 때 가장 큰 효과를 발휘할 수 있다.

2) **리더십** 분명한 리더십을 갖추어야 한다. 프로젝트관리 전문센터의 리더십은 권한보다는 전문 지식과 관련 이해관계자들의 관리 능력과 영향력에서 비롯된다.

3) **부가 가치** 프로젝트관리 전문가의 역할을 해야 한다. 프로젝트관리 전문센터는 자신들이 제안하는 프로젝트관리 방안을 실천함으로써 얻을 수 있는 이점을 제시할 수 있어야 한다.

4) **전문가 개발** 외부 훈련, 직무 훈련, 벤치마킹이 이루어져야 한다. 유능한 프로젝트 관리자, 지도자와 팀원들을 어떻게 육성하느냐에 따라 프로젝트관리 전문센터는 조직에 크게 공헌하게 된다.

5) **최첨단 기술** 전문 지식, 정보 출처, 자원, 기술을 갖추어야 한다. 즉, 신뢰성을 유지하기 위해 프로젝트관리 전문센터는 프로젝트관리 방법과 전문 지식에 정통해야 한다.

'프로젝트관리 전문센터' 접근법은 특히 포괄적인 책임을 가진 기업, 여러 가지 다양한(정보 시스템, 마케팅, 엔지니어링, 조직 혁신 등) 프로젝트를 추진중인 기업, 조직의 내부 문화에 영향을 미치는 소프트적인 접근 방식을 선호하는 조직에 적합하다.

프로그램관리 오피스

그림 5-4에 나타나는 것과 같이, 프로그램관리 오피스(Program Management Office, PMO)는 프로젝트 관리자를 관리하고 프로젝트 결과에 대

해 최종 책임을 진다. 주요 기업에서 프로그램관리 오피스는 우선 순위가 높은 프로젝트에 노력을 집중한다. 기타 프로젝트는 부처나 단위가 관리하며, 필요시 프로그램 관리 오피스의 지원을 받는다. '프로그램관리 오피스'는 그 성격상 '프로젝트관리 전문센터'의 기능과, 경우에 따라서는 '프로젝트 지원 오피스'의 기능도 포괄한다. 프로젝트관리 프로그램 오피스, 프로그램 오피스, 프로젝트 포트폴리오 오피스, 프로젝트 포트폴리오 관리 오피스 등의 별칭도 있다.

- **프로그램관리 오피스의 임무** '포춘 500 프로젝트관리 벤치마킹 포럼'은 프로그램관리 오피스가 수행해야 하는 활동으로 다음 사항을 제시했다. 즉, 자원 할당과 관리, 프로젝트 관리자 모집 및 육성, 프로젝트 선정 및 우선 순위 부여, 사업 전략과의 정렬, 포트폴리오 보고, 방법론 및 프로젝트관리 프로세스 구축, 프로그램 또는 프로젝트에 대한 책임, 인적자원 프로세스 변화 관리, 프로젝트 관리자들에 대한 협의 조정 등의 업무를 수행해야 한다.
- **프로그램관리 오피스의 성공 요건** 프로그램관리 오피스의 활동이 성공을 거두기 위해서는 다음과 같은 요건을 고려해야 한다.
1) **권력** 프로그램관리 오피스가 제대로 활동하기 위해서는 조직 구조 내에서 권력의 한 부분을 차지해야 한다.
2) **기업의 우선 순위** 기업의 전략에서부터 프로젝트 실행에 이르기까지 우선 순위를 정할 수 있어야 한다. 프로그램관리 오피스의 주요 임무는 직접 관리할 프로젝트와 제3자에게 위탁할 프로젝트, 그리고 단위 조직이 관리할 프로젝트를 결정하는 일이다.
3) **전사적 차원의 통제** 다중 프로젝트에 대한 적절한 프로젝트 현황을 보고해야 한다. 프로그램관리 오피스는 개별적 프로젝트의 추세는 물론

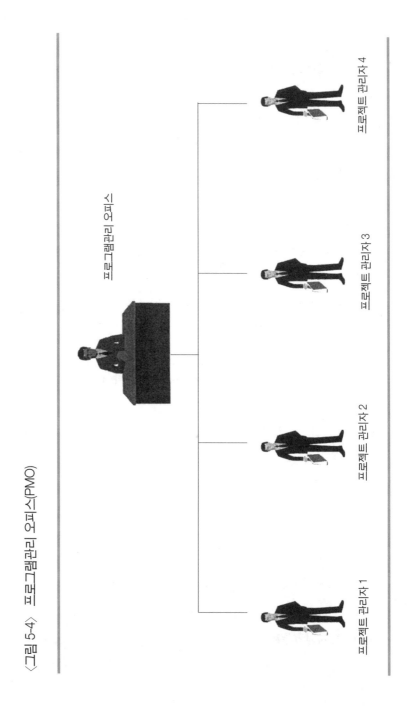

〈그림 5-4〉 프로그램관리 어피스(PMO)

프로그램관리 어피스

프로젝트 관리자 1   프로젝트 관리자 2   프로젝트 관리자 3   프로젝트 관리자 4

총체적 프로젝트의 성과를 추정할 수 있어야 한다. 이렇게 양쪽에 초점을 맞추기 위해서는 정교한 추적 시스템이 필요하다.

대체로 프로그램관리 오피스는 기업이 프로젝트에 의한 벤처 사업 관리에 우선적으로 전념할 때, 프로그램관리 오피스가 효과적으로 기능을 발휘할 수 있을 정도로 조직이 충분히 성숙했을 때, 프로젝트에 의한 경영을 하지 않으면 부정적인 결과가 강하게 나타날 것으로 예상될 때 적용할 수 있다.

프로젝트 책임자

앞에서 설명한 여러 종류의 프로젝트 오피스들에게는 수백 개 또는 수천 개의 수없이 많은 복잡한 프로젝트를—이 중 상당수가 성격적으로 기능이 겹친다—조정하는 일이 매우 까다롭고 감당하기 어려울 수 있다. 또한 추진하고 있는 여러 가지 프로젝트에 대한 책임이 불분명한 기업이 많다. 따라서 기업의 중역들에게 다수의 프로젝트와 주요 프로그램에 대한 감독을 요청할 필요를 느낀다. 전사 지향적인 회사들은 조직 전체적으로 프로젝트를 관리하기 위해 정치적으로 빈틈없고, 프로젝트 지향적이며, 시스템을 잘 이해하는 임원급 관리자를 요구하고 있으며, 이러한 고위 프로젝트 관리자들을 위해 새로운 직책이 생길 수 있다.

그림 5-5에 나타난 바와 같이 프로젝트 책임자(chief project officer, CPO)에 대해 알아보도록 하자. 프로젝트 책임자는 대체 무슨 일을 하는가? 어떤 방법으로 직무를 수행하는가? 어떤 책임을 지는가? 여러 가지 의문점이 많지만 대답은 한 가지로 분명하다. "사정에 따라 다르다!" 이것은 프로젝트관리(방법, 경험, 지원), 프로젝트의 규모와 복잡성 정도에

따른 조직의 성숙도, 프로젝트관리에 전사적 접근법을 이용하는 데 대한 경영진의 확신에 따라 다르다. 또한 조직의 성격, 즉 엔지니어링 회사처럼 프로젝트 지향적인가, 아니면 프로젝트관리를 목적을 위한 수단으로 보는 소비재 제조업체처럼 기능적인 것에 토대를 두는가 등에 따라 다르다.

프로젝트 책임자의 직무는 특별한 상황에서 의미를 갖는다. 즉, 세계적이고 전사 지향적이며, 몇 가지 전문 분야가 집결해 있는, 그러면서도 여러 가지 복잡한 프로젝트를 적기에 끝내야 하는 상황에서 의미가 있다. 프로젝트 책임자는 의사결정 단계에서부터 최종 실행 단계에 이르기까지 조직의 프로젝트 포트폴리오를 관리하고 활성화시켜야 하는 책임이 있다. 다음은 프로젝트 책임자가 수행해야 할 업무를 정리해 놓은 것이다.

- 신규 프로젝트와 관련된 주요 의사결정에 참여
- 전략적 프로젝트 계획
- 우선 순위 부여 및 프로젝트를 위한 자원 조정
- 전략적인 프로젝트 실행 감독
- 전사적 프로젝트관리 시스템에 대한 책임
- 전사적 프로젝트관리 인식 제고 및 역량 개발
- 프로젝트 중단 결정 등 주기적으로 프로젝트 검토
- 고위 이해관계자에 대한 관리, 지원, 조정자 역할

조직 내에서 프로젝트 책임자의 개념은 여러 가지로 통용된다. 프로젝트 책임자가 회사의 전략 목표 가치를 높여주는 두 가지 경우를 살펴보자.

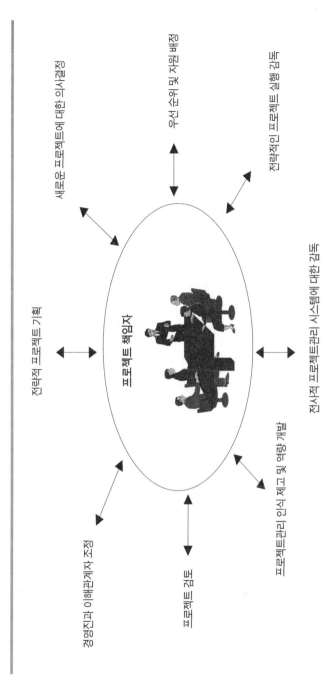

〈그림 5-5〉 프로젝트 책임자(CPO)

새로운 프로젝트에 대한 의사결정

우선 순위 및 자원 배정

전략적인 프로젝트 실행 감독

전략적 프로젝트 기획

프로젝트 책임자

전사적 프로젝트관리 시스템에 대한 감독

경영진과 이해관계자 조정

프로젝트관리 인식 제고 및 역량 개발

프로젝트 검토

시나리오 1 다국적 기업은 수많은 복잡한 프로젝트에 관여하여 재화와 용역을 제공한다. 그 기업의 조직을 프로젝트관리 전문센터는 세계를 바탕으로, 수많은 프로젝트 지원 오피스들은 지역을 바탕으로 운영한다. 프로젝트 책임자는 프로젝트관리 전문센터를 감독하고 임원 이사회를 통해 기업 전반의 계획과 통제 시스템을 감독하는데, 이 통제 시스템은 반복적인 활동에 토대를 두는 운영 업무와는 달리 기업의 프로젝트 측면에 주력한다.

시나리오 2 과거의 기능 조직은 정보 기술 프로젝트와 새로운 제품 개발 프로젝트를 신속히 수행하기 위해 전사적 접근 방식으로 전환할 필요가 있다. 프로젝트 책임자는 매트릭스 형태를 바탕으로 하는 프로그램관리 오피스를 통해 새로운 의사소통 통로를 설치하는데, 여기에는 여러 영역의 프로젝트 관리자가 이용할 프로젝트 지원 기능도 포함되어 있다. 또한 프로젝트 책임자는 다양한 프로젝트를 수행하는 전문가들을 포함한 가상의 프로젝트관리 전문센터를 설치한다.

또 다른 방법

그러나 현재 '프로젝트 책임자' 라는 개념은 선택 사항이며 모든 기업이 이를 필요로 하는 상황은 아니다. 상황과 시기가 적절하지 않은데도 회사가 전혀 다른 방향으로 전환한다는 것은 아무 의미가 없다. 즉, 모든 조직들이 프로젝트 책임자를 필요로 하는 것은 아니라는 것이다.

만약 조직이 프로젝트 책임자 없이도 오랫동안 문제 없이 존속하고 발전해 왔다면, 분명히 전략적 프로젝트관리 문제를 다루는 특별한 방법이 있었을 것이다. 그렇다면 조직 내에서 프로젝트 책임자의 역할을 누가 수행할 수 있는가?

- **운영 담당 임원** 운영 담당 임원은 프로세스와 관련된 활동과 프로젝트 사이의 시간을 적절하게 배분할 수 있을 것이다. 운영(사업을 계속 진행시키는 것)과 프로젝트(새로운 사업에 착수하는 것)는 이론적으로는 서로 다른 사고방식을 필요로 하지만, 프로젝트 업무에 경험이 있는 유능한 운영 담당 임원은 이 두 가지 기능을 조화시킬 수 있다.
- **기획 담당 임원** 이 임원은 자신의 업무 범위를 확대하여 프로젝트의 전략 측면과 더불어 프로젝트 실행과 기업 추적에 대한 감시 업무도 맡을 수 있다. 이 경우 기획 담당 임원은 프로젝트관리 기법에 정통해야 한다.
- **프로그램관리 오피스** 자원 배분, 감독, 프로젝트 추적에 대한 권한이 프로젝트 관리자에게 충분히 이양되고, 프로그램관리 오피스의 위치가 충분히 높다면, 프로그램관리 오피스의 책임자는 프로젝트 책임자의 기능도 수행할 수 있다.
- **임원 팀** 임원 팀이 전략 프로젝트관리에 대해 충분히 알고 있다면, 프로젝트관리 책임자의 임무가 팀원들에게 전달될 수 있다. 예를 들어 자동차 생산 업체에서 전략적으로 정렬된 사업을 여러 가지 기능을 갖춘 팀이 수행해야 할 경우 회사의 전략 위원회 소속 차량 생산라인 담당 임원에게 이러한 임무를 부여할 수도 있다.

그러므로 프로젝트 책임자의 역할을 수행할 대안은 충분하다. 다만 그러한 임무를 부여하는 데 저항이 따른다면 대안을 면밀하게 검토해야 한다(아예 프로젝트 책임자를 임명함으로써 정치적, 실제적으로 문제를 원만하게 해결하는 회사들도 있다). 동일한 기능을 갖는 직위에 임원 프로젝트 오피스나 기업 프로젝트 오피스 등의 다른 명칭을 사용할 수도 있다.

그림 5-6을 통해 이 장에서 제기한 다섯 개의 프로젝트 오피스의 특징을 비교해 보자. 회사 내에 다섯 가지의 형태가 모두 존재하는 경우는 드

물며, 대개 다소 변형된 형태와 혼합된 형태로 나타난다.

혼합 형태

실제로 전사적 프로젝트관리에 이르는 길은 반드시 이 책에서 설명하는 방식대로 수행되지는 않는다. 표준 접근 방식의 효과를 향상시키기 위해서는 보완적인 방법을 사용할 수도 있다. 예를 들어 주요 프로젝트에 대해 전사적 프로젝트관리를 적용하는 얼라이드 시그널*Allied Signal*의 톰 부스*Tom Booth*는 얼라이드의 프로젝트관리 방법의 성숙도를 판단하기 위해 경영진과 외부 전문가들로 구성된 전문 위원회를 구성했다. 아메리칸 에어라인*American Airline*의 수전 가르샤*Susan Garcia*는 우선순위가 높은 프로젝트가 위험 신호를 보내면 경영진이 이를 세부적으로 재검토한다고 한다. EDS의 칼 아이젠버그*Carl Isenberg*에 의하면 경영진이 프로젝트 실적을 검토하는 동안 질문할 수 있도록 이들에게 질문 지침 목록을 주어 실적을 높이도록 돕게 한다고 한다. 1997년 9월 '포춘 500 프로젝트관리 벤치마킹 포럼' 에 참석했던 시티뱅크의 워렌 마퀴스*Warren Marquis*와 루 리베라*Lou Rivera*는 '프로젝트 지원 오피스' 와 '프로젝트관리 전문센터' 의 기능을 통합한 그룹의 일원이다. 페덱스*FedEx*의 통합 프로젝트관리 임원인 돈 컬빈*Don Colvin*은 곳곳에 존재하는 프로젝트 오피스에 대해 이렇게 논평했다. "우리에게 하나가 있는지 확실치 않아요. 여러 개가 있을 수도 있겠지요."

이러한 프로젝트 오피스 개념은 기업의 문화와 관행, 그리고 현재 실행중인 프로젝트의 성격에 따라 여러 형태로 나타난다. 독립 프로젝트 팀이 예외에 속하며, 이 팀은 회사 조직으로부터 독립된 형태로 프로젝트를 운영한다. 다음은 몇 가지 혼합 형태의 예이다.

〈그림 5-6〉 조직의 프로젝트관리를 관리하기 위한 5가지 방안

프로젝트 관리 기능	독립 프로젝트 팀	프로젝트 지원 오피스	프로젝트관리 전문센터	프로그램관리 오피스	프로젝트 책임자
일정	실행	지원	교육	지휘	감독
범위	"	"	"	"	"
원가	"	"	"	"	"
품질	"	"	"	"	"
위험	"	"	"	"	"
조달	"	"	"	"	"
의사소통	"	"	"	"	"
인적자원	"	"	"	"	"
통합	"	"	"	"	"
다중 프로젝트 책임		지원	명료화	조정	
전 조직에 걸친 프로젝트 관리 일관성		지원	명료화		관리
프로젝트관리 역량개발			활성화	조정	관리
사업 전략을 프로젝트에 정렬					명료화
전 기업을 토대로 하는 추적 프로젝트					수행

- 프로그램관리 오피스는 프로젝트 지원 오피스와 프로젝트관리 전문센터의 기능을 통합할 수 있다.
- 프로젝트 지원 오피스와 프로젝트관리 전문센터는 하나의 조직으로 통합할 수 있다.
- 프로젝트 책임자와 프로젝트관리 전문센터는 하나의 기능으로 통합할 수 있다.

프로젝트 오피스 만들기

프로젝트 오피스 만들기는 어떤 프로젝트 오피스를 염두에 두고 있느냐에 따라 달라진다. 독립 프로젝트의 필요 조건과 프로젝트 책임자의 필요 조건은 차이가 크다. 전문센터의 경우처럼 프로그램 오피스 역시 지원 기능과 책임과 필요성에서 크게 다르다. 그러나 이처럼 형태가 다른 프로젝트 오피스들도 설치하는 문제에 직면하게 되면 공통점이 많다. 각각의 기본 요소를 검토해 보자.

기획

기획이 이러한 개념을 실현시키는 바탕이 된다니 실로 놀라운 일이다. 그렇다, 그것은 기본으로 돌아가는 것이다. 첫번째 단계는 프로젝트 오피스의 배경, 설치 목적, 프로젝트와 관련된 가정과 제약 조건, 예상 결과들을 포함하는 프로젝트 헌장을 만드는 일이다. 그런 후에는 프로젝트의 전문 지식을 토대로 질문을 연습할 필요가 있다(8장 참조). 설치할 프로젝트 오피스의 범위는 어떻게 되며, 설치하는 데 필요한 작업 분량은 얼마나 되는가? 프로젝트 오피스를 설치하는 프로젝트의 기간과 경비는 얼마나 드는가? 어떤 품질 기준을 적용할 것인가? 가장 높은 품질 기준을 적용할 것인가? 비용이 적게 드는 기준을 적용할 것인가? 납품업체나 외부 컨설턴트를 확보할 때처럼 필요한 인적자원 또한 면밀히 검토할 필요가 있다. 프로젝트 실행이나 실행 후 단계를 위한 의사소통 계획을 수립해야 하며, 프로젝트 오피스 설치에 관련된 위험도 고려할 필요가 있다. 이와 같이 프로젝트를 관리하기 위한 이러한 기본적인 사항들이 해결되면, 이론적으로는 프로젝트 오피스를 위한 프로젝트는 순항 준비를 갖춘 셈이다. 그렇다 해도, 프로젝트 오피스를 기획할 때는 특별하게 주의해야 하는 특정 요소들이 있다.

하드웨어, 소프트웨어, 그리고 호환성

컴퓨터와 컴퓨터 관련 장비는 예상되는 데이터 손상, 문서와 보고서 작성, 프레젠테이션의 필요성을 충족시키기 위해 사용법을 상세하게 기술할 필요가 있다. 다른 회사가 생산한 장비와 연결하여 사용할 수 있어야 함은 물론 워크스테이션의 수도 중요한 요소가 된다. 원거리 데이터 접속, 회사 내부 및 고객과의 호환성 또한 이와 관련된 문제다. 이러한 모든 결정은 회사의 정보 기술 부서의 직원들과 협의해야 한다. 하드웨어, 소프트웨어, 그리고 호환성과 관련해서 컴퓨터만으로 움직이는 상황에서 유일하게 예외가 되는 것은 독자적인 프로젝트를 추진하는 독립 프로젝트 팀일 것이다. 그러나 이 경우에도, 예상되는 문제점을 줄이기 위해 실무적 차원에서 호환성을 검토하는 것이 바람직하다. 일련의 프로젝트들에 대해 공식적으로 책임을 지는 프로그램관리 오피스는 물론, 몇 개의 프로젝트를 지원하고 있는 프로젝트 지원 오피스도 다양한 프로젝트 추적 및 보고 능력을 높여야 한다. 프로젝트관리 전문센터와 프로젝트 책임자는 조직의 전체 문제에 관심을 가지고, 전사적 차원의 프로젝트관리 필요성에 민감한 정보 기술을 주력하여 추진해야 한다.

방법론과 절차

어떤 프로젝트 사업이라도 이를 완수하기 위해서는 추진 방안에 대한 의견이 일치해야 한다. 즉, 프로젝트를 완성시키기 위해 '로드맵'을 제작해야 한다는 것이다. 프로젝트관리 방법론은 프로젝트 개발과 실행에 따르는 단계를 구체적으로 규정한다. 프로젝트 승인 후에 착수하는 프로젝트 추진 단계를 예로 들면 다음과 같다. 즉, 프로젝트 헌장 개발, 초기 단계에서의 정보 수집 및 다른 프로젝트의 벤치마킹, 프로젝트관리 계획 수립, 작업 분류 체계 내의 활동 정의, 활동 순서 및 활동 상호 관계 부여, 기간 및 자원 산정, 각종 활동 실행, 진도 추적, 수정 활동, 평가 및 종료 등의 순서로 추진한다.

방법론은 업종과 회사에 따라 크게 다르다. 예를 들어 일본의 제품 개발 방식은 미국의 소프트웨어 개발 방식과 크게 다르다. 제품 개발, 네트워크 서비스, 상품 제조, 그리고 정보 시스템 통합 등 광범위한 프로젝트를 추진하는 IBM 같은 세계적 기업들도 모든 프로젝트 이용자들의 욕구를 만족시키는 공통의 방법을 고안해 내야 하는 어려운 문제에 직면한다. 일단 방법론이 만들어지면 절차를 문서화해야 한다. 절차는 방법론 안에 포함된 구체적인 업무 수행 방법이다. 비정형적인 방식으로 추진되는 독립 프로젝트를 제외한 다른 프로젝트 오피스들은 다중 프로젝트 환경에서 사람들과 시스템이 상호 이해 가능한 공통언어를 사용할 수 있도록 표준화된 프로젝트 방법론을 수행해야 한다.

사람, 권한, 그리고 정치

앞에서 설명한 기술적 측면은 프로젝트 오피스를 설치하는 데 따르는 어려운 문제 가운데 일부에 지나지 않는다. 프로젝트 오피스 설치에서 보다 중요한 것은 프로젝트를 집중적으로 실행하는 데 필요한 인력과 방법에 관한 문제, 즉 새 서식지를 찾아 편대를 지어 날아가는 기러기 떼처럼 이 두 가지를 조화시키는 것이다. 6장에서 설명하겠지만 이를 위해서는 세심하고 성실한 이해관계자 관리가 필요하다. 이해관계자 관리 계획을 구체적으로 작성하여 그들의 관심 분야와 의견을 주도면밀하게 살펴야 한다는 것이다. 독립 프로젝트 팀과 프로젝트 지원 오피스는 조직의 압력을 크게 받지 않는 것이 좋으며, 프로그램관리 오피스, 프로젝트관리 전문센터와 프로젝트 책임자는 기업 정치의 한가운데에 있다. 그러므로 프로젝트 내부와 기업 전반에 걸친 권한 및 정치와 관련되는 사람의 문제가 프로젝트 오피스의 성패를 결정할 가능성이 있다.

집, 즐거운 집

조직 내에서 프로젝트를 운영하기 위한 이 변화무쌍한 접근 방식들은 원래 회사들이 임시변통으로 채택했던 것이었다. 물론 그것이 전반적인 현상은 아니었다. 비즈니스 환경의 변화로 인해 실제로 회사의 모든 부문에 프로젝트가 만들어짐에 따라 프로젝트관리에 대한 배경과 지식 또는 프로젝트관리 본부 설치에 대한 압력이 높아지게 된 것이다.

프로젝트관리 본부는 옛날 카우보이가 부르던 서정적인 노래, 집, 특히 농장 안에 있는 고향 집과 비슷하다. 프로젝트관리의 본부도 옛날 버팔로들이 어슬렁거리던 때와 같이 그들이 마음껏 배회할 수 있도록 모든 사안을 포용해야 한다. 이 책에서 설명하는 아이디어들은 이러한 목표를 이루기 위해 서로 보완적인 통로 역할을 한다. '독립 프로젝트 팀', '프로젝트 지원 오피스', '프로그램관리 오피스', '프로젝트관리 전문센터', '프로젝트 책임자' 등의 개념들은 확실한 해결책이기는 하지만, 모든 문제점들을 자동적으로 해결해 주는 것은 아니다. 조직 문화, 프로젝트관리에 대한 성숙도, 프로젝트 혼합 형태 등의 문제를 고려해야 하며 최종 계획이 승인되어야 한다. 계획을 마치고 실행 단계에 들어가면, 프로젝트관리가 살 집은 견실하고 생산적이며 조화로운 집이 될 것이다 .

chapter 6

스 테 이 크 를 들 고 있 는 사 람 :
프 로 젝 트 주 역 들 을 다 루 는 모 델

 원칙 6 전사적 프로젝트관리 환경에서 상승 효과를 만들어 내고 프로젝트 주역들간의 갈등을 최소화하기 위해서는 이해관계자 관리가 선행되어야 한다.

한번은 내 강의를 듣는 외국인 학생이 'stakeholder'라는 단어를 어떻게 번역해야 할까 고민하다가 놀랍게도 '스테이크를 들고 있는 사람'이라고 대답한 적이 있었다. 'stakeholder'는 어떤 형식으로든지 프로젝트와 이해관계를 맺고 있는 모든 사람들을 가리킨다. 이들은 프로젝트나 프로그램의 실행 또는 최종적인 결과로 인해 긍정적이든 부정적이든 영향을 받는 사람들이거나 프로젝트 당사자들이다. 이들은 이익을 보거나 손해를 볼 가능성이 있으며 권리나 기득권을 갖고 있다. 프로젝트 챔피언, 프로젝트에 참여하는 사람과 외부 관계자도 이해관계자들이다. 여러 프로젝트를 추진하는 사람, 프로젝트에 영향을 미치는 사람, 그리고 결과적으로 프로젝트의 영향을 받는 모든 사람들, 즉 전사적 환경에서 프로젝트에 의한 관리 방식을 지지하여 이익을 보거나 손해를 보는 사람들이 프로젝트 이해관계자 *stakeholder* 다.

조직 전반에 걸친 이해관계자 관리

이해관계자 관리는 전사적 프로젝트관리의 핵심이다. 이해관계자 관리는 전사적 프로젝트관리라는 바퀴가 돌아가게 하는 윤활유 역할을 한다. 그것은 이른바 '소프트한 간섭 문제'를 다룬다고 할 수 있는데, 권한, 정치, 그리고 영향력 등의 문제를 고려해야 한다. 특별한 관심, 공개되지 않은 협의 내용, 개인간의 갈등도 이해관계자 관리에 영향을 미치는 요소이다.

전사적 프로젝트관리를 구현하는 조직들에게는 두 가지의 이해관계자 관리 시나리오가 있을 수 있다. 첫번째는 조직의 사고방식에 변화가 생길 때 전사적 프로젝트관리 자체를 구현하는 문제에 관한 것이다. 이것은 조직 변화 프로젝트 구현이라고 하는 독특한 문제에 초점을 맞추는 초기 이해관계자 접근 방식을 필요로 한다. 두번째로 유지관리 환경 하에서는 전사적 철학이 이미 위세를 떨치고 있으므로 조직의 역동성과 생산성을 유지하기 위해 이해관계자를 관리해야 한다는 것이다. 두 가지 상황에서는 이른바 '소프트한 문제'(강경한 조치와 관련될 때가 많은)가 대두된다.

권한

"권력은 최고의 최음제다." 이 말은 헨리 키신저 *Henry Kissinger*가 미국 국무 장관으로 재직할 때 한 말이다. 권력에는 감각적인 매력이 있음을 시사하는 말로, 대부분의 사람들은 마치 자석에 이끌리듯 권력에 이끌린다는 것이다. 이 말이 진실이든 아니든 실제로 프로젝트를 완성하기 위해서는 경영진과 프로젝트에 관여하는 기타 중요 인사들이 권한을 갖고 있어야 한다는 것이다. 권한 없이는 과업을 완성하기가 어렵다. 권한은 주도권을 갖고 계획을 입안하며 결과를 만들어 내는 에너지를 공급한다. 회사 입장에서 볼 때 사람들이 권한에 끌리는 것은 바람직하다고 할 수 있다. 왜냐하면 권한을 적절하게 이용하기만 하면 조직을 올바른 방향으로 이끌 수 있기 때문이다. 전사적 프로젝트관리에 필요한 권한의 형태를 소개하면 다음과 같다.

- **공식적인 권한** 공식적인 권한은 지위에서 나오는 것이며, 권한을 행사하는 사람은 어떤 일을 실행해도 좋다는 승인을 받은 사람들이다. 과업의 범위는 그 업무와 관계를 맺고 있으며 기업의 문화와 가치 내에서 실행되어야 한다. 공식적인 권한은 가장 쉽게 눈에 띄고 이해가 되며 프로젝트 초기에 주어진다.
- **관계** "'무엇을 아느냐' 보다 '누구를 아느냐' 가 중요하다"라는 옛말이 있다. 혈연이나 지연, 또는 지면을 통해서라도 접근할 수 있다면 이것도 권한의 한 형태이다. 어떠한 관계든 마음의 문을 열 수 있는 관계를 맺는 것이 중요하다.
- **지식 기반** 권한과 권위는 병행한다. 권위는 형식적인 속성을 갖고 있으며 전문 지식과도 연관이 있다. 예를 들어 모든 노벨상 수상자들이 공식적인 권한을 얻기 위해 연구에 몰두하는 것은 아니지만 자타가 인정하는 자신들의 전문 지식 때문에 존경받는 권위자가 되며, 이와 같이 지식을 기반으로 하는 권위는 권한으로 연결될 수 있다.

• **역량** 역량에서 비롯된 권한은 지식으로 인한 권한을 초월한다. 역량을 소유한 개인은 과업을 완성시키는 사람으로 인식되기 때문이다. 역량으로 인한 권한은 전문 지식과 행동 및 정치적인 능력에서 비롯된다.

이러한 권한 요소를 한 가지 또는 몇 가지를 배양하면 기업 내에 종사하는 경영진들 또는 기타 중요한 관계자들의 잠재적인 권한이 크게 강화된다. 이해관계자 관리 관점에서 볼 때 행동 윤리와 사람들의 감정을 존중해야 하는 경우에 공식적 권한을 갖추고 이를 과시하면 큰 효과를 거둘 수 있다. 특히 조직 전체에 광범위하게 영향력을 행사하는 파워 브로커들*power brokers* 속에서 과업을 완성하려면 권한이 필수적이다. 경영진들과 기타 중요 인사들이 권한의 사다리에 오르는 비결을 몇 가지 소개하면 다음과 같다.

1. 자신이 소속된 조직의 이해 모든 조직들에는 기본적으로 문화와 전통 및 역사가 있다. 프로젝트 지향적인 조직을 구축하기 위해서는 대수술이 필요한 경우도 있지만, 한 조직의 문화를 먼저 이해해야 한다.
2. 원만한 대인 관계를 위한 기량 연마 전사적 프로젝트관리가 실효를 거두기 위해서는 경영진들과 프로젝트 팀원 모두 자신들의 권한 요소들을 적재적소에 활용할 수 있는 행동력과 정치적 기술이 뒷받침되어야 하며, 이를 향상시킬 수 있는 감성 지수(EQ)가 높아야 한다.
3. 이미지 향상 제품의 이미지를 전달하려면 제품을 시장에 선보여야 하는 것처럼 프로젝트화한 환경에서는 독특한 이미지를 유지할 필요가 있다. 이것을 '자기 홍보'라고 표현하든 아니면 다른 무엇이라고 표현하든, 유능하고 프로젝트 지향적인 활동가로서의 개인 이미지를 유지할 필요가 있다.

4. 지지자 발굴 및 돈독한 관계 유지 전사적 프로젝트관리는 팀을 이루어
   경기하는 스포츠와 같다. 개인의 행동은 여러 사람이 같이하는 행동
   의 테두리 내에서만 의미를 갖는다. 한 선수가 볼을 받고, 두번째 선수
   가 볼을 올리면 세번째 선수가 스파이크하는 배구 경기에서와 같이 프
   로젝트화한 조직에 참여하는 사람들은 팀원들의 지지를 받아야 한다.

정치

정치의 세계에서는 "정치를 가능성의 예술이다"라고 표현하는데, 비
즈니스 세계에서는 정치와 조직 내에서 권한을 갖고 있는 사람들 사이의
상이한 이해관계와 의견을 조정하는 기술이 뛰어난 기업이 성공한다. 그
러므로 경영진들은 자신들의 이해관계 및 의견에 부합하는 결정을 유도
하기 위해 기업의 의사결정 프로세스에 정치적인 영향력을 행사할 필요
가 있으며, 또한 그것은 충분히 가능한 일이다. 정치의 관건은 정치적인
결정을 내리는 데 있어서 '사실'은 그다지 중요하지 않다는 것을 이해하
는 데 있다. 그보다 더욱 중요한 것은 부처나 부문의 이해관계, 권한을
토대로 하는 이해관계, 경제 및 금전적 이해관계, 개인적인 의제 등 서로
맞물려 있는 이해관계이다. 그리고 가장 중요한 것은, 개인의 의견이 어
떠한 역사적·문화적·심리적 이유에서 형성되었든 모든 정치적인 사안
의 본질이라는 점이다. 전사적 환경에서 특정한 명분을 위해 이해관계자
들을 관리할 필요가 있을 때 정치적인 방법을 사용하여 성공할 수 있는
기법 몇 가지를 소개한다.

1. 문제를 자연스럽게 언급하고, 이에 대한 논평을 회람시키며, 제삼자
   의 말을 인용하여 사전에 행동으로 옮길 기초를 마련해 둔다.

2. 문제를 공론화하지 않는다. 새로운 생각을 받아들여 이를 흡수하고 처리할 시간 여유를 준다.
3. 다른 사람들을 연루시킨다. 정치는 그 본질상 사람들을 집단으로 끌어들이고 영향을 미치기 때문이다.
4. 토론이 진행됨에 따라 구체적인 사항을 알려주어 자신의 의견을 지지하도록 해 명분을 세운다.
5. 다른 사람들의 제의를 받아들이고 전체의 이해관계가 걸린 구체적인 사항은 무엇이든 협상을 통해 해결한다.

영향력

전사적 환경에서 영향력은 역량과 밀접한 관계가 있다. 기술적 역량과 행태적 역량 수준이 높을수록 영향력도 커진다. 전사적 환경에서는 수많은 조직망과 매트릭스 관계를 형성하고 있으므로 권한과 정치는 여러 형태의 영향력을 이용하여 교묘하게 접속되어야 한다. 효과적으로 영향력을 행사하기 위한 몇 가지 가정을 소개한다.

1. 대부분의 경영진들은 영향력 행사에 필요한 기초적인 지식과 경험을 갖고 있다. 그럼에도 그들은 그러한 잠재력을 충분히 이용하지는 않는다.
2. 다른 사람들에게 영향력을 행사하는 데 가장 쉬운 방법은 긍정적인 정보를 제공해 주는 것이다. 물론 그 정보는 시의(時宜)에 맞고 타당하며 거짓이 없어야 한다.
3. 언뜻 보기에는 수동적으로 보일지라도, 남의 말에 귀를 기울이는 자세는 다른 사람들에게 영향력을 행사할 수 있는 가장 강력한 기법이

다. 이러한 기법을 사용하면 상대는 반드시 호의적인 태도를 보일 것이며 우호적인 관계를 맺을 수 있다.

4. "사람마다 다르게 쓰다듬어 준다"라는 고전적인 방법은 다른 사람들에게 지속적인 영향을 준다. 각기 성격이 다른 개인들의 취향에 따라 그들의 요구대로 행동해 준다는 뜻이다.

5. 프로젝트화한 조직에서는 상호접촉 관리 또는 회사 이해관계자들 사이의 정보 전달 통로 구축 및 이해관계 조정이 주요 활동이다.

6. 프로젝트를 통해 관리되는 조직에서는 경영진들과 주요 프로젝트 담당자들 사이에 수직적, 수평적, 대각선적인 정보 전달 등 다각적인 관계를 만들어 나가는 것이 매우 정상적인 일이다.

7. 갈등 관리는 어느 조직에서나 경영진의 몫이다. 프로젝트를 통해 관리되는 조직은 관계가 다양하므로 갈등 또한 많다.

체계적인 이해관계자 관리

다중 프로젝트관리와 관계가 있는 권한, 정치 및 영향력 문제는 체계적인 형식을 이용하여 검토할 수 있다. 이해관계자 관리는 개별 프로젝트 관계자들에게 영향을 미칠 수 있는 체계화된 방법으로 상세하게 계획되어야 한다. 이해관계자 관리의 핵심은 단순히 직관적인 방법을 이용하는 것이 아니라 '체계화' 하는 것이다. 이해관계자들이 언제나 특정한 형식을 통해 관리되어 온 것은 사실이지만, 이해관계자 관리를 체계화하면 전체적인 계획 수립이 가능하고, 실행하는 사람과 여론을 주도하는 사람에게 영향력을 행사할 수 있게 된다.

이해관계자들 각자의 기대와 요구 사항에 따라 관리하면 프로젝트 환경에서 순항할 확률이 높다. 그러나 결정 권한이 있는 인물과 여론 주도자들을 조직적으로 다루지 않으면 불행을 자초할 수 있다. 즉, 머지않아 불만을 품은 이해관계자들이 책략을 부릴 것이다. 적어도 이러한 상황을 수습하기 위해서는 백트랙킹*BackTracking*과 재작업에 익숙하고 실패를 관리할 수 있어야 한다.

그렇다면 이해관계자는 누구인가?

1969년 발사된 최초의 유인 달로켓 프로젝트에는 미국 대통령, 미 연방 하원, 소련, 언론과 나사*NASA* 등 많은 이해관계자들이 있었다.

닐 암스트롱*Neil Armstrong*은 아폴로 프로젝트에서 분명히 자신이 주요 이해관계자라고 느꼈을 것이다. 우리의 식탁에서 돼지고기가 닭고기에 비해 더 많은 비중을 차지하듯이, 다른 사람들에 비해 유난히 이해관계를 많이 맺고 있는 사람들이 있다. 아폴로 프로젝트가 원래 의도했던 대로 10년 내에 인간을 달에 착륙시키겠다고 하자, 나사 우주 비행사들이 "우주 비행사를 무사히 지구로 돌아오게 하자"라는 말을 덧붙였다고 한다. 이렇듯 서로 다른 이해관계를 가진 이해관계자들의 예를 살펴보자.

- **프로젝트 챔피언** 프로젝트 챔피언은 프로젝트의 책임을 지고 있다. 그들은 프로젝트 운동을 시작하는 사람들로서 궁극적으로는 프로젝트가 운영되도록 하는 데 힘을 쏟는다. 그들은 한 조직이 프로젝트를 인식하고 관리하는 방법을 구체화한다. 이러한 챔피언들은 기업이 프로젝트를 관리할 준비를 얼마나 갖추어야 하는지를 결정한다. 프로젝트 챔피언에는 프로젝트 스폰서, 고위 관리 감독, 고객(외부 또는 내부), 그리고 정치인들(지

방 자치단체, 중앙 정부) 등이 있다.

- **프로젝트 참여자들** 프로젝트를 실행하는 사람들이다. 전사적 프로젝트 관리 관점에서 볼 때, 이러한 이해관계자들은 특별한 배려를 받아야 한다. 그들이 바로 수익을 만드는 사람들이기 때문이다. 프로젝트 팀원들의 역할은 프로젝트에 따라 다르다. 팀원들은 대체로 입안 과정에는 관여하지 않고 운영 단계 역시 관여하지 않는다. 프로젝트 관리자, 팀원, 공급자, 계약자, 전문가, 규제 기관, 컨설턴트 등이 그들이다.

- **외부 이해관계자들** 이 사람들은 이론적으로는 관여하지 않지만, 예기치 않은 프로젝트 결과로 인해 손해를 볼 수 있다. 즉, 진행되고 있는 프로젝트 또는 프로젝트의 최종 결과로 인해 영향을 받는다. 그들은 또 프로젝트의 진로에 영향을 끼칠 수도 있다. 때로는 외부 이해관계자들의 영향력이 너무 강력하여 프로젝트 팀을 곤란하게 하는 경우도 있다. 그런 경우에는 다른 부서의 지원이 필요하다. 외부 이해관계자의 예로는 환경주의자, 지역사회 지도자, 사회단체, 언론(신문, 텔레비전 등), 그리고 프로젝트 팀원의 가족 등이 있다.

이해관계자 관리를 하기 위해서는 어떤 절차를 밟아야 하는가?

이해관계자는 직관적으로 다루는 것이 중요하기는 하지만, 그림 6-1에서 설명하는 것처럼 모든 문제를 확실하게 검토하기 위해서는 단계적인 검토가 바람직하다. 다음에서 제안하는 연속적인 조치들은 이해관계자들을 정당한 방식으로 다루어야 한다는 것을 강조하고 있다.

1. 이해관계자들에 대해 기본적인 정보를 파악하고 수집한다. 프로젝트 결과에 대해 자신의 몫을 주장하는 사람들의 명단을 작성한다. 전사

〈그림 6-1〉 이해관계자 관리를 위한 4단계 접근 방식

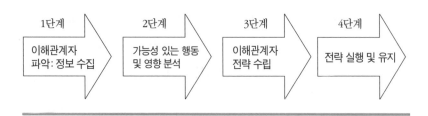

적 프로젝트관리를 실행하기 위한 프로젝트인 경우, 프로젝트 챔피언은 누구이며, 참여자는 누구이고, 외부 이해관계자는 누구인가?

확인하고 파악한 이해관계자는 부처나 단체가 아닌, 얼굴과 이름이 분명한 개인이어야 한다. 다음과 같은 정보도 수집해야 한다.

- 이름
- 출신 배경
- 역할
- 특수 환경
- 경력

2. 각 이해관계자가 취할 가능성이 있는 행동과 이로 인해 어떤 영향을 끼칠 것인지 분석한다. 이해관계자가 프로젝트에 어느 정도의 영향을 미칠 수 있는가? 프로젝트가 그들의 행위에 어느 정도 영향을 끼칠 수 있을까? 다음과 같이 이해관계자들을 분류해 보자.

- 강력한 영향을 받을 이해관계자

- 중간 정도의 영향을 받을 이해관계자
- 영향을 거의 받지 않을 이해관계자

이해관계자들은 또 그들이 프로젝트에 미치는 영향의 정도에 따라 분류될 수 있다.

- 프로젝트에 강력한 영향을 미치는 이해관계자
- 프로젝트에 중간 정도의 영향을 미치는 이해관계자
- 프로젝트에 미미한 영향을 미치는 이해관계자

3. 이해관계자 전략을 수립한다. 이해관계자들은 특별한 경우를 제외하면 항상 비슷하다. 프로젝트 지향적인 조직을 관리하는 데는, 팀을 이루어서 경기하는 스포츠처럼 각자 다른 역할을 수행하는 독특한 성격을 가진 사람들이 필요하다. 프로의 세계에서는 풋볼이건, 농구건, 축구건 크리켓이건, 필드 안에서 뛰는 선수들이 있고 필드 밖에서 뛰는 선수들이 있다. 필드 밖에서 뛰는 선수들은 구단주, 관리자, 흥행주, 코치, 경기자, 지원 그룹 등이라고 할 수 있다. 프로젝트에 의해 관리되는 조직에도 역시 이와 비슷한 배역들이 있으며, 모든 당사자들은 조직의 목적을 달성하기 위해 자신의 몫을 충실히 수행해야 한다. 전략을 수립하여 이해관계자 개개인을 관리하는 방법에 대해 상세하게 설명할 필요가 있다.
이해관계자를 관리하는 방법을 이해하기 위해 스스로에게 다음 질문을 해보자.

- 프로젝트와 관련하여 이해관계자가 밝힌 목적이나 입장은?

- 숨어 있을 가능성이 있는 사항은?
- 이해관계자에게 행사할 수 있는 영향력은?
- 이해관계자에게 접근하는 데 적임자는?
- 어떤 방책을 써야 하는가?
- 시기적으로 어느 때가 가장 좋은가?

이러한 문제들에 대한 해답은 각 프로젝트의 이해관계자 관리에 알맞은 접근법을 마련하는 데 참고 자료를 제공해 준다.

4. 전략 실행과 유지 이전 단계, 즉 이해관계자 관리 전략 수립을 통해 계획된 것을 실행할 필요가 있다. 특수한 조치, 책임감 있는 인물, 조치 완료 일자를 정확하게 밝힌 후에 필요에 따라 계획을 다시 조정하고 수립한다. 그러나 무엇보다도 이해관계자 전략은 이해관계자에 따라 다르게 실행된다. 예를 들어 강력한 영향력을 갖는 소수의 이해관계자들에게 더욱 주목해야 하며, 중간 정도의 영향력을 갖는 그룹에 대해서는 보통 정도의 노력을, 영향력이 적은 이해관계자들에게는 적당한 관심을 보이면 된다.

이해관계자들에게 영향력을 행사하여 지지를 받는 일 : 결코 쉬운 일이 아니다

어느 유럽의 자동차 제조업자가 소유하고 있는 은행이 이해관계자 제휴 문제에 봉착했을 때 기업 내부에 몇 가지 프로젝트관리 추진 문제가 동시에 발생하고 있었다. 은행의 유일한 약점은 중앙에 집중된 신용 대출 승인 프로젝트였다. 이 프로젝트의 목적은 통상적으로 신용 대출 신청을 처리하는 자동차 판매 부서의 번거로운 절차를 제거하고 신용 대출 절차를 신속하게 처리하는 것이었다. 그 프로젝트로 인해 신용 대출을 관리하는 정보 기술 팀과 지연되는 업무 체제를 개선하기 위해 고압적인 압력을 가하는 고위 관리자 사이에 갈등이 생겼다. 교육 담당 책임자는 프로젝트 실적을 향상시켜야 할 필요성을 인식하고 프로젝트관리 기초에 관한 여러 가지 훈련 과정을 준비했다. 그러나 이 교육 과정은 실시되지 않았다. 은행의 서비스 품질 관리 그룹이 프로젝트에 의한 경영 기법을 도입하여 은행을 운영해야 할 때가 되었다고 확신했기 때문이었다. 그렇지만, 이 프로젝트에 의한 경영 기법을 실행하려면 고위 관리자들의 승인이 필요했다. 경영진들이 프로젝트를 전략적으로 다루어야 할 필요성에 동조하지 않았기 때문에 고위 관리자들은 이를 허가하지 않았다. 왜냐하면 정보 기술 팀은 기술적으로는 충분한 능력을 갖추고 있지만, 프로젝트 운영 방법에 대해서는 훈련을 받은 경험이 없었다. 지위 고하를 막론하고, 어느 누구도 조직을 새로 만들면 10여 명의 직원들이 가진 기능이 크게 축소되고 은행 내부의 권한이 균형을 잃고 혼란스러워진다는 사실을 생각해 보지 않았던 것이다. 이러한 상황은 이해관계자 관리가 제대로 정렬되지 않은 적절한 사례이다. 각자는 문제의식과 이에 대한 대처 방안이 달랐던 것이다.

그후 은행은 서비스 품질 관리 그룹이 이해관계자들에게 영향력을 행사하여 프로젝트에 의한 경영 기법에 관한 지지를 얻어냈다. 왜냐하면 이해관계자 관리 책임은 전사적 프로젝트관리의 필요성을 가장 잘 의식하고 있는 사람들에게 있기 때문이다. 서비스 품질 관리 그룹은 일단 그러한 지지를 받고 외부 전문가로부터 의식전환에 관한 강연을 들은 후 조직을 프로젝트에 의한 경영 체제로 전환하기 위한 조치에 착수했다. 이러한 사례는 앞장에서 설명한 두 가지 관리 방식을 설명해 준다. 첫째로 누가 이해관계자이고, 무엇에 대한 이해관계인가를 분석해야 한다. 둘째로, 모든 관련자들의 흥미와 관심을 끌 수 있는 관리 방식에 대해 새로운 접근법을 소개해야 한다.

기업 이해관계자들에게 프로젝트관리 기법 인지시키기

조직 개혁을 목적으로 하는 프로젝트를 진행할 경우에 첫번째 장애물은 의식을 변화시키는 것이다. 가장 먼저 사람들의 관심을 끌어야 한다. 그들은 더 빠르고 경제적이고 효과적인 방법을 그 목적을 실현시키는 도구와 더불어 조직 전체에 확산시킬 수 있는 기회가 왔음을 알아야 한다. 그들은 고위 관리자들일 수도 있고, 중간 관리자들일 수도 있으며, 또는 조직의 변화를 매개하는 사람들일 수도 있고, 혹은 그룹 내부 관리자일 수도 있다. 누구를 대상으로 하든 사람들을 참여하게 하는 절차는 동일하다. 무엇이든 작동하게 하려면 참여하는 사람이 있어야 하므로 몇 가지 구체적인 조치를 통해 프로젝트관리에 관한 의식을 기업 전체에 확산시켜야 한다.

다른 방법은 역으로 이해시키는 방법이다. 톰 피터스*Tom Peters*는 다음과 같이 말한다. "이 개념을 상사에게 어떻게 납득시킬 것인가? 절대 그럴 필요 없다!" 그는 대신 프로젝트관리를 통해서 얻은 긍정적인 결과가 시스템으로 여과되어 스스로 느끼게 하라고 말한다. 즉, 프로젝트관리 방법을 고심 끝에 응용하여 이루어낸 많은 업적과 이점을 고객이나 또는 내부 거래자를 통해 상사에게 알리는 것이다.

피터의 접근법이 좀 간단해 보인다면 이해관계자들 사이에 프로젝트관리를 보다 주도적으로 인지시키는 방법은 많다. 그 중 한 가지는 다른 회사와 실적을 비교하거나, 벤치마킹 그룹에 참여해서 어떤 실천 방법이 널리 행해지고 있으며 어떤 효과가 있는지 알아보는 것이다. 실적의 숫자도 효과가 있다. 프로젝트관리에 의해 절약될 경비 절감 액수를 제시하면 가장 강력하게 저항했던 기업의 경영진들도 틀림없이 공감할 것이다.

더 이상 없는 이해관계자의 문제

이해관계자 관리가 성공하기 위해서는 프로젝트에 기득권을 가진 수많은 관계자들을 체계적으로 다루어야 한다. 이것은 앞에서 설명한 단계적 조치를 이용하여 프로젝트 챔피언, 프로젝트 참여자, 외부 이해관계자들을 다루어야 한다는 것이다. 결국 이해관계자 관리는 두 가지 명확한 원칙하에 실행되어야 한다. 첫째로, 전사적 프로젝트관리를 대상으로 하는 프로젝트가 제구실을 하게 하려면 프로젝트 실행 단계에서 이해관계자들을 관리해야 한다. 둘째로, 전사적 프로젝트관리 개념이 일단 제구실을 하면, 기업 경영진들은 이해관계자 개념이 회사의 모든 프로젝트에서 중요한 부분을 이루도록 해야 한다.

비즈니스 게임하기

chapter 7

올바른 질문법 : 경영진으로 살아 남는 비결

 전사적 프로젝트관리에서 경영진, 스폰서, 그리고 관리자의 주요 역할은 프로젝트가 수행되는 동안 시의적절한 질문을 하는 것이다.

경영진들은 프로그램 관리자다. 그들이 이러한 사실을 알고 있는지의 여부는 중요하지 않다. 그들은 자신들의 직위와 상호 연관된 여러 프로젝트, 전략과 그 밖의 사항에 대해 책임을 져야 한다. 최종적으로 여러 프로젝트를 조직의 전략적 목표와 일치시켜야 하는 책임이 있는 것이다. 이것은 여러 프로젝트에 방향을 제시하여 개별적인 프로젝트들을 정렬할 수 있어야 하며, 프로젝트 관리자에게 관심을 갖고 지원해 주어야 한다는 것이다. 그러므로 경영진들은 프로젝트 전문가가 되어야 한다.

지금까지 대부분의 고위 경영진들은 프로젝트관리와는 다른 업무 경력을 통해 승진하는 경우가 많았다. 일반적으로 그들은 생산, 재정, 마케팅, 그리고 운영 부서를 거쳐 높은 직위로 올라왔다. 프로젝트관리에 경험이 있다고 하는 사람이 있다면 그것은 그야말로 적재적소의 원칙대로 인사를 처리한 경우일 것이다. 이렇듯 프로젝트관리는 '뜻하지 않은 전문 직업accidental profession' 이라고까지 불려왔다. 최근까지도 대부분의 회사에 프로젝트 관리직이라는 것은 존재하지 않았으며, 프로젝트 경험이 없는 관리자들이 고위직으로 승진하는 경우가 많았다.

그러나 이제는 아무리 유능하고 실력을 갖춘 경영진들이라 해도 비전과 프로젝트관리 경험이 없으면 심각한 결점이 될 수밖에 없는 상황이 되었다. 프로젝트관리 경험은 있지만 프로젝트관리에 관한 훈련을 정식으로 받지 않은 경영진들도 불리하기는 마찬가지다. 프로젝트관리 실무 경험과 프로젝트 훈련 경험이 있는 경영진들도 새로운 프로젝트관리를 계속 연마하지 않으면 불이익을 당하게 된다. 이 장에서는 이렇게 급변하는 프로젝트관리 세계에서 경영진들이 살아 남을 수 있는 비결을 설명한다. 빈사 상태에 있는 프로젝트를 완성의 길로 이끌어 가기 위해 그 동안에 알려지지 않은 경험을 공유해 보자는 데 의도가 있다. 8장은 기본적인 사항을 되짚어 보는 내용이고, 9장은 교육에 관한 내용으로 구성되어 있다.

빈틈없이 보이기

2천 년대의 경영진들은 독특한 난제에 직면하게 될 것이다. 즉, 그들은 프로젝트의 성패에 대해 최종적인 책임은 지겠지만, 프로젝트를 실행하는 방법과 소요 시간에 대해 좌지우지할 권한을 갖는 경우가 드물 것이다. 이론적으로는 경영진의 지위가 높을수록 권한을 많이 갖겠지만, 오늘날 그러한 권한은 명령과 복종보다는 능숙하고 명확한 표현력 및 영향력과 더 깊은 관계를 맺고 있다. 상급자의 권위가 절대적인 군대에서 조차 자연법칙에 따라 명령권이 필요 없게 되는 경우도 있다. 망망대해를 항해하는 선박의 경우도 선장이 항로를 바꾸라고 명령하면, 이 명령이 즉각 이행되는 것이 아니고, 한참 지나 선박의 전진 운동이 엔진의 힘과 조타 메커니즘에 의해 억제될 때 이행되는 것이다. 명령과 복종이 지배하는 세계에서도 권위가 자연적인 힘에 의해 저항을 받는다면, 역량, 정치적 기술, 그리고 의사소통을 바탕으로 하는 권한에 도전이 없을 수 있겠는가?

그러나 경험이 부족한 경영진이라도 적시에 적절한 질문을 함으로써 얼마든지 빈틈 없다는 인상을 줄 수 있다. 프로젝트관리에 정통한 노련한 경영진들과 마찬가지로 경험이 일천한 경영진도 적절한 문제를 제기해서 목적을 이룰 수 있다는 것이다. 기자들이 '누가, 언제, 어디서, 왜, 무엇을, 어떻게'로 이루어지는 육하원칙에 입각하여 기사를 쓰는 것처럼 질문을 제기하면 절대로 실수하지 않는다. 이 방법은 경영진 자신에게는 물론 프로젝트 관리자와 프로젝트 팀에게 질문하기에도 적당하다. 한편 프로젝트의 모든 단계에 효과적인 질문이기는 하지만, 단계마다 특별한 질문을 해야 할 때도 있다. 그림 7-1은 질문해야 할 적절한 시기와 문제에 대해 올바른 관점을 제시하고 있다. 이 행렬은 단계마다 프로젝트 관리자와 팀에게 문제를 제기하여 사안을 명확히 하는 데 도움이 될 경영진용 자습서로 고안된 것이다.

질의응답시에는 보고서 형식을 취하고 필요시 도표도 첨부하여 구체적으로 검토해야 한다. 다음은 고위 경영진이 프로젝트 단계별로 프로젝트 팀에게 제기해야 하는 질문 사례다. 추가 질문은 조직 자체의 프로젝트 구현 방법론과 프로젝트관리 및 전문 조직에 관한 문헌에서 추출할 수 있다.

〈그림 7-1〉 프로젝트관리 분야에 따라 프로젝트 단계별로 제기할 수 있는 질문 유형

프로젝트관리 분야	프로젝트 타당성 검토, 승인	1단계 개념:구상, 착수	2단계 계획:세부 계획	3단계 수행 실적 검토	4단계 종료:운영으로 이행	프로젝트 완료 후 평가
통합	CP	CP	CP	IP	WR	WR
범위	CP	CP	CP	IP	WR	WR
일정	CP	CP	CP	IP	WR	WR
원가	CP	CP	CP	IP	WR	WR
품질	CP	CP	CP	IP	WR	WR
의사소통	CP	CP	CP	IP	WR	WR
인적자원	CP	CP	CP	IP	WR	WR
구매, 계약	CP	CP	CP	IP	WR	WR
위험	CP	CP	CP	IP	WR	WR

CP:구상 및 기획에 관한 질문 IP:구현 및 진도에 관한 질문 WR:종료 및 검토에 관한 질문

프로젝트 이전 단계

1. 프로젝트가 기업의 이윤 또는 투자 수익 기준에 합당한가?

2. 조직의 전략 기획과 일치하는가?

3. 프로젝트 실행에 필요한 재원은 확보되어 있는가?

4. 프로젝트 타당성 분석에 인용된 전제 조건과 수치들은 타당한가?

개념 구상 단계

1. 프로젝트의 임무와 기본 목표를 규정한 프로젝트 헌장이 있는가?

2. 프로젝트의 전체 범위가 명확한가?

3. 프로젝트 추진에 필요한 모든 정보는 활용 가능하며 구성이 잘 되어 있는가?

4. 설계 단계의 가정은 타당성이 검증되었는가?

5. 고객의 요구 사항이 공식적으로 확정되었는가?

6. 거시적 측면에서 위험을 평가해 보았는가?

7. 주요 이해관계자들이 관여했는가?

8. 프로젝트 관리자는 지원이 더 필요한가? 아니면 훈련중인가? 구현 단계에서 추가 지침을 이용할 수 있는가?

9. 프로젝트 착수를 공식적으로 계획하고 있는가? 어떤 형식을 계획하고 있는가? 착수 회의 또는 워크샵?

계획 단계

1. 품질 보증 계획을 작성했는가?

2. 프로젝트관리 기법 및 실행 전략과 방법론은 마련되었는가?

3. 프로젝트 위험을 확인하여 정량화했으며, 위험 대응 방안을 확인했는가?

4. 문서 관리, 일정 계획 수립 및 추적, 조달 관리, 산정, 예산 편성, 비용 통제 시스템은 마련되었는가?

5. 시스템의 결함이 수정되어 팀원들이 이를 원활히 운영할 수 있는가?

6. 종합적이고 기술적으로 세부적인 프로젝트 계획을 수립하였는가(프로젝트 성과물과 수행하는 방법)?

7. 프로젝트관리 계획이 작성되었는가(프로젝트관리 방법)?

8. 이해관계자 관리 계획이 있는가?

9. 작업명세서(statement of work, SOW)를 작성했는가?

10. 프로젝트 의사소통 계획을 작성했는가?

11. 회의 및 보고 기준을 작성했는가?

수행 단계

1. 실적 검토 회의가 정기적으로 개최되고 있는가?

2. 변화 관리가 공식적으로 관리되고 있는가?

3. 의사결정은 혁신적이고 문제 해결 지향적인가?

종료 단계

1. 프로젝트 종료 절차를 작성하여 실행중인가?

2. 이행 계획(프로젝트 완성에서 운영 단계로)을 준비하여 그대로 시행하고 있는가?

프로젝트 완성 후 마무리 단계

1. 프로젝트에서 계획대로 실행된 사항은 무엇이고, 후속 프로젝트에서 개선할 사항은 무엇인가?

2. 프로젝트는 회사 내부 또는 외부의 다른 프로젝트와 어떻게 대비되

는가?

3. 프로젝트의 교훈 중 회사 내 다른 직원들과 공유할 수 있는 교훈은 무엇인가?

4. 프로젝트 결과를 마케팅과 홍보 목적으로 어떻게 이용할 수 있는가?

프로젝트관리 지식 체계에 의한 질문 사항

하나의 대안적 접근 방식은 지식 체계로부터 질문을 제기하는 것이다. 프로젝트를 승인한다든지 중간에 검토할 때에 영역마다 여러 가지 중요한 질문들을 발췌하여 질문을 하는 것이다. 다음은 프로젝트 착수 단계(k)에서 프로젝트 전 기간에 이르는 주기적인 검토 단계(r)에 있어서, 프로젝트 실행 단계의 여러 시점에서 지식 체계의 논리를 이용하여 문제를 제기한 사례를 모아 놓은 것이다.

통합

1. 프로젝트 헌장과 세부 프로젝트 계획안에는 실행해야 할 작업들이 포함되어 있는가?(k)

2. 프로젝트 계획이 예상대로 수행되고 있으며(계획 대비 실적) 변화가 생길 경우 모두 기록하고 감시하는가?(r)

범위

1. 합의된 프로젝트 범위 명세서, 작업 분류 체계(WBS)와 범위 변경 절차가 있는가?(k)

2. 모든 범위 변경을 검토했으며, 프로젝트 분류 체계의 최하위 활동을

충분히 구체화했는가?(r)

일정

1. 프로젝트의 성과물과 프로젝트 마일스톤을 나타내는 기본 일정표가 있는가?(k)
2. 일정표는 최근의 것으로, 목표 진도 대비 실제 성과를 보여주며, 주의가 필요한 작업들을 관리하기 위해 적절한 조치를 취하고 있는가?(r)

원가

1. 원가 계산과 평가 근거에 대한 모든 가정을 문서화했으며 추정 프로젝트 예산안은 자원 투입 계획에 근거를 두고 있는가?(k)
2. 원가의 초과 투입 가능을 예고하고 프로젝트 범위 내 사업과 범위 외 사업을 구별하는 최근 원가 보고서가 있는가?(r)

품질

1. 프로젝트 팀과 고객이 프로젝트 문서를 검토하고 품질 기준에 대해 동의했는가?(k)
2. 프로젝트에 대해 주기적으로 검토하며 기술 및 고객 만족 측면에서 품질 문제를 다루고 있는가?(r)

의사소통

1. 프로젝트 기간중 정보 관리의 개요를 설명하는 프로젝트 의사소통 계획을 작성했는가?(k)
2. 정보는 의사소통 계획에 따라 유통되고 있는가? 의사소통 문제 때문에 프로젝트 문제가 야기된다고 보는가?(r)

인적자원

1. 프로젝트 동원 차트와 팀원 책임 할당 매트릭스를 작성했는가? 생산적인 팀 구성을 위한 규정을 제정했는가?(k)
2. 팀은 기대했던 대로 임무를 수행하는가? 인적자원 측면에서 실적을 향상시키기 위해 필요한 사항은 무엇인가?(r)

공급과 계약

1. 제삼자가 제공하는 모든 물자에 대한 범위와 기본 조건을 규정하는 계약 계획을 작성했는가?(k)
2. 프로젝트 계약 범위가 변경되었는가? 그러한 사실을 문서화했는가? 다른 어떤 변화가 일어날 수 있는가?(r)

위험

1. 위험 개연성을 예견하여 수량화하고, 대응책으로 위험관리 계획을 작성했는가?(r)
2. 원래 평가했던 위험에 영향을 주는 어떤 변화가 일어났는가? 위험을 어떻게 관리하고 있는가?(r)

간결한 프로젝트관리 지침

경영진들은 질문을 통해 프로젝트의 핵심 문제에 집중할 수 있게 된다. 그러나 질문만으로는 프로젝트의 성공을 확실하게 보장할 수 없다. 몇 가지 기초적인 요소를 갖추어 프로젝트가 확실하게 성공하도록 해야한다. 바쁜 경영진들을 위해 프로젝트가 올바르게 실행되는 데 필요한 몇 가지 지침을 간결하게 소개하고자 한다. 경영진이 이 다섯 가지 조치를 취한다면 프로젝트의 성공 개연성은 크게 높아질 것이다.

1. **경영진의 강력한 지원** 경영진의 지원은 전략적 관점에서 볼 때 프로젝트에 최대한의 관심을 갖고 주시한다는 뜻이다. 즉, 프로젝트가 성공하기 위해서는 반드시 프로젝트관리 기반이 마련되어야 한다. 그렇기 되기 위해서는 3장에서 설명한 바와 같이 무엇보다 프로젝트를 중요한 조직의 사업 목표와 현행 전략에 일치시켜야 한다.

2. **유능한 프로젝트 관리자와 팀원** 프로젝트에 적절한 인재를 배치하면 나머지는 저절로 작업이 수행된다. 노련한 프로젝트 관리자는 프로젝트의 다양한 문제들을 어떻게 처리해야 하는지 잘 알고 있다.

3. **프로젝트 팀 구성** 팀 구성은 리더십, 킥오프 워크샵, 계획 회의, 팀 통합 프로그램과 현장 교육을 통해 이루어진다.

4. **프로젝트관리 방법론과 지원** 핵심 프로젝트 팀이 프로젝트를 효과적으로 추진하기 위해 팀원들은 기업의 문화와 요구에 부합하는 프로젝트를 실행해야 하며, 프로젝트 일정 계획을 수립하고 행정적인 지원을 받아야 한다.

5. **질문** 제때에 적절한 질문을 한다. 텍사스에 본거를 두고 있는 거대 정보기술 컨설팅 회사 EDS는 질의 응답 프로세스를 제도화했다. EDS는 프로젝트를 승인하고 검토할 때에 경영진들이 질문할 수 있도록 예상 질문 목록표를 비치하고 있다.

전사적 프로젝트관리의 장려

경영진이 전사적 프로젝트관리 실행을 지원하려 한다면 앞에서 설명한 질문 및 제안을 따라야 할 것이다. 경영진이 모범을 보일 때 프로젝트 문화를 창출할 수 있다. 자신의 의견을 명확하게 표현하고 적절한 질문을 하는 경영진의 참여는 프로젝트 문화를 강력하게 지지하고 있다는 것을 표명하는 것이다.

그러나 문화적으로 전사적 프로젝트관리로 이행해 가기 위해서는 명확한 표현과 이성적인 질문만으로는 부족하다. 프로젝트에 의한 조직을 관리하기 위해서는 5장에서 논의한 바와 같이 상당한 문화적 변화가 일어나야 한다. 즉, 전면적인 혁신 프로젝트를 추진해야 할 필요가 있다.

종합적인 스폰서 제도 : 경영진의 주요 책임

2장에서 설명한 것처럼 공식적으로 특정한 프로젝트에 프로젝트 스폰서가 배정되지만, 넓은 의미에서 기업의 모든 경영진들은 프로젝트 스폰서들이다. 특정 프로젝트와의 형식적 관계는 문제가 되지 않는다. 프로젝트의 성공은 기업의 이윤과 부합되는 것이므로 프로젝트는 당연히 기업의 지원과 협조와 지도를 받아야 한다. 이러한 일반적인 스폰서 제도의 역할은 경영진의 지원 역할과 유사한데, 이때 경영진은 프로젝트 실행에 방해가 되는 장애물을 제거하고 프로젝트 팀의 업무를 용이하게 하는 역할을 해야 한다.

아메리칸 익스프레스*American Express*의 고위 임원진들은 프로젝트 지원을 매우 중요하게 여긴다. 아메리칸 익스프레스 경영진들은 자신들과 프로젝트 관리자들과의 동반자적 관계를 "당신의 프로젝트가 실패하면, 회사도 끝장이다"라고 인식한다. 홍보 및 사업 개발 부회장인 캐티 마이어*Kathy Mayer*는 "우리는 당신이 실패하도록 방관하지 않을 것입니다"라는 말로 동반자적 입장을 뒷받침한다. 마이어에 의하면, 아메리칸 익스프레스 고위 경영진의 역할은 네 가지로 요약할 수 있다. 첫째, 전략적 측면에서 프로젝트의 필요성에 대해 분명하게 의견을 교환한다. 둘째, 프로젝트가 모든 기능 조직에 걸쳐 완벽하게 정렬되도록 한다. 셋째, 고위 경영진은 프로젝트 팀에 대해 관심을 가지고 이들에 대한 책임을 갖도록 한다. 넷째, 모든 전략적 이니셔티브의 성공을 보장한다. 이와 같이 프로젝트 사업에 깊이 관여하는 것이 아메리칸 익스프레스 경영진들의 주요 업무이다. 마이어는 "고위 관리자가 프로젝트관리를 감당할 수 없다면, 그 직위에 그다지 오래 있지 못할 것이다"라고 말한다.

성공 사례

만약 경영진들이 프로젝트 팀들에게 프로젝트관리 기법이 더욱 향상되기를 기대한다면, 먼저 모범을 보일 필요가 있다. AT&T와 루슨트 테크놀로지*Lucent Technology*에서는 이미 많은 경영진들과 전문가들이 프로젝트관리 전문가 자격증을 소지하고 있다. 이러한 프로그램은 현재 루슨트 테크놀로지에 근무하는 댄 오노*Dan Ono*에 의해 처음 시작되었는데, 이 프로그램에 투자를 할 당시에 그는 AT&T 관리자들에게 많은 영향을 끼치기도 했다(AT&T에서는 공식 자격증이 승진 요인으로 크게 작용하는데, 루슨트에서도 마찬가지다. AT&T와 루슨트에는 프로젝트관리 전문가가 수백 명에 이른다). 전문가 자격 시험에 응시하는 경영진들에게는 특별한 혜택이 많다. 첫번째 혜택은 전문 지식을 습득할 수 있다는 것이다. 전문 지식이 쌓이면 당연히 생산성이 증대된다. 또 하나의 혜택은 새로운 일을 할 수 있는 기회가 많아진다는 것이다. 이것은 기업 내부와 노동 시장에서 자신의 가치가 그만큼 높아진다는 것이다.

경영진을 위한 자가 진단

경영진들은 다른 프로젝트 요원들에게 질문을 하는 것과는 별도로 자신에게 몇 가지 질문을 던져볼 필요가 있다. 만약 현재 당신이 경영진이거나 경영진이 되고자 한다면, 당신의 통제하에 있는 프로젝트를 지원하고, 돕고, 지도하는 것과 관련이 있는 다음 질문에 답해 보라. 물론 프로젝트관리에 관해 어떤 입장을 취할 것인가를 점검하려는 독자에게도 도움이 될 것이다.

당신의 경험과 지식

1. 프로젝트관리 개념에 대한 당신의 지식은 1에서 10까지의 수 중에서 어디에 속한다고 할 수 있는가?(8장 참고)
2. 당신은 프로젝트 관리자 또는 이와 유사한 공식 직함으로 프로젝트를 관리해 본 적이 있는가?
3. 프로젝트 헌장을 작성해 본 적이 있는가?
4. 작업 분류 체계(WBS) 또는 선후행 도형법(PDM) 일정계획표 작성 방법을 알고 있는가?
5. 프로젝트 킥오프 미팅을 계획할 줄 아는가?
6. 프로젝트 스폰서로 공식적으로 활동해 보았는가?
7. 프로젝트관리에 대한 정식 교육을 받아 보았는가?
8. 프로젝트 수행을 목적으로 하는 팀 구성 프로그램에 참여해 본 적

이 있는가?

만일 당신의 프로젝트관리에 대한 전문 지식이 6 이하이고, 또 나머지 문항에 대해서도 긍정적인 것보다 부정적인 것이 더 많다면, 프로젝트관리의 이론과 실제에 대한 교육을 받아야 한다. 그러므로 이제 결심을 해야 할 때가 왔다. 다음은 독자가 프로젝트관리에 관한 지식을 어떤 방식으로 연마해야 할 것인지 결정을 내리는 데 도움이 될 문항을 소개한다.

1. 프로젝트관리 지식을 어느 정도 향상시키기 원하는가? 구체적으로 설명해 보라.
2. 그러기 위해서는 무엇을 해야 하는가? 항목을 작성해 보라.
3. 기대하는 만큼의 전문 지식과 역량을 갖추기 위해 어느 정도의 시간을 투자할 수 있는가?
4. 진도와 성취 수준을 어떤 방법으로 측정할 것인가?
5. 누가 독자의 조언자로서 독자의 실행을 도와줄 것인가?

지속적 교육의 신속한 시작

당신의 프로젝트관리 기법의 학습 진도가 기대했던 만큼 충분치 않아도 실망하지는 말라. 아직 프로젝트관리의 사다리를 오르지 못한 관리자와 경영진이 많기 때문이다. 그러므로 프로젝트관리 기법에 대한 학습 진도가 느리다고 해서 절망할 필요는 없다. 프로젝트관리 기법의 빠른 습득은 독자가 프로젝트관리 기초를 익혀 이를 강력한 업무 수행 수단으로 삼고, 나아가 기업의 목적을 달성하는 데 있어 고위 경영진의 역할을 충실하게 수행하겠다는 굳건한 의지에 달려 있는 것이다.

경영진이 프로젝트관리를 연마하는 데 있어서 적절한 속력을 내지 못한다는 것은 개인 컴퓨터를 사용하지 못하는 것과 같다고 할 수 있다. 컴퓨터와 프로젝트관리에 문외한인 경우, 아직까지는 비즈니스 세계에서 생존할 수 있었는지 모르겠으나, 앞으로는 그렇지 못할 가능성이 점점 높아지고 있다. 그러므로 지금도 늦지 않다. 이 책을 통해 빈틈없이 질문하는 기술을 익히면 프로젝트관리 기법을 통해 새로운 업무 효율성을 달성할 수 있게 될 것이다.

chapter 8

프로젝트관리, 코끼리, 그리고 NBA

 원칙 8 동시에 진행되는 수많은 프로젝트를 효율적으로 관리하고 지원할 수 있는 조직을 만들기 위해서는 경영자와 관리자 모두 단일 프로젝트관리 기법에 대한 지식을 습득해야 한다.

프로젝트관리 업무는 여러 각도에서 바라볼 수 있다. 변형된 프로젝트는 여러 가지가 있지만 그 실체를 포착하기는 쉽지 않다. '장님과 코끼리' 이야기를 알고 있는가? 이 이야기는 프로젝트와 관련된 모든 일을 설명하기에 매우 적절하다. 세 장님을 코끼리 앞으로 데려와 코끼리의 어느 한 부분을 만져보고 무엇을 만진 것인지 이야기해 보라고 했다. 첫번째 장님이 그 거대한 동물의 옆구리를 만져보고 나서 "이건 벽인데…."라고 말했다. 두번째 장님은 코끼리의 코를 잡아보고 나서 말했다. "아니야, 이건 파이프야." 세번째 장님은 꼬리를 잡고 나서 "이건 뱀이야!"라고 외쳤다. 세 장님은 각기 자신들이 생각하는 것보다 사실상 훨씬 큰 무엇인가를 마음속으로 그려보았던 것이다.

프로젝트관리라는 새로운 분야도 대부분의 사람들이 인식하는 것보다 범위가 훨씬 넓다. 생성, 발전, 소멸하는 것이라면 무엇이든 응용 대상이 될 수 있다. 프로젝트의 대상이 이처럼 광범위함에도 불구하고, 모든 프로젝트는 유한적이라는 공통적인 특징을 갖고 있다. 그러나 이 유한성 때문에 모든 형태의 프로젝트를 동일한 프로젝트관리 방식으로 다루는 것이 가능하다. 이 책에서 다중 프로젝트를 설명하고 있지만, 개개의 프로젝트는 단일 프로젝트관리의 기본을 준수해야 유종의 미를 거둘 수 있는 것이다.

한 조직 내 다중 프로젝트가 2장에서 제시한 명칭 중 어느 명칭을 가지고 있든, 다중 프로젝트관리는 미국 프로농구협회(NBA)의 우승컵을 차지하기 위해 겨루는 것과 같다. 이 쟁탈전에서는 경기를 할 때마다 순위가 달라진다. 각 팀이 목표를 달성하기 위해서는 선수들과 팀이 단합하여 승수를 계속 쌓아야 한다. 즉, 각 프로젝트는 예산 한도 내에서 정해진 일자에 고객이 만족할 수 있도록 완성되어야 한다. 그러기 위해서는 프로젝트에 참여하는 주역들의 기초가 탄탄해야 한다. 즉, 프로젝트를 개별적으로 관리하는 기법을 통달하고 있어야 한다. 드리블, 점프 슛, 레이업, 디펜스가 농구의 기본 기술인 것처럼 프로젝트관리의 기본, 즉 이해관계자 관리, 프로젝트 정렬, 프로젝트 오피스 등의 지식은 다중 프로젝트를 관리하기 위한 기본 요소이다.

단일 프로젝트를 관리하는 것은 농구 경기와 유사하다. 선수들의 동작은 역동적이고, 도전적이며, 경기장은 스트레스와 흥분의 도가니로 가득 메워지며, 언제나 승리를 목표로 한다. 프로젝트관리와 농구 경기에서의 승리는 팀이 기본기에 충실하고 있느냐 없느냐에 달려 있다. 주역들에게 기본적인 역량이 없으면 아무리 뛰어난 전략이 있어도 성공을 거둘 수 없다. 그러므로 이 장에서는 프로젝트를 성공적으로 관리하기 위해 경영진들이 알아야 할 사항이 무엇인지를 검토하려고 한다. 당신이 프로젝트관리에 정통하고 있다면 이 장의 나머지 부분은 건너뛰어도 좋다. 그러나 기본 사항에 대한 기억을 다시 떠올려볼 필요가 있다거나 이미 알고 있는 사항을 확인해 보고 싶다면 계속 읽어도 좋다.

프로젝트관리 101

프로젝트관리 협회의 프로젝트관리 지식 체계 지침에 따르면, 프로젝트는 독특한 제품과 서비스를 창출하기 위해 추진하는 일시적인 노력이다. 프로젝트관리는 프로젝트의 요구 사항을 만족시키기 위해 지식, 기

〈그림 8-1〉 프로젝트 생명 주기의 예

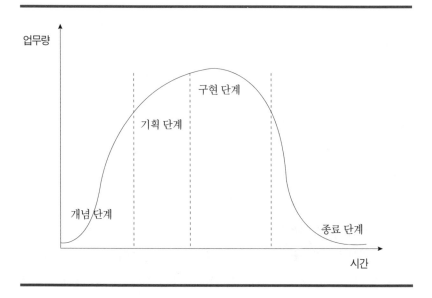

능, 도구 및 기법을 프로젝트 활동에 적용시키는 것이다. 이 정의는 단일 프로젝트관리에 대한 것임을 유의해야 한다.

많은 프로젝트들은 정해진 기간 내에, 즉 '프로젝트 생명 주기'에 따라 실행되어야 한다. 프로젝트도 사람처럼 수명이 유한하기 때문에 태어나고 소멸된다. 프로젝트는 그 생애에서 뚜렷한 몇 가지 단계를 거치는데, 이러한 생명 주기의 예가 그림 8-1에 설명되어 있다.

프로젝트관리 가시화 모델

1990년대 초반에는 '프로젝트관리 생명 주기'라는 것이 프로젝트관리를 설명할 때 사용된 모델이었다. 1990년대 중반에는 지식 체계적인 접근법이 프로젝트관리 수행에 관한 워크샵과 세미나에 소개되었는데, 이는 프로젝트관리 협회에서 발간한 프로젝트관리 지식 체계 지침이 널리 유포되었기 때문이다.

프로젝트관리 지식 체계(PMBOK) 모델은 프로젝트관리 기본 구조, 프로젝트관리 핵심 분야, 보조 분야와 통합 프로세스로 나누어진다. 이것은 기본적으로 PMBOK에서 참고한 것이다.

인간은 프로젝트에서 일어나는 모든 사항의 원인이기도 하고 또 그로부터 영향을 받기도 한다. 프로젝트에 의해 긍정적이든 부정적이든 영향을 받는 사람은 누구나 이해관계자다. 이해관계자에는 고객 또는 프로젝트의 최종 산출물의 사용자와 프로젝트의 일부분을 담당하는 공급자 등 외부 이해관계자들이 있으며, 작업상 프로젝트에 의해 영향을 받거나 이와 관련된 프로젝트 팀원들 및 여러 기능 부서에서 일하는 내부 이해관계자들이 있다(이해관계자에 대해서는 이미 6장에서 구체적으로 다루었다).

프로젝트를 제대로 수행할 수 있는 조직을 만드는 일은 조직 문화, 프로젝트의 규모와 우선 순위, 과거 경험, 그리고 이해관계자의 의견에 달려 있다. 대표적인 조직의 형태는 다음과 같다.

- **기능 조직 또는 계층 구조** 이러한 조직들은 지리적 위치나 제품 또는 특수성에 의해 조직되며, 기능 관리자들이 통제하는 공식 의시소통 채널에 따라 운영된다. 프로젝트 관리자들은 사실상 존재하지 않거나 약한 권한을 가진 조정자로 활동한다.
- **매트릭스 또는 여러 기능 부서에 걸친 조직** 매트릭스 구조는 가능하면 직원들을 다중 프로젝트에 배치하고 각 프로젝트를 경영적인 측면과 기술적인 측면에서 별도로 감독하게 하여 인적자원 활용 능력을 극대화한다. 이러한 상황에서 기능 관리자와 프로젝트 관리자는 조직의 권한을 공유한다.
- **태스크 포스 또는 프로젝트 조직** 이 조직은 회사와는 비교적 독립적으로 활동하는 별개의 조직 단위와 유사하다. 프로젝트 관리자는 위임을 받아 필요한 결정을 내리는 최고 의사 결정자 역할을 한다.

프로젝트를 관리하기 위해서는 프로젝트에 관련된 특정한 기능 이외에도 리더십, 문제 해결 능력, 영향력 관리 등 일반관리 능력을 갖추고 있어야 한다. 재정, 팀 조직, 생산, 자기 관리, 전략 및 운영 계획과 마케팅 능력 등도 필요한 역량에 속한다. 바꾸어 말하면, 프로젝트를 관리하는 사람들이 프로젝트관리 능력과 일반관리 능력 두 가지를 많이 갖추고 있을수록 프로젝트를 성공리에 끝마칠 가능성이 크다는 것이다.

사회학적, 경제적 추세—규범과 법규, 국제화, 그리고 문화적인 영향—도 프로젝트의 운명에 영향을 미친다. 이 중 어느 한 가지라도 프로젝트에 지대한 영향을 미친다면 그 영향을 미치는 요인에 대해 특별히 관심을 집중할 필요가 있다. 그렇지 않을 경우 선의의 관리 노력이 실패로 끝날지도 모른다.

프로젝트 퍼즐의 기본 조각들

일반적으로 프로젝트관리의 본질을 삼각형으로 나타내어 일정, 원가, 품질을 관리해야 할 필요성을 설명하는데, 이는 그림 8-2에서 보는 바와 같다. 지금은 범위관리가 포함됨에 따라 핵심 면적이 확대되어 사각형이 되었는데 이는 범위가 다른 세 개의 주제와 밀접하게 연관되어 있기 때문이다. 그림 8-3에 설명된 범위−일정−원가−품질이 프로젝트관리의 기본을 설명하는 핵심 부분이다.

프로젝트 범위관리

범위를 관리한다는 것은 프로젝트와 그 프로젝트를 완성하는 데 필요한 각각의 작업 패키지에 포함되어 있거나 그렇지 않은 것을 규정하고 통제한다는 뜻이다. 범위관리는 다음과 같은 사항으로 이루어진다.

- 개시 기초적인 가정과 제약을 규정하고, 프로젝트 관리자를 임명하며, 프로젝트 헌장을 제정한다.
- 범위 기획 종합적인 프로젝트 범위 명세서와 프로젝트 전체 범위관리 계획서를 작성한다.
- 범위 정의 프로젝트 분류 체계(PBS)를 작성하여 그림 8-4에서 보는 것과

〈그림 8-2〉 프로젝트관리의 전통적 삼각형

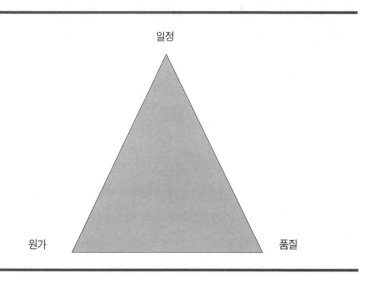

〈그림 8-3〉 범위관리와 일정, 원가 및 품질과의 통합적 관계

〈그림 8-4〉 프로젝트 분류 체계의 예

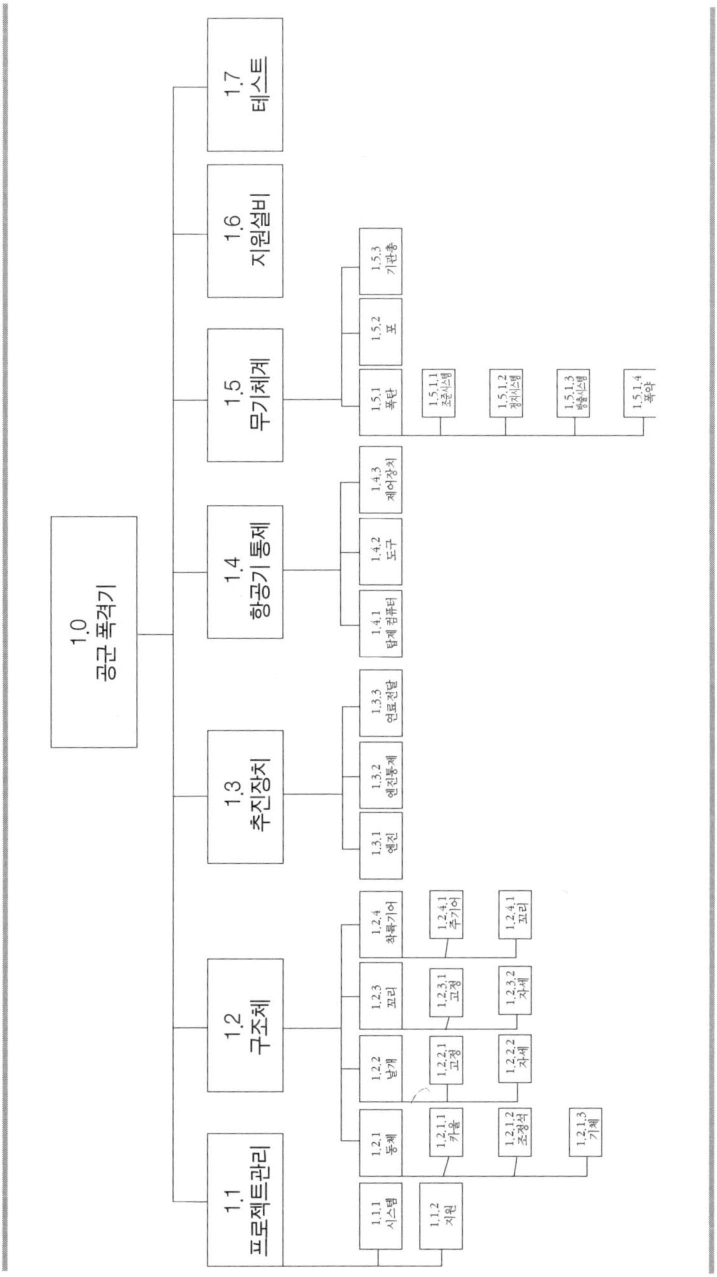

1.0
공군 폭격기

1.1 프로젝트관리
- 1.1.1 시스템
- 1.1.2 지원

1.2 구조체
- 1.2.1 동체
  - 1.2.1.1 커플
  - 1.2.1.2 조립식
  - 1.2.1.3 기계
- 1.2.2 날개
  - 1.2.2.1 고정
  - 1.2.2.2 자세
- 1.2.3 꼬리
  - 1.2.3.1 고정
  - 1.2.3.2 자세
- 1.2.4 착륙기어
  - 1.2.4.1 주기어
  - 1.2.4.1 꼬리

1.3 추진장치
- 1.3.1 엔진
- 1.3.2 엔진통제
- 1.3.3 연료전달

1.4 항공기 통제
- 1.4.1 탐색 컴퓨터
- 1.4.2 도구
- 1.4.3 제어장치

1.5 무기체계
- 1.5.1 폭탄
  - 1.5.1.1 조준시스템
  - 1.5.1.2 발사시스템
  - 1.5.1.3 통제시스템
  - 1.5.1.4 폭약
- 1.5.2 포
- 1.5.3 기관총

1.6 지원설비

1.7 테스트

같이 프로젝트 실행에 필요한 작업 패키지를 파악한다.

- **범위 검증** 고객 또는 사용자를 통해 작업 범위가 수행되었음을 공식적으로 증명한다.

- **범위 변경 통제** 범위 변경, 시정 조치, 후속 프로젝트에 참고가 될 만한 교훈을 문서화한다.

다시 언급하지만 범위를 관리한다는 것은 프로젝트 완료에 필요한 각각의 작업 패키지 속에 포함되어 있거나 그렇지 않은 것을 명확히 규정하여 통제한다는 뜻이다.

프로젝트 범위관리는 다른 핵심 프로젝트관리 능력의 기초가 된다. 일단 종합적인 프로젝트 범위가 규정되어 작업 분류 체계를 통해 작업 패키지로 이전되면, 일정, 원가 및 품질에 대한 통제가 가능하다.

프로젝트 일정관리

프로젝트 일정관리의 초점은 반드시 정해진 기간 내에 프로젝트가 완성되도록 하는 데 있다. 프로젝트 일정관리는 범위관리 단계에서 얻은 정보로부터 시작하며 다음과 같은 활동으로 이루어진다.

- **활동 규정** 작업 분류 체계를 상세하게 설명하고 실행할 모든 활동 일람표를 작성한다.

- **활동 순서 규정** 선후행 도형법(Precedence Diagram Method, PDM이라고 하나, PERT 또는 CPM이라고 할 때도 있다)을 이용하여 여러 가지 활동을 논리적 순서로 정렬한다. 이러한 네트워크는 여러 가지 활동의 논리적 흐름을 설명하고 작업을 동시에 실행할 수 있는 방법을 제시한다(그림 8-5, 8-6 참

고).

- **활동 기간 산정** 가능하면 과거의 자료를 이용하여 현실적인 상황을 토대로 각 활동에 소요되는 기간을 산정한다.
- **일정 계획 개발** 프로젝트 일정 계획표를 작성한다(대개 프로젝트관리 소프트웨어를 이용한 막대 차트 형태이다). 이 일정은 일정 자체를 통제하는 기준과 일정에 영향을 미칠 수도 있는 자원 배분에 관한 최신 정보를 토대로 한다.
- **일정 통제** 주기적으로 새로운 정보를 수집하여 수정하도록 한다.

그림 8-5는 선후행 도형법(PDM)을 통해 활동이 논리적인 순서로 정렬되는 것을 보여주고 있다.

그림 8-6은 건설 프로젝트용 PDM 일정 계획표를 통해 활동이 논리적으로 흐르고 있음을 설명하고, 동시 작업을 위한 방법을 제시하고 있다.

프로젝트 일정관리는 프로젝트관리의 기본적인 개념이기 때문에 이 둘을 동의어로 생각하는 경우가 많다. 이것은 마치 일정관리 소프트웨어

〈그림 8-5〉 선후행 도형법

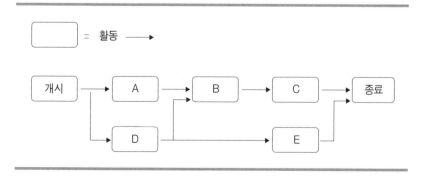

〈그림 8-6〉 건설 프로젝트용 PDM 일정 계획표

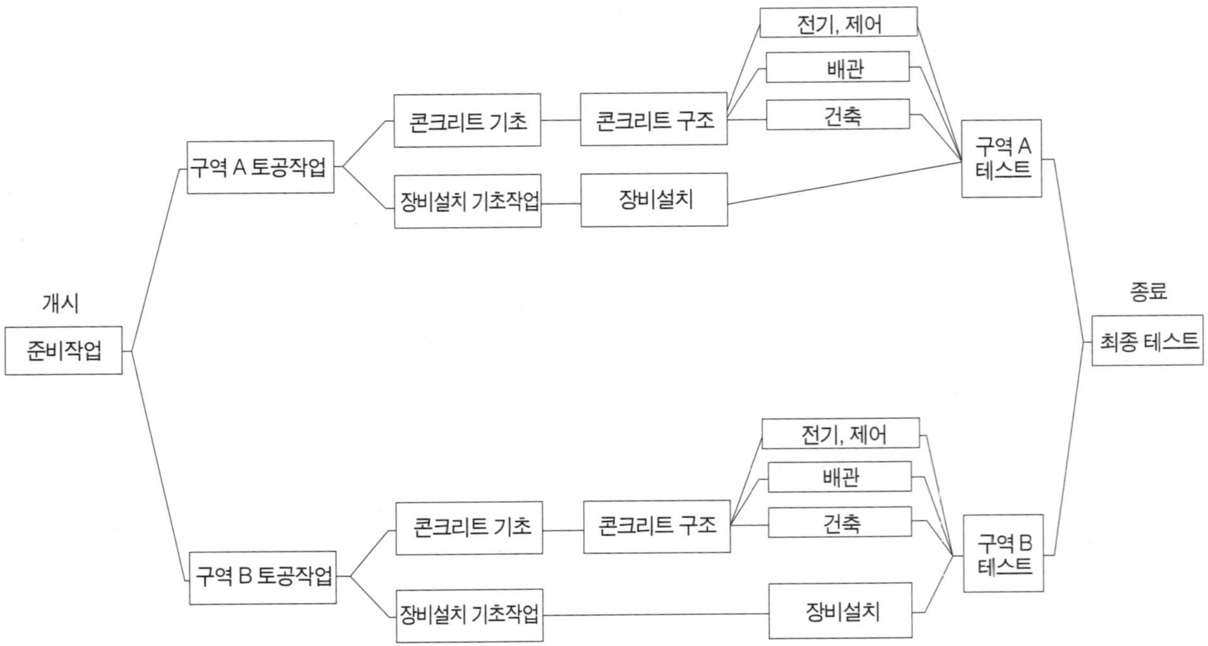

를 종합적인 관리 노력의 일부 이상으로 생각할 수도 있는 것과 같다. 실제로 프로젝트에 있어서 일정관리는 가장 중요한 요소 중 하나이다. 그러나 프로젝트관리에서 독립적인 분야는 없으며 일정관리와 밀접한 관계를 맺으며 서로 영향을 주고받는다.

프로젝트 원가관리

프로젝트와 관련한 원가관리는 무엇보다도 프로젝트 활동을 완성하는 데 투입되는 비용을 관리하는 것을 이른다. 즉, 자원 기획, 원가 산정, 예산 편성, 그리고 원가 통제와 같은 업무가 이루어져야 한다. 원가 정보는 그림 8-7에서 볼 수 있듯이 구체적인 형태로 보고된다. 원가와 관련된

〈그림 8-7〉 획득 가치 수행 보고서

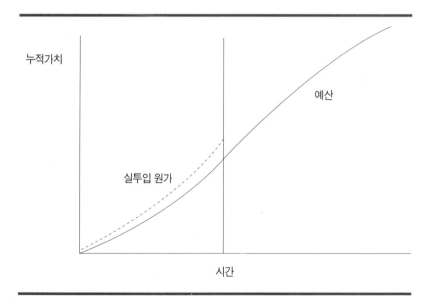

업무를 소개하면 다음과 같다.

- **자원 기획** 프로젝트 작업 패키지에 필요한 자원(자금, 인력, 원료, 장비, 지
  적 자원) 소요량을 확인하고 공식화한다.
- **원가 산정** 자원 수요를 각 작업 패키지 별로 산정하여 나타내고, 원가관
  리 계획을 세운다.
- **예산 편성** 원가 산정을 토대로 기준 예산안을 작성한다.
- **원가 통제** 주기적으로 원가 변화 보고서를 작성하고, 원가 산정과 예산
  편성을 갱신하여 시정 조치를 한다.

프로젝트 원가관리는 조직 전체를 기준으로 수행될 때도 있지만 프로
젝트별로 수행될 때도 있다. 프로젝트의 성격 및 프로젝트관리에 대한
조직의 성숙도는 프로젝트관리에 강력한 영향을 미친다.

프로젝트 품질관리

프로젝트관리에서 품질에 관한 개념은 설계 명세서의 준수에서 프로
젝트 종료 후 이해관계자들의 만족도에 이르기까지 매우 다양하다. 품질
관리는 부분적으로 이러한 품질 개념이 현재 추진중인 프로젝트에 적용
되어야 한다는 전제하에 품질 계획, 품질 보증 및 품질 통제 등의 업무를
실시하는 것이다. 그림 8-8의 원인 결과 도표와 그림 8-9의 순서도는 프
로젝트의 품질을 관리하는 데 이용된다.

- **품질 계획** 품질관리 계획을 정의한다. 점검표와 기준을 상세히 작성한다.
- **품질 보증** 품질 감사 및 기타 이니셔티브를 통해서 프로세스를 검토하고

〈그림 8-8〉 원인 결과 도표

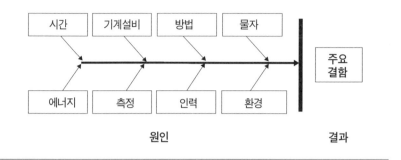

개선하여 품질의 향상을 도모한다.

• **품질 통제** 결과를 검사하고 품질관리 수단을 이용하며, 수락 결정을 내리고, 재작업 프로세스를 모니터한다.

〈그림 8-9〉 프로세스 순서도 사례

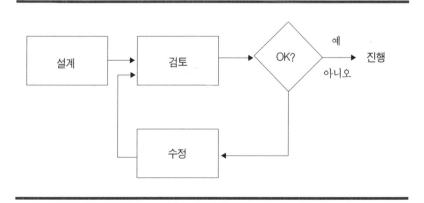

〈그림 8-10〉 프로젝트관리의 보조 영역

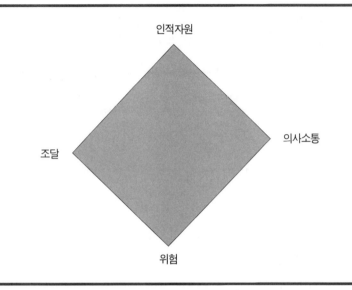

국제 표준화 기구인 ISO 10006 품질관리: 프로젝트관리에 있어서 품질 지침은 프로젝트에서 관리 대상이 되는 것이라면 모두 품질이라는 견해를 취한다. 바로 이러한 전제 때문에 품질 문제가 ISO 지침에서 제외되었다는 사실은 역설적이다. 그러나 이 지침은 PMBOK에서 다루고 있는 다른 주요 주제들에 대해서는 다루고 있다.

관리가 필요한 기타 사항 : 보조 영역

이론적으로 범위관리, 원가관리, 일정관리를 성공적으로 수행하면 반드시 프로젝트가 성공해야 한다. 그러나 프로젝트를 성공적으로 수행하기 위해서는 이외에도 다른 많은 사항이 필요하다. 그림 8-10에서 볼 수 있듯이 인적자원관리, 의사소통관리, 위험관리, 조달관리 등 프로젝트에 강력한 영향을 미치는 보조 영역이 있다.

프로젝트 인적자원관리

프로젝트는 사람의 의지에 의해 만들어진다. 그러므로 프로젝트의 인적자원이 올바르게 관리되면 프로젝트 자체의 위상도 높아진다. 활동-책임 매트릭스(그림 8-11)와 자원 막대 그래프(그림 8-12)는 인적자원관리에 활용되는 두 가지 기법이다. 프로젝트 인적자원관리는 다음과 같이 이루어진다.

- **조직 기획** 인력충원 계획을 상세히 설명하고 역할과 책임을 정하며, 업무 관계를 정한다.
- **인력 확보** 임무 부여를 공식화하고 이를 전달한다.

〈그림 8-11〉 활동-책임 매트릭스

책임당사자 활동	A	B	C	D	E	F	...
요 구	S	R	A	P	P		
기능 분석	S		A	P		P	
설 계	S		R	A	I		P
개 발			S	A		P	P
테 스 트			S	P	I	A	P

P=참여 A=책임 R=검토 I=투입 S=승인 요함

〈그림 8-12〉 자원 막대 그래프

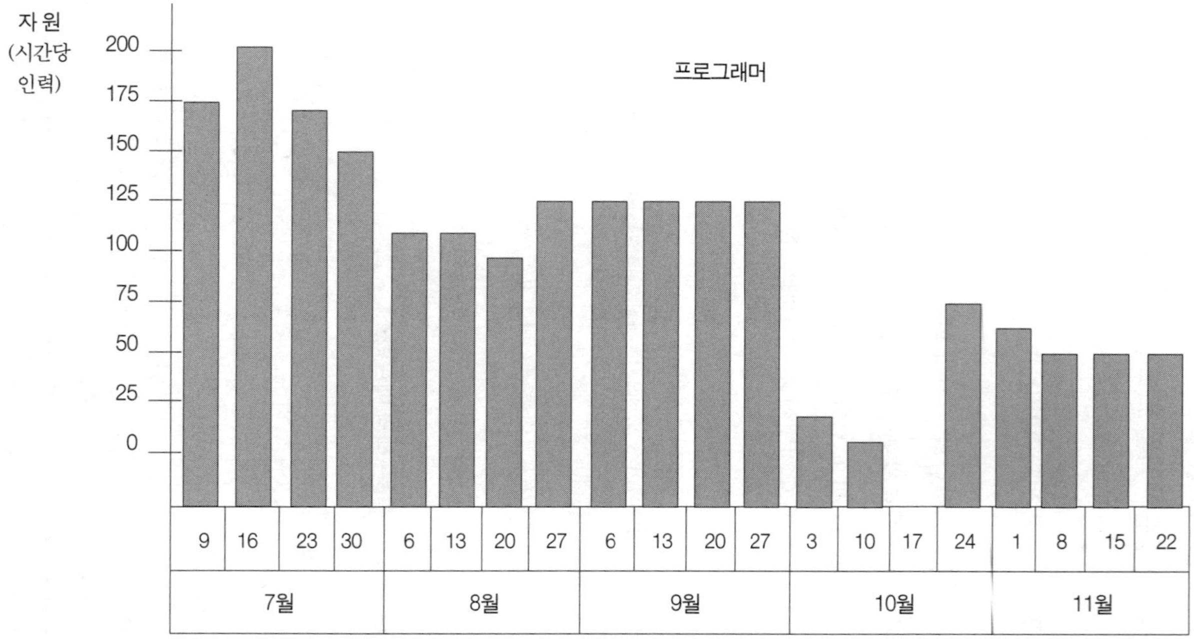

- **팀 개발** 팀 구성, 훈련, 표창, 보상 제도를 통해 실적을 향상시킨다.

사람이 모든 프로젝트 활동을 조직하고 계획하며 작업하고 프로젝트에 관한 사항을 통제한다. 사람이야말로 인간 이외의 모든 것을 가능하게 하는 진정한 원천이다.

프로젝트 의사소통관리

프로젝트에 관한 의사소통이라 함은 프로젝트 정보를 적기에 만들고, 수집, 분배, 저장하여 궁극적으로는 이용하는 것을 말한다. 의사소통은 조직원들이 작업을 효율적으로 실행하는 데 도움이 되는 정보를 교환한다는 뜻이다. 프로젝트 의사소통관리에 필요한 프로세스는 다음과 같다.

- **기획** 이해관계자 요구 분석을 토대로, 누가 무엇을, 무슨 이유로, 언제, 어떻게 필요한지 의사소통 계획을 작성한다.
- **정보 배포** 적절한 정보 배포 시스템을 통해 계획한 정보를 유포한다.
- **성과 보고** 성과 보고서(기간, 원가, 생산성 등)와 변경 요구서를 발간한다.
- **행정적 종료** 공식적으로 종료를 수락하고 문서 및 자료 보관 장소, 행정적 종료를 결정한다.

그 밖의 일반적인 관리 기법도 프로젝트에 정보를 효과적으로 전달하는 데 유용하다. 의사소통 장애, 전달 효율성, 청취 기술, 의사소통 채널 선택, 회의 관리, 프레젠테이션 형식, 문서 스타일 등과 같은 주제는 프로젝트 성공 여부에 큰 영향을 미친다(의사소통에 관해서는 13장에서 구체적으로 설명할 것이다).

프로젝트 위험관리

프로젝트 위험관리에는 위험에 대한 확인, 분석, 그리고 위험 대응 기법이 있다. 위험은 프로젝트관리의 다른 지식 영역으로 확산되고, 시차를 두고 반복되는 경향이 있다(이와 관련된 주제는 3장에서 다루었다). 다음은 프로젝트 위험관리 프로세스이다.

- 위험 확인 가능성 있는 위험인자와 함께 위험의 원인과 증상을 확인한다.
- 정량화 판단이나 위험 평가 도구를 이용하여 위험과 기회를 평가한다.

〈그림 8-13〉 위험관리에 대한 의사결정 트리 접근방식

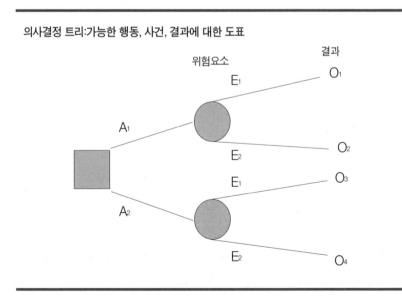

의사결정 트리:가능한 행동, 사건, 결과에 대한 도표

- 위험 대응책 개발 비상 계획과 위험대비 예비비 비축 등 위험관리 계획을 세운다.
- 위험 대응 통제 시정 조치를 취하고 위험관리 계획을 갱신한다.

프로젝트의 형태에 따라 위험관리에 시간과 에너지의 투입 여부가 달라진다. 비교적 예측 가능한 프로젝트가 있는가 하면, 최첨단 소프트웨어 프로젝트는 불확실한 지역 경쟁과 국제 경제의 동요라는 예기치 않은 사태에 직면하게 될 수도 있다. 그림 8-13에 설명되어 있는 의사결정 트리와 같은 분석적 기법은 위험관리에 이용된다.

프로젝트 조달관리

조달관리는 외부에서 용역이나 물자를 구입하여 프로젝트의 수요를 최대한으로 충족시킬 수 있는가 하는 문제를 다루고 있다. 또 어떻게, 무엇을, 얼마나, 언제, 누구로부터, 어디에서 구매할 것인가 하는 문제도

〈그림 8-14〉 조달관리

기획	업체 선정	관리
• 구매 기획 (대상과 시기) • 의뢰 기획 (구매 단위, 시장 조사)	• 의뢰 (입찰, 제안, 견적) • 결정 (업체 선정)	• 계약 착수 (초기 조치, 회의) • 계약 관리 • 종료(기술적·행정적 종료)

취급하고 있다. 그림 8-14는 조달관리에 관해 요약, 정리해 놓은 것으로, 여기에는 다음과 같은 프로세스가 있다.

- **구매 기획** 물자 구매 관리 계획을 세워 구매 물자를 파악하고, 각 구매 항목의 작업 범위를 정한다.
- **의뢰 기획** 구매 문서를 상세히 설명하고, 평가 기준을 정한 후 작업 명세서를 갱신한다.
- **조달업체 선정** 규정된 작업 범위에 대한 제안서를 수락하고, 낙찰자를 선정하여 계약을 체결한다.
- **조달관리** 행동 개시, 의사소통 지속, 변경 감시, 대금 지불 승인, 계약 종료.

대부분의 프로젝트의 경우, 모든 작업은 실제로 제삼자가 수행한다. 그러므로 특정 프로젝트의 성공이나 실패는 프로젝트 조달관리의 효율성과 정비례한다.

프로젝트관리는 여덟 개의 영역을 바탕으로 이루어지며, 이 모든 영역은 프로젝트가 성공적으로 수행되도록 관리되어야 한다. 한 영역이 잘못되면 다른 영역에 영향을 미치는 도미노 효과가 발생하기 때문이다. 예를 들어 구매할 때 의사가 잘못 전달되면 예정에 없던 시간 지연이 발생하여 품질에 영향을 미치고 원가를 초과하는 일이 발생한다. 또한 프로젝트는 위험에 노출되어 인적자원에 큰 영향을 미칠 수도 있다.

다 함께 모아 그 상태로 유지하기

앞에서 설명한 모든 일련의 활동들은 결국 프로젝트의 성공을 위한 기

〈그림 8-15〉 프로젝트관리 영역의 통합

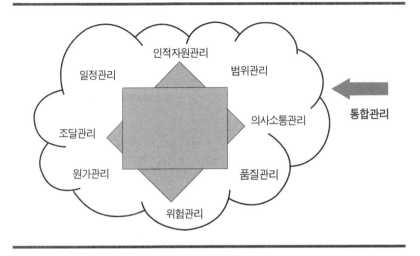

본 조치라고 할 수 있다. 그럼에도 불구하고 그림 8-15에서 볼 수 있듯이 이러한 조치들은 하나로 통합되어야 한다. 프로젝트관리 통합을 이루기 위해서는 이해관계자의 기대에 부응하기 위해 상충하는 목표와 대안 사이에 균형을 취해야 하는 등 여러 프로젝트 요소들을 조정해야 한다.

세 가지 기본 영역에서 통합 노력이 필요하다.

- **프로젝트 기획 작성** 다른 모든 지식 영역을 사용하여 통합된 종합 프로젝트 계획을 마련한다.
- **프로젝트 기획 수행** 일반관리 기법과 프로젝트관리 기법을 이용하여 프로젝트 활동을 조정한다. 이 두 기법은 문제가 된 프로젝트에 응용할 수 있는 프로젝트관리 시스템의 지원을 받는다.
- **종합적 변경 통제** 그림 8-16에서 보여주는 것처럼 변경을 문서화하고, 프

<그림 8-16> 프로젝트의 변경 조정

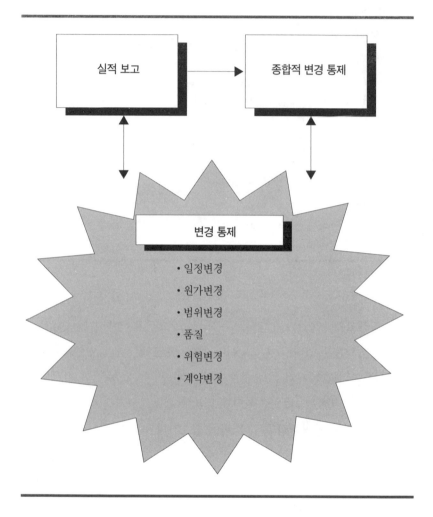

로젝트 계획을 갱신하여 시정 조치를 한다. 변경 통제는 프로젝트 범위를
관리하는 데 있어서 중요한 요소다.

계속 드리블하기

　프로젝트관리 분야의 대상은 소규모의 다양한 프로젝트에서부터 고도로 복잡하고 집중화된 프로젝트에 이르기까지 매우 광범위하다. 실제로 프로젝트는 노스캐롤라이나의 '리서치 트라이앵글Research Triangle'로부터 뉴욕의 초고층 빌딩 건축 설계와 세계은행의 아프리카 프로젝트에 이르기까지 그 성격이 다양하다. 그럼에도 불구하고 프로젝트 이론과 실제는 대체로 광범위한 프로젝트 모두에 적용된다.

　다중 프로젝트관리가 성과를 거두기 위해서는 관계자들이 개별 프로젝트관리 방법 등 프로젝트관리에 관한 기초적인 지식을 습득하고 있어야 한다. 농구 선수들이 농구의 기본기를 익혀야 하듯 프로젝트관리의 기본 원칙은 조직 차원의 프로젝트관리가 성공을 거두는 데 필수 요소이다. 무엇보다도 프로젝트관리 팀은 기본 원칙을 연마해야 프로젝트 사고 방식을 조직 전체에 확산시킬 수 있을 것이다.

chapter 9

프로젝트관리, 교육, 그리고 돌팔이 의사

 전사적 프로젝트관리를 조직 내에 제대로 확산시키기 위해서는 적절한 프로젝트 수행 및 관리 방법에 대한 교육, 훈련, 그리고 이에 대한 모델링이 광범위하게 이루어져야 한다.

현재 활동중인 엔지니어 중에 공학을 전공하지 않은 사람은 얼마나 될까? 혹은 화학을 전공하지 않은 화학 기사는 얼마나 될까? 회계사는 어떨까? 부동산 중계업자는? 그리고 의사는? 자신의 직업 분야를 전공하지 않았다고 말하는 사람은 하나도 없다. 우리는 자격증 없이 전문직에 종사하고 있는 사람들을 돌팔이 의사, 아마추어, 혹은 전문직 무뢰한이라고 부른다.

프로젝트 관리자는 어떤가? 프로젝트를 전공하지 않은 프로젝트 관리자가 얼마나 많은가? 수만 명의 관리자들이 프로젝트관리 기초에 관한 책 한 권 읽어보지도 않은 채 프로젝트를 관리하고 있지 않은가? 도무지 말이 안 되는 이야기이다. 이 사실에 대해 어떻게 변명할 것인가?

역사적으로 보면 변명할 여지가 있기는 하다. 프로젝트관리는 불과 1990년대 초에 겨우 하나의 전문직으로 인식되기 시작했으며, 당시 전문가들이 프로젝트관리 업무에 필요한 지식 체계를 정립하고 프로젝트관리 역량의 기준을 만들게 되었다. 그런데 지금까지도, 자신들이 프로젝트와 관련된 엄청난 분량의 전문 지식을 요하는 전문 직종에 종사하고 있다는 사실을 모르는 프로젝트 관리자들이 많다는 것이다.

프로젝트관리에 대한 교육이 행해지지 않은 또 한 가지 이유는 공학, 건축, 컴퓨터 분야의 연구 개발과 환경공학과 경영학 등 다른 전문 분야와 연계되어 프로젝트관리를 실행하기 때문이다. 프로젝트관리라는 또 하나의 전문 분야를 갖게 되었다는 사실을 기뻐하는 프로젝트 관리자들이 많지 않다는 것이다. 오히려 그 시간에 사무실이나 프로젝트 현장 뒤뜰에서 안일하게 업무를 처리하려는 사람도 있다.

물론 프로젝트관리에 관해 정식으로 교육을 받지 않았다고 하여 돌팔이라고 단정지을 수는 없다. 그들이 의료업에 종사하고 있다면 돌팔이라고 부를 수도 있을 것이다. 실제로 이들 프로젝트 관리자들 중 일부는 국제적으로 뛰어난 실력을 인정받은 사람들도 있다. 그들은 기업의 말단에서 출발하여, 현장이라고 하는 도장에서 뛰어난 직관과 기술을 연마해 온 사람들이다. 또한 지도 역량을 통해 예산의 범위 안에서 기간 내에 품질 규격에 맞도록 프로젝트를 관리해 왔다. 아직도 프로젝트 전문직이라는 대열에 오르지 못한 사람들이 많은 것은 프로젝트 관리자라는 이 직종의 역사가 일천하고 이 분야에 대한 기준이 생소하기 때문일 것이다. 그러나 시간이 지남에 따라 교육 과정을 거쳐 공식적인 자격을 갖춰야 한다는 목소리가 반드시 거세질 것이다.

해답은 교육에 있다

프로젝트관리에 지대한 관심을 갖고 있는 조직이라면 교육 프로그램을 실행하여 직원들에게 프로젝트관리 교육을 실시해야 한다. 그것이 확실한 해결책이다. 정식으로 훈련을 받은 전문가들이 늘어나면 프로젝트를 다루는 기업의 종합적인 능력도 당연히 증대될 것이다. 그러나 초기 단계에서는 프로젝트관리에 관해 완벽한 전문 지식이나 역량을 요구하기보다는 직원들에게 적절하고 유용한 정보를 주어 프로젝트관리에 관한 개념을 습득하게 해야 한다. 그것이 곧 교육의 취지이기도 하다. 직원들에게 실시해야 할 프로젝트관리 교육 과정 몇 가지를 소개한다.

1. 기초 과정 이 과정의 첫 단계는 프로젝트 생명 주기와 프로젝트관리 지식 체계 분야 등 프로젝트관리에 관한 기초 지식을 습득하는 것이다. 그 밖의 기초적인 과정에서는 대인관계 기술과 프로젝트관리 도구를 활용하는 실습 위주의 교육이 이루어진다.
2. 대화식 과정 원래의 팀과 통합된 그룹을 위해 만들어진 이 과정에서는 킥오프 워크샵과 같은 주요 행사는 물론, 프로젝트 주역들과 주요 이해관계자들에 대한 통합 기술에 관한 교육이 이루어진다.
3. 전문 과정 건설, 소프트웨어 개발, 시스템 통합, 그리고 연구 개발 등 특정 분야를 다루는 사람들의 요구를 수용한 맞춤교육 과정이다. 참석자들의 요구에 맞게 구체적인 사례, 전문 용어를 사용하고 프로젝트관리와 전문 분야 모두를 이해하고 있는 강사가 진행한다.

프로젝트 자체에 대한 훈련과는 별도로, 프로젝트 환경에서 작업하는 사람들은 다음과 같은 다른 두 가지 주요 분야에서도 교육을 받아야 한다.

4. **일반 관리 분야 과정** 일반적인 응용 분야에서는 비즈니스 원리, 조직 개발, 마케팅, 협상 기법, 행동 심리, 기획 및 운영 등을 다룬다.
5. **특정 전문 분야 과정** 시스템 개발 방법론, 프로그램 제작 기법, 시스템 디자인 원리, 생성 표준에 대한 전문 지식을 포함하여 시스템 개발과 같은 주요 프로젝트 과목은 단순히 익히기만 하고 지나치는 것으로는 부족하다.

　마지막에 언급한 이 두 과정에 전문 지식을 갖추고 있지 않다면, 프로젝트관리 교육 과정에 이 두 과정을 포함시켜야 한다. 예를 들어 어느 특정한 환경에서 재무 관리가 프로젝트관리와 연관될 경우 그 분야에 관한 교육은 필수적이다.

　그러므로 프로젝트관리 교육에서는 다루어야 할 주제가 광범위하다. 물론 이 주제들이 모든 상황에 항상 필요한 것은 아니다. 조직원들은 자신들의 프로젝트에 응용되지 않는 과정에 대해서는 교육을 받지 않아도 된다. 반면에 몇 가지 주제에 대해 심도있게 탐구할 필요가 있는 사람들도 있다. 누가, 무엇을 연구할 필요가 있는가를 판단하기 위해서는 프로젝트관리 훈련 프로그램에 참여하는 대상을 검토해야 한다. 프로젝트관리 훈련이 반드시 필요한 그룹은 다음과 같다.

- **프로젝트 관리자와 주요 프로젝트 팀원** 이들이 바로 프로젝트의 결과를 만들어내는 주역들이다. 그들은 축구 팀의 주장과 팀 멤버와 같은 존재들이다. 즉, 그들이 운동장에서 골을 넣는 동안 관중들은 경기를 관람하면서 즐거워하기도 하고 실망하기도 한다. 이 프로젝트 팀 멤버들이 교육

프로그램의 가장 중요한 대상이다.

- **임원진과 최고 경영진** 이들은 축구 구단의 소유주이며 경영진이다. 경기를 하거나 득점을 올리지는 않지만, 모든 일에 최종 책임을 져야 하므로 게임과 그 게임을 승리로 이끄는 모든 과정을 파악하고 있어야 한다. 조직의 경영자들도 마찬가지다. 이들은 프로젝트를 성공으로 이끌기 위한 지원 방법에 대해 꿰뚫고 있어야 한다.

- **프로그램 관리자와 기타 프로젝트 관리자에 대한 관리자** 이 그룹은 코칭 스태프에 해당한다. 이들은 과거에 선수로 경기에 참가하여 뛰어난 성적을 올린 사람들로서, 팀을 감독하고 지도하고 동기를 부여하고 유도하는 역할을 한다. 승리를 위해 필요한 사항을 전달하기 위해서는 기본을 알아야 한다. 기업의 세계에서 이러한 관리자들은 스포츠에서의 코치와 같이 중요하다.

- **파트너, 고객, 그리고 주요 납품업체** 이 그룹에 해당하는 사람들은 스타디움 소유주, 열성적인 지지자, 장비 공급업자들이라고 할 수 있다. 이들은 경기에 대해 잘 알아야 하며, 프로그램에 완전히 통합되어야 구단에 이익이 된다. 파트너, 고객, 그리고 주요 납품업체들은 프로젝트관리 방법론과 전략에 대해 교육을 받아야 한다.

- **기능 관리자와 지원 인력** 이들은 의료 서비스, 신체 조절, 물리 치료, 그리고 물품 공급을 담당하는 전문 인력들이다. 이들의 지식은 기초 사항에 한정되어 있기 때문에 각각의 전문 분야와 관리 방법에 대한 교육이 이루어져야 한다. 기업 조직에서 프로젝트가 원활하게 수행되기 위해서는 전문가의 기본 지식이 필수적이다.

그림 9-1은 조직의 프로젝트관리 성과 향상을 위해 제시된 교육 프로그램이다. 이 표는 교육을 받는 사람들의 요구와 적성에 맞게 교육이 실

시되어야 한다는 사실을 보여준다. 교육을 받는 사람들이 그 상관관계를 깊게 인식할수록 교육이 조직에 미치는 영향도 커질 것이다.

교육 프로그램 준비하기

교육 프로그램이 조직에 유익하게 하기 위해서는 기업이 달성하고자 하는 목표와 조화를 이루어야 한다. 교육을 핵심 전략과 연결시키는 것이 프로그램 성공의 중요한 요소인 것이다. 따라서 교육이라는 발상 자체를 프로젝트처럼 취급하여 다른 분야에서 프로젝트를 개발하는 것같이 활동을 개시해야 한다. 물론 어떤 면에서는 프로젝트가 반복되는 프로그램이 되어 프로젝트로서의 성격을 상실할 수도 있다. 그러나 훈련 프로세스를 개념화하여 시행하다 보면 프로젝트관리 프로세스를 수행하게 된다. 프로젝트관리 교육 프로젝트를 계획하는 데 필요한 사항을 소개한다.

1. **정보 수집** 다른 조직과 비교하고 문헌을 조사한다. 프로젝트관리 측면에서 조직에 무슨 일이 일어나고 있는지 파악한다. 사용하고 있는 방법론과 도구를 비교한다—모든 일이 지금과 같은 상태로 이루어지는 이유에 관해 알아본다. 현재 프로젝트관리 직종에 종사하고 있는 사람과 고객을 조사하고, 내부 및 외부 전문가들과 협의한다.
2. **목표 설정** 프로그램의 미션(원인)과 비전(앞으로 프로젝트관리가 어떻게 인식되기를 바라는가?)을 설정하고 달성하고자 하는 특정한 목표를 세운다.
3. **전략 수립** 강력한 스폰서를 구하고 프로그램 실행 방법을 결정한다.

〈그림 9-1〉 프로젝트관리 교육 프로그램 및 교육 대상

교육프로그램(일수)	프로젝트관리자, 주요 프로젝트팀원	임원진, 최고 경영진	프로그램 관리자	파트너, 고객, 주요 납품업체	기능 관리자와 지원 인력	원래의 팀
1. 기초 과정						
프로젝트관리기초 (3)	X		X		X	X
PMBOK(8)	X					X
관리기법 (2)	X		X		X	X
도구 (2)	X				X	X
전사적 프로젝트 관리 개념(1)		X	X		X	X
기초사항 요약 (2)		X		X		
2. 대화식 과정						
리오프 워크샵	X					X
팀 통합함	X			X		X
그룹 통합함	X				X	
3. 전문 과정						
관리이슈						
정보기술	X					
건설	X					
연구개발	X					
제품개발	X					

예를 들어 조직 내부 강사와 외부 강사 중 어떤 사람을 초빙할까? 원래의 팀과 혼합 그룹 중 어느 쪽을 위한 프로그램을 편성할까? 교육 내용은 대상자들의 기대 수준에 맞출까, 아니면 일반적인 수준으로 정할까? 속성 프로그램과 장기 프로그램 중 어느 것을 실시할까?

4. 계획 수립과 실행 프로그램 내용과 이에 관련된 활동을 규정하고 예산과 일정을 편성한 후 작업 수행에 필요한 인원을 동원한다. 변경이 있을 것을 대비하여 재검토 여지를 남겨 유연성을 갖도록 한다.

1997년 IBM이 프로젝트관리 프로그램을 준비할 때의 일이다. 정보수집 단계에서 여러 사업 단위의 프로젝트 측면에서 무슨 사항이 진행되고 있는지를 정확하게 파악하는 항목이 있었다. 이 항목을 통해 활용되고 있는 여러 프로젝트 방법론들이 서로 다르다는 점이 지적되었다. 일관성 있는 교육 프로그램을 제공하기 위해서는 모든 프로젝트에 적용할 수 있는 교육 프로그램 개발이 시급했다. 새로운 교육 프로그램은 조직 전체의 일관성에 초점을 맞추어 모든 사업 단위들이 프로젝트에 대해 동일한 용어를 사용하게 했다. 경쟁력과 관련해서, 새로운 프로그램은 종합적인 성과 증대를 목표로 했다. 일관성 있는 방법론과 프로젝트관리 접근법은 교육 프로그램의 비용을 절감시키는 동시에 생산성을 증대시킨다(서로 다른 방법론을 배우기 위해 시간을 낭비하지 않아도 되기 때문이다).

1997년 '프로젝트 조직에 관한 AMA 경영자 포럼'에 소개된 IBM의 프로젝트관리 전략 교육 과정을 살펴보면 ①프로젝트관리 기초 ②팀 리더십, 도구, 계약, 그리고 재무관리에 관한 워크샵 ③특정 교육을 목표로 하는 응용 프로젝트관리 등 세 단계로 이루어지고 있음을 알 수 있다. IBM은 성격이 다른 프로젝트들을 열두 개나 추진하기 때문에 각기 그런 형태의 프로젝트관리 3단계에 응용 관리 프로세스를 참석자 개인의 희망에 따라 편성하게 된다는 것이다.

휴렛패커드는 조금 다른 전략을 사용하는데, 프로젝트는 어디까지나 프로젝트이기 때문에 프로젝트관리 교육은 특정 분야의 특이성을 다룰 필요가 없다는 가정에 입각해서다. 휴렛패커드에서 프로젝트 관리자들에게 실시하는 교육 과정에는 프로젝트 기법, 행동 양상, 조직 문제, 비즈니스 기초, 마케팅, 그리고 고객 문제 등이 있다. 휴렛패커드에서는 개별 지도 방법도 교육 프로세스의 한 부분이다.

어떤 교육 프로그램을 계획하든지 교육 활동, 예산 및 일정 문제와는 별도로 각 교육 과정이나 워크샵의 목적이 분명해야 한다. 수강생과 진행자 모두 어떤 성과를 거둘 수 있는지 자세히 알고 있어야 한다. 즉, "이 과정은 이러한 능력을 이 정도로 숙달시킵니다"라고, 교육 과정이나 워크샵의 목표를 분명하게 밝히거나 설명해야 한다.

자체 개발할 것인가, 외부 전문 기관을 활용할 것인가?

초기 계획 단계에서는 직접 사내 교육 프로그램을 개발할 것인지, 아니면 외부에서 도입할 것인지 검토할 필요가 있다. 내부에서 개발하기로 결정했다면 교육 노력을 지원하고 실행할 인력을 찾아내어 이들을 활용하는 데 관심을 보여야 한다. 만약 외부 컨설턴트나 강사를 활용하겠다면 적합한 업체를 선정하고 외부에서 개발한 과정을 사용할 것인지 또는 내부에서 개발한 교육 과정을 사용할 것인지, 그리고 용역 공급자와의 계약 형태를 결정하는 등의 문제를 검토해야 한다. 또 한편으로는 여러 의견을 취합하고 조화시킨 후 기업의 특색을 살릴 수 있도록 훈련의 일부를 사내 인사가 담당하게 하고, 나머지는 외부 컨설턴트에게 맡겨 외부의 전문 지식을 흡수하여 사내 인력의 시간을 절약하게 하는 방법도 있다. 자체 제작할 것인지 아니면 외부 전문업체에 맡길 것인지의 문제를 다룰 때 다음 사항을 고려해야 한다.

- **외부에 의뢰할 때** 규모가 작은 조직이라면 외부에 의뢰하는 편이 경비 절감 면에서 효과가 가장 크다. 규모가 작은 조직들은 교육 프로그램 개발과 프로젝트관리 두 가지 면에서 전문 지식이 부족하기 때문이다. 대학이나 컨설턴트, 그리고 전문 회사는 프로젝트관리와 관련한 교육 계획과 실시 방법에 관한 효과적인 자료를 충분히 보유하고 있다.
- **혼합할 때** 중간 및 대규모의 조직들은 교육 프로그램을 개발하여 실시하는 데 내부 인력과 외부 지원을 활용하면 효과적이다. 이러한 결합은 공동 상승효과를 낳고 모(母)회사가 프로그램 진행에 필요한 훈련 노하우를 보유할 수 있게 해준다.
- **내부에서 개발할 때** 외부에 의뢰하고자 하는 회사가 많지만, 성숙한 조직은 조직에 필요한 사항을 알고 있고 또 프로그램을 조직하여 이를 실행할 수 있는 인력을 갖추고 있으므로 교육 노력을 내부에 한정시키는 것이 논리적으로 타당하다. 그러나 이 경우에는 벤치마킹 프로그램과 전문 조직을 통해 외부 세계의 진행 상황을 알아낼 수 있는 책임감 있는 사람이 조직 내에 있어야 한다.

교육 내용

프로젝트관리 교육 프로그램에서는 어떤 내용들을 다루어야 하는가? 어떤 프로그램이든 특정한 조직의 욕구를 충족시킬 수 있어야 하지만 기업의 현 전략과 목표, 프로젝트관리에 대한 조직의 성숙도, 신속성, 이전의 훈련 프로그램, 프로그램의 임무와 목표 등 여러 가지 요소를 고려해야 한다. 다음은 광범위한 프로젝트관리 교육 과정과 그 내용에 관한 설명이다.

기초적인 내용을 다루는 프로그램

1. 프로젝트관리 기초 3일 동안 이루어지는 본 과정에서는 프로젝트관리에 관한 기법을 포함하여 프로젝트 생명 주기, 프로젝트 분류 구조, 네트워크 기법에 관한 개요를 검토하고, 범위, 일정, 원가, 품질, 의사소통, 조달, 인적자원, 위험, 그리고 통합 등 기본 관리 분야를 다룬다. 또한 기업 내의 프로젝트관리 방법을 설명하는 단계적 프로젝트 방법론을 다룬다.
2. '프로젝트관리 지식 체계(PMBOK)' 과정 프로젝트관리 지식 체계 과정에서는 2일간에 걸쳐 네 번의 워크샵이 있는데, 이 워크샵에서는 주제를 상세하게 다루고 개별 연구에 대한 지침을 제공한다. 이러한 일련의 워크샵은 프로젝트관리 전문가(project management professional, PMP) 자격증을 획득하려는 사람 등을 대상으로 한다. 계획 수립, 실행과 행정상의 변경 문제를 다루고, 이러한 모든 전문 지식과 관련 주제에 대한 통합적인 관리를 비롯하여 범위, 일정, 원가, 품질, 의사소통, 조달, 인적자원, 위험 등 관리의 기본적인 사항을 검토한다.
3. 프로젝트 관리자의 관리 기법 대인관계관리 기법을 교육하는 이 과정은 리더십과 관리 문제를 목표로 정하고 프로젝트관리 커뮤니티의 방향과 일치하는 데 도움이 되는 실용적 모형을 사용한다. 이 프로그램에서는 프로젝트 헌장 작성, 의사소통 매트릭스, 상이한 행동 유형을

다루는 기법, 이해관계자 관리 계획, 그리고 갈등 관리를 다루게 된다.

4. **도구** 프로젝트관리 업무를 신속하게 처리하게 하는 데 도움을 주는 이러한 관리 기법 과정들은 프로젝트 통제/추적 소프트웨어, 원가 통제 시스템, 위험 관리와 의사결정 수단 같은 지원 도구 이용 방법과 실습 위주의 교육으로 구성된다. 세미나는 프로젝트관리를 뒷받침하는 데이터 입력과 도구 이용 방법에 관한 정보를 제공한다.

5. **전사적 프로젝트관리 개요** 하루가 소요되는 이 과정에서는 프로젝트에 의한 조직 경영의 기초를 설명한다. 이를 통해 단일 프로젝트와 다중 프로젝트관리 사이의 관계를 알 수 있고, 프로젝트 포트폴리오 개념의 본질을 탐구할 수 있다. 이 과정은 또 조직이 프로젝트 지원 오피스, 프로젝트관리 전문센터, 프로그램관리 오피스, 프로젝트 책임자라는 형태로 프로젝트를 어떻게 지원할 수 있는가를 다룬다.

6. **기초 사항 요약** 이 워크샵은 프로젝트 수행 책임은 없으나 원칙을 이해할 필요가 있는 사람들을 위한 과정이다. 세 개의 기초 세미나 또는 경영자 브리핑의 연장 과정에서 다룰 수 있다.

대화식 프로그램

다음은 팀원들 간의 통합을 촉진하기 위해 개발된 프로그램의 예이다. 프로젝트의 원활한 출발과 통합을 목적으로 하는 킥오프 워크샵은 대화의 성격을 갖는다. 팀 통합은 행동 및 대화식 기법 개발을 목적으로 하는 팀 구축을 통해서도 가능하다.

1. **킥오프 워크샵** 이 세미나는 2일에 1일을 더하는 형식을 취한다. 개념적인 것과 계획과 관련 정보를 종합하고 워크샵을 이용하여 세미나를

부드럽게 하자는 것이 그 취지다. 프로젝트 팀과 기타 이해관계자들은 훈련받은 내부 또는 외부 진행자에 의해 초대되어 처음 2일간은 임무, 가정, 제약, 그리고 이해관계자의 기대가 담긴 프로젝트 헌장을 검토한다. 기초적 기법 계획(대상)과 관리 계획(방법)도 논의된다. 2일째는 프로젝트 킥오프라는 측면에서 빠져 있는 부분이 있는지를 평가한다. 그런 후에 2주 동안 참석자 모두 미결중인 정보와 계획을 종합하여 미결 문제에 관심을 집중하게 하는 데 필요한 내부 협상을 한다. 3일째는 모(母) 조직과의 모든 경계면을 위시하여 모든 전략과 프로젝트 수행 방법을 약술하여 프로젝트관리 계획은 물론, 프로젝트 기술 계획(프로젝트 헌장, 프로젝트 분류 구조, 일정, 예산 등)을 확정짓는다.

2. **팀 통합** 팀이 작업을 수행하는 데는 '누가, 무엇을, 언제, 어디서' 하는 문제 외에 다른 문제가 있다. 믿음, 헌신, 공동 상승 효과 등과 관련 있는 행위적인 문제들이 여기에 속한다. 프로젝트 팀이 이러한 행위적 지지를 받는 방법 세 가지를 살펴보자.

  1) **정면 공격법** 팀원들이 대화식 팀 구축에 관한 워크샵에 참여하고 있다면, 여기에는 의사소통 및 갈등에 관한 시뮬레이션, 개인에 대한 통찰, 전략적인 팀의 이니셔티브, 그리고 기본적인 도전 과정이 포함되어야 한다. 다른 나라에서 경력을 쌓은 적이 있는 GM의 소형차 책임자 마크 호건*Mark Hogan*은 외부의 팀 활동을 강력히 지지한다. 그는 '미국 상공회의소 남미 회의에서 이렇게 말했다. "우리 엑셀 팀 구축 프로그램은 전체적으로 생산성을 증대시키는 데 가장 중요한 요소 중 하나였다."

  2) **예시 접근법** '화이자 글로벌 헬스 케어*Pfizer Global Health Care*'에서

교육을 담당하는 데비 힌젤*Debbie Hinsel*은 이렇게 말한다. "만약 직원들이 만져보고 느껴보지 않는다면 팀을 통일하기 위해 다른 방도를 찾아야 한다." 통합 문제를 직접 다루는 일은 만져보고 느껴보는 것으로 인식되는 경우가 많다. 따라서 팀을 토대로 하는 문화를 달성하기 위한 보다 전통적인 접근법은 실적 관리, 보상 및 표창, 직위와 역할, 그리고 경력 개발을 이용하는 것이다.

3) **그룹 통합** IBM, EDS와 네덜란드에 본거를 둔 오리진Origin 같은 주요 아웃소싱 관련업체들은 교육과 팀 구축에 관한 한 통합 과제를 공유하고 있다. 이들 기업들은 정보 기술 서비스를 아웃소싱하기로 결정한 업체들의 수십 명, 때로는 수백 명에 이르는 직원들과 통합할 때, 오랫동안 다른 조직에서 근무했으므로 새로운 조직의 문화에 익숙하지 않은 직원들을 융화시켜야 한다. 이러한 상황에서는 정면 공격법과 예시 접근법을 조화시키는 방법이 바람직하다.

특정 분야를 다루는 프로그램

특정 분야에 관한 교육 프로그램을 주문 제작할 때는 위험, 능력, 비용의 각 영역에 차이가 있다는 것에 유념해야 한다. 이러한 차이점들은 사례 연구, 사전 인터뷰, 그리고 특정 분야에 대한 전문강사를 통해 훈련 프로그램에 반영해야 한다. 교육 프로그램을 주문 제작할 때 고려해야 할 기본 요소들은 다음과 같다.

• 사업 형태(건설, 시스템 통합, 소프트웨어 개발, 제품 개발, 제조업, 네트워크 서비스, 소매업)

• 프로젝트 형태(첨단 정보 구축, 하드웨어 제조업, 근대식 설비 제품, 시스템 응

용 프로그램 개발)

- 필요한 역량(프로젝트 원가 통제 능력, 역경 대처 능력, 강력한 협상력, 뛰어난 위험 평가 능력)

특정 분야의 교육을 위해 고려해야 할 또 다른 요소는 특별한 수강생들이다. 최고 경영진, 기능 관리자 혹은 프로젝트 지원에 간접적으로 관련된 사람들과 같은 특정 계층에 속하는 수강생들은 특별한 접근책이 필요하다. 이러한 그룹들은 특별한 대상으로 삼지 않으면 프로젝트관리 교육을 회피하려고 할 수도 있다. 원래의 팀도 특히 프로젝트 팀을 통합시켜야 할 경우 이들의 요구에 맞는 교육을 시켜야 한다.

개인 지도와 기타 강의실 밖에서의 교육기법

프로젝트관리 교육은 강의실에서만 이루어지는 것이 아니며, 강의실 밖에서도 다른 여러 방법으로 행해지고 있다. 예를 들어 개인 지도, 조언, 그리고 현장 교육 등은 프로젝트관리 능력을 향상시키는 데 효과적인 방법들이다. 이러한 방법들은 공식적인 교육 프로세스의 보완책이 될 수도 있고, 경우에 따라 이를 대신할 수도 있다.

개인 지도는 팀원의 성과를 향상시키기 위한 목적으로 일대일식 강의 기법을 훈련받은 사람이 행한다. 코치는 외부 컨설턴트이거나 훈련받은 내부 전문가일 수 있다. 대체로 스폰서가 교육의 필요성을 인식하고 팀원과 코치의 만남을 주선한다. 보통 두 시간 가량의 첫 세션에서는 두 사람 사이의 대화가 이루어지고, 관련 분야에 관한 개인의 지식과 역량에 대해 비공식적인 평가를 하게 된다. 전형적인 프로그램은 다음과 같은 단계를 거친다.

1. 개인 지도의 필요성 및 목적 파악
2. 자격을 갖춘 코치 선정
3. 프로그램, 목표, 그리고 일정 계획에 동의
4. 프로그램 실행
5. 진도 확인 및 조정
6. 결과 평가

개인 지도는 기초적인 기법을 가르치는 것 이외에 또 하나의 이점을 제공한다. 즉, 전반적으로 생활(결과적으로는 관리) 능력이 향상된다는 것이다. 개인 지도를 받게 되면 프로젝트관리 기법을 자신의 생활 프로젝트에 응용할 수 있게 된다. 즉, 프로젝트 분류 구조를 이용하여 개개의 삶의 주요 분야를 모두 규정할 수 있다. 예를 들어 생활의 구성 요소를 신체적인 건강, 가정 생활, 직업의 전문성, 재정, 지적 교육, 그리고 정신적인 측면으로 분해할 수 있는 것이다. 이러한 각각의 측면은 개인이 삶의 목표를 달성하는 데 필요한 여러 가지 활동으로 세분할 수도 있다.

1980년대 말에 필자는 교수법에 프로젝트관리 기법을 이용하기 시작했다. 그때 필자의 개인 지도를 받는 사람들 중에 에드슨 부에노*Edson Bueno*라는 사람이 있었다. 브라질 출신 의사로 리우데자네이루에 몇 개의 병원과 새로 건강 보험회사를 설립한 그는 연간 약 5,000만 달러의 매출을 올리는 재력가였다. 그의 사업 목표는 가능하면 신속하게 성장하여 우수한 회사를 설립함으로써 국제적으로 명성을 떨치는 것이었다. 우리는 프로젝트 분류 구조를 이용하여 그의 인생을 하나의 프로젝트로 큰 그림처럼 보았고 비즈니스 역시 프로젝트 측면에서 바라보았다. 의사들은 분석적으로 사물을 파악하는 훈련에 익숙한 사람들이므로 부에노는 체계적인 기법에 몰두하여 곧 자신의 생활을 프로젝트 시각으로 보기 시작했다.

이러한 프로젝트식 생활관이 기업가로서의 부에노의 삶에 전환점이 되었다. 그는 고질적인 일 벌레였지만, 권한을 위임하고 전략적인 문제에 보다 많은 시간을 투자하면서 자신의 삶의 우선 순위를 다시 생각하고 보다 체계적인 생활을 하기 시작했다. 야망과 추진력, 뛰어난 재능을 갖춘 헌신적인 실무 팀, 집중적인 관리 훈련 프로그램, 광범한 국제 컨설턴트 이용, 직관적인 통찰력 등의 요소가 부에노의 성공 요인으로 꼽고 있지만, 그는 자신의 삶을 체계적으로 보는 데 도움이 된 실무 개인 지도를 가장 큰 성공 요인으로 꼽는다. 부에노는 10년 후 필자에게 보낸 친필 서한에서 이렇게 말하고 있다. "내가 이룬 성공의 대부분은 개인 지도를 받은 덕분이며, 체계적인 프로젝트 계획 접근법이 내 생활을 조직화했습니다." 물론 부에노는 단일 프로젝트관리 개념을 받아들여 성과를 거둘 수 있는 방법을 이해하고 있었다. 현재 그의 아밀 *Amil* 그룹은 남미와 미국에 20개 회사를 거느리고 있는데, 매출액이 10억 달러 이상에 달한다. 부에노는 회사 임원들에게 코치 개념을 확산시켰고, 심지어 청소년 세미나를 열어 동료의 자녀들을 위해 체계적인 생활 계획 기법을 제도화하기도 했다.

그러므로 개인 지도를 받는 것과 프로젝트관리는 두 가지 면에서 연관성이 있다. 첫째로, 개인 지도는 예비 지식을 급히 갖추어야 하는 프로젝트 팀원과, 변화무쌍한 시기에 심사숙고하고 자신들이 맡은 프로젝트를 신속하게 변화시키는 방법을 새로 익히려는 노련한 관리자에게 적용할 수 있다. 둘째로, 인생 계획에 '프로젝트는 나의 삶'이라는 접근법을 사용하여 프로젝트관리 방식을 이용할 수 있다. 이러한 동반 관계가 주는 이점은 프로젝트관리를 채택하면 계획한 목표를 거둘 수 있을 뿐만 아니라 프로젝트 분류 구조와 생명 주기와 같은 프로젝트 기법에 익숙해진다는 점이다.

강의실식 교육 방법이 아닌 것으로는 개인 지도 이외에 조언과 현장 학습이 있다. 조언은 사내 전문가가 개입하는데, 이 전문가는 전문가 양성 교육을 받은 사람으로, 팀원의 발전을 도모하고 성과를 높이기 위해 조언자, 상담역, 그리고 교사 역할을 한다. 또한 프로젝트 팀원들은 현장 교육을 통해 과업을 스스로 실행하고 전문 지식을 지속적으로 습득해야겠다는 결심을 하게 된다.

보장할 수 없음

이 장을 처음 시작할 때도 언급했지만 프로젝트 분야를 연구하지 않는 프로젝트 전문가는 과거에 연연해하는 사람이 되기 쉽다. 정식 교육을 받지 않은 채 프로젝트관리 업무에 종사하는 사람은 교육받은 사람에 비해 준비가 소홀한 사람으로 인식될 것이다.

교육 프로그램이 완벽한 능력을 갖추게 해준다고 보장할 수는 없지만, 프로젝트관리에 익숙하지 않은 사람과 이에 종사하는 사람 모두의 전문 지식 기반을 튼튼하게 해줄 것은 분명한 사실이다. 프로젝트에 관한 지식이 회사 전체에 많이 확산될수록 회사는 많은 지식을 갖춘 조직이 될 것이며, 조직 내외에서 서로 고용하고 싶어하는 전문가들이 많이 생겨날 것이다. 프로젝트관리에 관한 교육은 프로젝트와 관계를 맺고 있는 전문가, 고객, 그리고 기업에 항상 유익이 될 것이다.

chapter 10

프 로 젝 트 관 리   역 량 :
그 들 이   무 슨   일 을   하 는 지   알 고   있 는 가 ?

 원칙 10 개인의 프로젝트관리 역량은 전문 지식 과 실제 업무 수행 능력을 토대로 측정 한다.

1995년《포춘》지는 국제적으로 프로젝트 관리직을 취업 가능성이 가장 높은 전문 직종이라고 처음으로 밝힌 적이 있다. 톰 스튜어트*Tom Stewart*는 '관리자 없는 세상에서의 당신의 경력 개발 계획'이라는 제목의 기사에서 프로젝트 관리자가 이 시대 최고의 경력이라고 지적한 바 있다. 스튜어트의 말대로, 역량 있는 프로젝트 관리자는 새로운 상황에 유연하게 대처할 수 있다. 그들이 프로젝트를 예산 한도, 정해진 기간, 그리고 품질 기준에 맞추려고 노력하는 것은, 회사 주도권을 프로젝트 전문가들에게 맡기는 회사가 앞서간다는 것을 의미한다.

비슷한 시기에 호주 프로젝트관리 협회, 국제 프로젝트관리 협회, 영국 프로젝트 관리자 협회와 프로젝트관리 협회 등 여러 프로젝트관리 협회들이 역량에 관한 문제를 다루기 시작했다. 개인과 기업들이 여러 협회에 '프로젝트관리 역량을 측정하는 방안'을 개발하라고 압력을 가했기 때문이다. 만약 프로젝트 관리직이 전문 직종이 된다면 여기에 종사하는 사람들이 자격을 갖추었음을 증명하는 방안과, 회사에서는 이력서, 면담, 직감 이외의 다른 기준들을 바탕으로 관리자들을 선발할 수 있는 구체적인 방안이 필요했다. 즉, 개인은 자신의 역량을 시험하고 자신의 고용 가능성을 높이는 데 더 큰 관심을 갖게 되었고 회사 역시 유능한 관리자를 선발하기 위해서는 역량 측정 기준이 필요했던 것이다.

프로젝트관리 역량의 기준을 정하게 되기까지는, 프로젝트에 유능한 지도자와 팀원들을 배치하면 프로젝트와 조직 모두 성과를 거두고 향상되어야 한다는 전제가 있었다. 이러한 전제는 다음과 같은 의문을 제기한다.

1. 프로젝트관리 역량이라는 것은 무엇을 의미하는가?
2. 왜 역량이 필요하고, 어떤 이점이 있는가?
3. 프로젝트관리 역량 모델에 포함시킬 요소들은 어떻게 결정하는가?
4. 역량이 프로젝트를 성공시키기 위한 충분 조건인가?
5. 누가 역량을 갖추어야 하는가?
6. 역량은 측정할 수 있는가? 또한 어떻게 측정하는가?
7. 역량을 갖추기 위한 최상의 방법은 무엇인가?

다음은 이 질문들에 대한 해답이다.

역량이란 무엇인가?

역량이라는 것은 '어떤 일을 수행할 수 있는 충분한 기술과 능력이 있음' 이라는 뜻이다. 역량은 가시적인 실체적 증거를 의미하며 직업의 영역에서 인력을 선발하고 능력을 인정하는 데 이용되는 관행을 포함한다. 일단 개인의 역량이 정해지면 앞으로 그 개인의 성과를 예측할 수 있다는 것이다.

일반적으로 역량은 누구나 인정하는 기준을 근거로 측정해야 하고, 추론, 억측, 그리고 자의에 의해 측정해서는 안 된다. 또한 역량의 기준은 인정된 조직에 의해 승인을 받아야 한다. 이러한 기준을 토대로 역량을 측정한다고 할 때 역량 기준을 통과하는 사람이 있는가 하면 실패하는 사람도 있다. 마치 운전 면허를 취득하는 경우처럼 그들은 역량을 갖추었거나 아니면 그렇지 못한 것이다.

운전 면허를 취득하기 위해서는 교통 법규, 차량 운행 절차, 훈련을 통해 얻은 기술, 실제 운행 등의 시험을 통해 실행 역량을 평가받는다. 시험을 치른 사람은 합격하거나 불합격하게 되어 있다. 그러나 취득하려는 운전 면허가 다르면 기준도 달라져야 한다. 임시 면허냐 정식 면허냐, 택시 면허냐 리무진 면허냐, 트럭 운전 면허냐 버스 운전 면허냐에 따라 다르듯 역량 기준 또한 달라진다. 역량을 요구하는 수준이 높을수록 전문 지식과 기술, 그리고 이를 응용할 수 있는 역량은 증가한다.

각기 다른 수준의 역량이 요구되며 기준은 측정 가능해야 한다는 점에서 프로젝트관리 역량은 운전 역량과 유사하다. 예를 들어 프로젝트 관리자는 팀원의 역량보다 높은 역량을 갖추어야 한다. 프로젝트 스폰서나 이해관계자인 중역들에게는 프로젝트 관리자가 갖추어야 하는 실행 위주의 역량이 필요하지 않을 수도 있지만, 프로젝트 팀원들과의 의사소통을 위해서는 최소한의 지식이 필요하다는 것은 분명한 사실이다. 그러므로 프로젝트 역량 모델은 기타 역량 모델과 유사하다.

역량은 왜 필요하며 어떤 이점이 있는가?

프로젝트관리에서 역량 측정을 하려는 이유는 무엇인가? 다양한 이해관계자들이 관련되어 있지만, 역량 측정은 프로젝트관리 전문가와 프로젝트를 통해 얻은 성과를 중요하게 여기는 사람들 모두에게 이익을 준다. 이해관계자들과 이들이 역량 측정을 통해 얻을 수 이점 몇 가지를 소개한다.

- **프로젝트 관리자와 프로젝트 팀원** 역량을 측정함으로써 프로젝트 관리직이 '뜻밖의 전문직' 이라는 장막을 걷어내게 되었다. 누구나 인정하는 역량을 갖추었다는 것은 이 전문 직종에 모두 공감하는 역량 기준이 있다는 뜻이다. 또한 역량을 갖춘 사람은 이 분야의 전문가로서 언제든 취업 기회를 얻을 수 있다는 것이다. 프로젝트관리 역량이 있다는 자격증을 받은 프로젝트 전문가들은 회사 안팎에서 어떤 기회를 얻고자 할 때에 유리한 위치에 서게 된다. 대체로 인사 담당자들은 자격증을 갖춘 프로젝트 전문가가 자격증이 없는 전문가에 비해 실적이 좋을 것이라고 생각한다.
- **프로젝트 스폰서와 경영진** 경영진들은 프로젝트 지원자로서는 최고의 위치에 있는 사람들이다. 경영진들의 확인된 역량은 프로젝트의 성공 가능성을 더욱 높인다. 그러므로 각기 다른 프로젝트 조건과 시간대와 환경에도 불구하고 프로젝트 리더들이 택하는 방법론은 예측이 가능하며 일관성이 있는 것이다. 프로젝트를 성공시키는 최종적인 책임은 주요 경영

진들에게 있으므로 프로젝트 전문가들에 대한 역량 측정은 프로젝트 프로세스에 안전판을 하나 더 붙이는 셈이다.

- **회사** 역량 측정은 전문가 개발이라는 측면에서 볼 때 회사에 유용한 수단이 된다. 그것은 경력 개발 기준, 성과 측정, 그리고 성과 보상 제도에도 이용할 수 있다. 또 조직의 강점과 약점을 찾아내고 훈련을 계획하는 데도 이용할 수 있다. 실제로 역량 평가는 프로젝트 관리자의 성과를 검토할 때 프로젝트 성과와 함께 중요한 요인이 된다. AT&T의 경우 공인된 자격증은 승진 심사에서 큰 비중을 차지한다. 이것은 루슨트 테크놀로지 *Lucent Technologies*에서도 마찬가지다. AT&T와 루슨트 두 회사의 프로젝트관리 전문가는 수백 명에 이르며, 역량 평가는 프로젝트 전문가 평가에 매우 큰 도움을 준다. 실패할 가능성이 매우 높은 프로젝트(순수 연구 프로젝트) 또는 불가피한 손실을 줄이기 위한 위급한 상황에(Y2K 전환 프로젝트 등) 이들이 배치될 가능성이 있기 때문이다

- **고객** 고객과 기타 외부 이해관계자들은 역량을 갖춘 프로젝트 리더와 팀원들이라면 최대의 성과를 거둘 수 있다고 확신한다. 자격증이 있는 전문가들은 우수한 프로젝트관리 관행의 수단과 방법론을 적용할 수 있는 자질과 기능과 기술을 갖추고 있을 거라고 믿는 것이다. 프로젝트 팀원들이 컨설팅 회사나 전문 서비스 회사에 소속되어 있을 경우 자격증은 마음의 안정제 역할을 한다.

- **전문 조직** 전문 조직은 검증된 역량을 바탕으로 '성공적인 프로젝트관리란 무엇인가' 하는 문제에 대해 개인과 프로젝트 조직이 관심을 갖도록 큰 역할을 한다. 전문 프로젝트관리 조직에서 견실한 역량 모델을 지원함으로써, 프로젝트관리 전문 분야에서 일반적으로 인정하는 성공 사례를 토대로 여러 나라의 프로젝트 전문가들을 비교할 수 있다. 전문 조직들은 프로젝트관리의 기본 개념과 역량 및 기초 지식의 전파자로서, 미래의 프

로젝트 전문가들을 교육하고 지식을 전수함으로써 이익을 얻을 수 있다.

• 컨설턴트, 교육 전문가, 학자 이러한 전문가들은 개개의 프로젝트 전문가의 역량 수준을 높이는 데 전문가 특유의 관심을 갖는다. 역량 수준을 높이면 이들의 전문 분야에 대한 프로젝트 작업의 실적이 향상될 뿐 아니라, 프로젝트 전문가 역량을 추구하면 역량을 높이기 위한 훈련과 교육이 이루어져야 하므로 이 분야에 종사하는 모든 사람들에게 기회의 문이 열리기도 하는 것이다. 서로 밀접한 관계가 있는 역량에 관한 연구는 컨설턴트, 교육 전문가, 그리고 학자들이 흔히 갖는 관심거리다.

역량 모델에 포함해야 할 대상

역량 모델은 측정해야 할 역량, 측정 방법, 그리고 공감할 수 있는 결과 등을 포함해야 한다. 역량을 갖추기 위해 전문 지식, 기술, 그리고 적용 능력이 요구된다면, 어느 모델이든 이 세 가지 요소에 해당하는 기준이 포함되어야 한다.

그림 10-1에 나타난 바와 같이 DEC(Digital Equipment Company)의 역량 모델은 전문 지식(내가 아는)과 기술(내가 할 수 있는)의 증대가 성과를 향상시키는 기초가 된다고 가정한다. 이러한 기초가 세워지면 적용 능력(나는 적용할 수 있다)을 통해 프로젝트 실적 향상과 그 결과에 따라 기업의 목표를 달성하게 된다.

조직들은 역량 평가에 필요한 자체 모델을 설정하거나 프로젝트관리 전문가 협회나 기타 외부 기관으로부터 검증된 독자적인 평가 방법을 선택할 수도 있다. 관계 당사자들이 인정한 공식적인 모델은 평가 단계로 이행하기 전에 마련되어야 한다.

프로젝트 업무에 대한 역량 모델은 특정 능력(예를 들어 계획 및 계약 행정)의 정의를 필요로 한다. 이렇게 합의된 역량 요건은 전체적인 역량 프로그램 개발의 출발점이 된다. 역량 리스트를 만들 때는 전문가를 통해 프로젝트관리 종사자들과 인터뷰를 하기도 하고 문헌 조사를 하기도 하며 현 모델 및 사례를 벤치마킹하기도 한다.

리스트 작업이 끝나면 이를 조정하기 위해 정리 및 현장 테스트를 해야 한다. 조직이 자체 모델을 개발하기로 했다든지 또는 기존의 것을 계속 사용하기로 했다면, 이를 정리하고 현장 테스트를 통해 검증한 후 역량 모델을 프로젝트와 조직의 문화에 응용할 수 있도록 확인하는 것이 중요하다.

지식을 검증하는 일은 역량 모델에 있어서 가장 중요한 기본 원칙이

〈그림 10-1〉 DEC 역량 모델

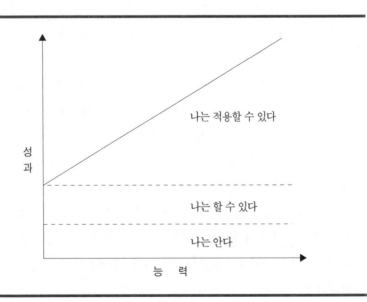

다. 예를 들어 프로젝트관리 협회의 프로젝트관리 전문가(PMP) 인증 프로그램이 프로젝트관리 전문가의 전문 지식을 증명하는 기준으로 널리 인정되고 있다. 그러나 지식을 검증하는 것만으로는 프로젝트관리 전문가가 실제로 업무를 효과적으로 수행할 수 있을지를 증명할 수 없다. 역량을 결정하기 전에 전문 지식을 응용하는 기술과 능력 또한 평가해야 한다.

여러 가지 역량 모델을 개발하는 조직은 프로젝트관리 역량 모델을 준비하는 일이 일상적인 일이라고 생각할지 모르지만, 대부분의 기업들은 역량 모델 개발을 번거롭게 생각한다. 기업의 입장에서는 프로젝트관리를 위한 독자적인 모델을 자체 개발해야 하는가, 아니면 상용화된 모델을 이용해야 하는가 하는 문제로 고민을 한다. 그러므로 기업은 얼마나 능숙하게 자체 모델을 개발할 수 있으며 기업의 문화가 무엇을 요구하느냐에 따라 방법을 결정지어야 한다. IBM은 회사 내부에서 오랫동안 프로젝트 관리자들에게 자격증을 발급해 왔고, 자격증 발급 요건을 전문 지식 검증에서 점차 광범위하게 넓혀 몇 가지 검증을 실시하고 있다. 예컨대 IBM에는 프로젝트관리 협회에서 실시하는 프로젝트관리 전문가 시험 준비를 내부 교육 프로세스로 만든 부서도 있다. 이러한 전문 지식은 전세계에서도 적용될 수 있다고 생각하여 프로젝트관리 전문가 준비 과정을 수개 국어로 번역하기도 했다.

그러나 대부분의 조직들은 이미 만들어져 있는 제품을 사용하는 것이 보다 효과적일 것이다. 구입하는 것이 기업에 유익하다면 무엇을 기준으로 선택하는 것이 좋겠는가? 기업은 역량 모델을 선택하기 전에 다음과 같은 문제들에 답해야 한다.

1. 모델을 검토하는 목적은 무엇인가?

2. 모델을 어떻게 검증했는가?

3. 역량 모델을 응용하여 무엇을 얻으려 하는가? 선택인가? 평가인가? 개발인가?

4. 개인은 모델이 요구하는 특성을 어떻게 알아낼 것인가?

5. 모델을 적용하기가 용이하겠는가?

이러한 문제들을 제시하는 까닭은 역량 모델이 기업이 추구하는 목표와 부합하는가를 확인하기 위해서이다. 전문 분야에 따라 적용에 따르는 문제가 있을 수 있다. 예를 들어 일반적인 모델인 경우, 소프트웨어 개발 프로젝트 팀원들이 추구하는 것과 같겠는가? 역량을 평가하기 위해서는 경영진과 프로젝트 관련자들이 많은 시간과 노력을 투자해야 한다.

역량과 프로젝트의 성공

역량 있는 프로젝트 관리자와 팀원들은 프로젝트의 성공에 크게 기여할 수 있지만, 역량 이외의 요인들이 프로젝트 결과에 큰 영향을 미치기도 한다. 프로젝트 연구원 프랭크 토니는 프로젝트가 진행되어 감에 따라 추적할 필요가 있는 항목과 평가할 때 고려해야 할 몇 가지 항목을 다음과 같이 작성했다.

1. 고위 관리자들의 지원과 프로젝트관리 경험

2. 세계적 또는 지역적인 경제력

3. 시장에서의 회사의 위치

4. 프로젝트관리에 대한 조직의 성숙도

5. 프로젝트에 영향을 미치는 시장 상황, 예를 들어 시장 팽창 또는 수축

6. 조직과 프로젝트 고객의 재정적 안정성

7. 전략 계획, 제품군, 마케팅, 생산, 품질, 판매 등 관리 기초에 대한 회사의 역량

그러므로 프로젝트는 역량을 갖춘 리더와 팀원들만 가지고는 성공을 보장할 수 없다. 프로젝트를 성공적으로 마치기 위해서는 전사적 관리가 이루어져야 하며, 프로젝트관리에 적절한 인재를 배치하는 등 프로젝트에 영향을 미치는 모든 요인들을 합리적으로 통제할 수 있어야 한다.

과거에는 많은 경우 고위 중역들이 프로젝트에 대한 책임을 회피할 수 있었지만, 이제는 더 이상 책임을 회피할 수 없게 되었다. 프로젝트의 성공은 회사의 손익 분기점에 직접적인 영향을 미치기 때문이다.

역량을 갖춰야 할 사람

모든 업무가 프로젝트화되는 조직들에게 프로젝트 역량 문제는 더더욱 중요하다. 그럼에도 불구하고 모든 프로젝트관리 리더들이 자진해서 역량 평가를 받으려 하지 않는다. 실제로 자신이 유능하다고 생각하는 사람들은 역량 평가가 필요하지 않다고 생각할 수도 있는데, 이것은 어쩌면 당연한 일인지도 모른다. 그런데 문제는 자신의 가치를 높이 평가하는 사람들뿐만 아니라 경력에 문제가 있는 사람들도 역량 평가가 필요하지 않다고 생각한다는 것이다.

다음은 전사적 프로젝트관리 관점에서 답변해야 할 역량에 관한 질문이다.

1. 회사 대표는 프로젝트관리 역량을 어느 정도 갖춰야 하는가?
2. 부사장과 주요 간부들은 어느 정도 갖추어야 하는가?
3. 대형 프로젝트를 책임지는 프로젝트 관리자는 어느 정도 갖춰야 하는가? 소형 프로젝트 관리자와 다중 프로젝트 관리자는?
4. 팀원들이 프로젝트를 관리할 때는 어느 정도의 역량을 갖춰야 하는가? 프로젝트 지원 인력은?
5. 고객과 공급업자는 어느 정도 프로젝트관리 역량을 갖춰야 하는가?

기능에 따라 요구되는 역량 정도가 다른 것은 분명하다. 쉽게 지적할 수 있는 부분도 있다. 즉, 팀원들은 모두 역량을 갖춰야 하며, 프로젝트 관리자들도 프로젝트관리 전문가로서 인증을 받아야 한다. 대형 프로젝트나 완성도 높은 프로그램의 경우라면 프로그램 전문 관리자가 필요하다.

프로젝트 주요 수행자들의 역량이 공식적으로 평가를 받았다면 이는 매우 바람직한 일이다. 그러나 실제로 전사적 프로젝트관리 수행에 관련된 사람들 중에는 프로젝트관리 역량을 인정받지 못하는 사람들이 많다. 따라서 프로젝트 관리자든 프로젝트 스폰서든 인적자원 책임자든, 변화를 주도하는 사람이 프로젝트 작업에 관련된 모든 사람들의 역량을 올려주는 일을 맡아야 한다. 다음은 조직의 프로젝트를 관리하는 문제와 관련하여 더욱 많은 지식을 습득해야 하고 더 많은 일을 해야 하는 이해관계자들을 교육하고 격려하기 위한 방법이다.

- **사장, 부사장, 고위 중역들** 내부 또는 외부 컨설턴트에 의해 임원 브리핑을 실시한다. 고위 경영진의 입장에서 프로젝트관리를 다루는 참고 자료를 만든다. 프로젝트관리를 주제로 다루는 고위 경영진들의 외부 토론회

에 이들을 참석하게 한다.

- **프로젝트 관리자** 추진중인 프로젝트의 규모에 관계없이 이들은 직업의 자긍심과 활용 가능성에 호소하면 아주 쉽게 마음을 움직인다. 외부에서 개최하는 세미나나 심포지엄에 참석할 수 있다.
- **팀원들과 프로젝트 지원 인력** 워크샵(착수 또는 이와 유사한)은 프로젝트 관리의 기초를 신속하게 익혀 역량을 향상시킬 수 있는 가장 좋은 방법이다. 현장 교육과 계획 과정도 효과적이며 외부 세미나 참석도 좋은 방법이다.
- **고객과 공급업자** 브리핑, 계획 과정, 프로젝트 통합 워크샵 등으로 이들의 관심을 유발할 수 있다. 이들은 프로젝트 결과에 대단히 중요한 영향을 미친다.

역량은 측정 가능한가?

'호주 프로젝트관리 협회*the Australian Institute of Project Mana-ge-ment*' 는 1997년 '호주 프로젝트관리 역량 표준' 을 토대로 자격증 제도를 시행했다. 호주 국내외에서 발급받을 수 있는 AIPM 자격제도는 프로젝트 팀원, 프로젝트 관리자, 프로그램 관리자 등 세 부문에서 발급을 희망하는 개인들에게 경력을 제시할 것을 요구한다. 이 제도는 전문 직종에 역량 기준을 설정하려는 호주 중앙 정부의 발의에 따라 실시되었고 정부의 지원을 받고 있다.

AIPM 모델과 그림 10-2에 의하면 역량은 세 부분으로 나누어진다(그 밖의 신청자들은 본인의 업무 실적을 나타내는 증빙 서류를 제시해야 한다).

〈그림 10-2〉 호주 역량 모델

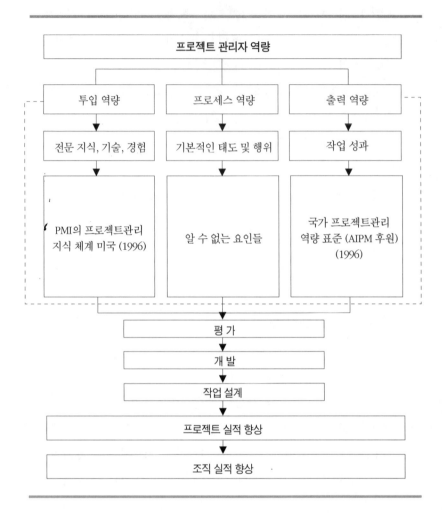

1. **투입 역량** 프로젝트관리 협회의 프로젝트관리 전문가 시험 또는 이와
   유사한 시험에 의해 검증된 전문 지식과 이력서에 기록된 역량 및 경
   험 등을 말한다.

2. **프로세스 역량** 인성 측정에서 검증된 기본적인 태도 및 행위를 말한다.

3. **출력 역량** 개인이 실행하여 영국 프로젝트 관리자 협회, 호주 프로젝트관리 협회와 같은 전문 단체나 기타 전문 기관에 의해 공식 인정받은 프로젝트 작업 성과를 말한다.

역량을 갖추는 방법

역량을 측정하면 이 장 초반에서 설명한 이점들을 얻을 수 있다. 기업은 물론 프로젝트 팀원, 스폰서, 고객과 외부 이해관계자, 전문 조직, 컨설턴트, 교육 전문가, 학자, 이들 모두 역량 모델을 개발하여 응용하면 이득을 볼 수 있다. 자격증 제도를 시행하기만 해도 우수한 프로젝트관리를 추구하는 데 자극이 된다.

그러나 역량을 측정하는 것만으로는 부족하다. 역량을 높이기 위해서는 이를 자극하는 체계화된 프로그램이 있어야 한다. 조직원들이 자신의 역량을 높이는 데 필요한 몇 가지 요소를 소개하면 다음과 같다.

- **인식 제고** 고용 기회 확대와 효과적인 경력 관리 등 이점을 강조하는 유인물을 배포하고, 전문가 협회 등의 참여를 통해 역량 향상의 중요성에 대한 인식을 높일 수 있다.

- **스터디 그룹의 활성화** 역량 평가와 관련이 있는 교육을 활성화한다. 간단한 기초 과정, 스터디 그룹 운영, 온라인 학습 자료 활용, 모의 테스트를 시행하는 등 다양한 노력을 기울여야 한다.

- **참여에 대한 인센티브** 프로젝트관리 역량을 높이려는 기업이라면 개인

들이 프로그램에 참가하도록 동기를 부여해야 한다. 금전적인 유인책이 효과가 있기는 하지만 항상 이용할 수는 없다. 포상, 휴가, 고용 기회를 확대해 주는 것, 그리고 회사에서 자격증을 보유한 전문가는 자격증이 없는 전문가보다 더 빨리 승진한다는 사실을 실제로 보여 주는 방법 등이 있다.

역량을 갖춘 사람이 성과를 높인다

역량을 향상시키는 데는 전문 지식, 기술, 행동력이 필요하다. 운전 면허를 취득하는 데 기준이 필요한 것처럼 역량을 취득하기 위해서는 최소한의 기준이 필요하다. 역량 기준이 결정되면 성과 수준을 예측할 수 있다. 기업에 역량을 갖춘 인력이 많을수록 예산 한도 내에서, 목표한 일정 안에, 품질 기준에 적합한 프로젝트를 완성할 가능성이 높아지는 것이다.

당신의 조직은 어떻게 성장했는가?

원칙 11 조직의 프로젝트관리 성숙도를 높이면
생산성이 증가하고 이익이 증대된다.

인간이 유아기를 거쳐 성인이 되듯이 회사도 작은 규모에서 출발하여 점차 완전한 조직의 모습을 갖추게 된다. 또 인간의 행위가 인생 경로에 따라 다르듯 기업의 활동과 의사결정은 기업의 성숙도를 나타낸다. 한 조직의 프로젝트관리 성숙도(Project Management Maturity, PMM)는 프로젝트를 실행할 때 나타나는 효율성의 척도다.

프로젝트에 있어서의 조직의 성숙도는 반드시 시간의 경과와 정비례 하지 않는다. 역사가 100년쯤 된 회사는 마케팅에 능숙하고 고객과도 원만한 관계를 유지할 수 있지만, 프로젝트관리 문제에서만큼은 걸음마를 하는 유아기적인 단계에 머물 수도 있다. 프로젝트관리에 관한 경험은 시간보다는 비즈니스의 성격 및 시장 정세와 더 많은 관계가 있다. 역사는 미미하지만 출발 단계부터 전사적이고 프로젝트화한 회사는 성숙도가 높을 수 있다.

프로젝트관리 성숙도(PMM)는 한 조직이 작업 수행의 한 방법으로 프로젝트관리를 어느 정도 받아들였는가를 나타낸다. 조직이 프로젝트관리를 얼마나 실행했느냐에 따라 이를 보다 광범위하게 응용하는 것이 쉬울 수도 있고 어려울 수도 있다. 그렇다면 프로젝트관리를 얼마나 신속하게 회사의 비즈니스 경영에 접목시킬 수 있겠는가? 이 문제는 다음 요인들이 얼마나 조화를 이루느냐에 달려 있다.

- 업무를 보다 신속하게, 저비용으로, 효과적으로 진행하라는 외부 압력
- 현 조직, 시스템, 그리고 절차에 대한 내부 불만
- 조직 주요 운영자들의 헌신도
- 새로운 사업 방식으로의 전환에 대한 명확한 비전과 계획

프로젝트에 의한 경영 체제로 신속히 이행해가기 위해서는 이러한 요인들을 모두 합친 만큼의 압력이 필요하다. 독자가 지금 이 책을 읽고 있으므로 처음 두 개의 요인들이—외부 압력과 어느 정도의 내부 불만—이미 작용하고 있다고 해도 무리는 아니다. 마지막 두 개는 회사 내부의 이니셔티브에 달려 있다.

회사의 비즈니스가 프로젝트에 의존하는 정도도 프로젝트관리 성숙도에 대한 회사의 입장에 영향을 미친다. 예를 들어 1장에서 언급한 프로젝트 위주의 조직들 중에는 성격상 PMM 방식을 사용하는 조직들이 많다. 대부분 약간은 갱신하거나 조정해야 할 필요가 있기는 하지만 크게 손댈 것은 없다. 한편 변화의 바람을 막 눈치챈 전통적인 회사는, 기능 위주의 조직원들의 사고방식을 프로젝트 중심의 접근법으로 변화시

킬 강력한 프로그램과 더불어 조직 차원의 새로운 사고를 필요로 한다. 그러므로 조직이 프로젝트화에 착수하기 전에 누군가가 변화 프로젝트의 출발점을 결정해야 한다.

과학적인 접근법인가, 겉핥기식 검토인가?

상식적으로 프로젝트관리에 대해 단순히 즉흥적이고 무계획적으로 생각하는 회사는, 실효성이 증명된 방법에 의거하여 평가할 때 다중 프로젝트를 추구하는 통합 단계에 있는 회사에 비해 성숙도가 더 낮은 것이 당연하다.

따라서 조직 내부의 프로젝트관리 능력에 대한 일반적인 평가를 통해 조직의 PMM 수준을 대략 알아낼 수 있으며 프로젝트관리의 장단점을 지적해 낼 수 있다. 프로젝트관리에 관한 다른 조직과의 비교 데이터를 통해 프로젝트관리 노력의 성숙 여부에 관해 결론을 내릴 수 있는 것이다.

성숙도 모델은 조직이 비즈니스를 추진하는 데 있어서 프로젝트관리를 얼마나 수용했는가를 판단할 수 있는 공식적인 방법이다. 성숙도는 또 경험적인 방법을 통해 비공식적인 방법으로도 측정할 수 있다. 여기에 대해서는 이 장 후반에서 설명할 것이다. 성숙도 모델에는 표준, 작업 승인, 사명, 훈련, 그리고 위험관리 등 적절한 프로젝트관리 주제에 대한 확인이 필요하다. 한 모델은 이러한 주제들을 리더십과 관리, 성과관리, 관리정보 같은 주요 부분으로 분류한다.

다른 성숙도 모델은 프로젝트관리 지식 체계 지침에서 정의된 그룹을 이용하기도 한다. "작업 분류 체계 기법이 계획 단계에서 프로젝트에 적용되는가?'와 같은 질문에는 가부간의 대답을 얻어낼 수 있다. 또한 그 대답으로 표를 만들어 결과를 숫자로 표시할 수 있다.

프로젝트관리 성숙도 모델

현재 프로젝트관리 성숙도 모델은 소프트웨어 개발 능력에 대한 심사 체계인 '카네기 멜론 대학교의 능력 성숙도 모델the Carnegie-Mellon University Capability Maturity Model'을 토대로 하고 있다. 이 모델은 대학 내의 소프트웨어 공학 연구소에서 개발한 것으로 원래는 미국 국방성의 자금 지원으로 개발된 공공 자산이다. CMM(능력 성숙도 모델)에는 초기 단계, 반복 단계, 정의 단계, 관리 단계, 최적화 단계 등 다섯 단계가 있는데, 모든 단계는 조직이 자체 소프트웨어 프로세스를 향상시키는 것을 돕기 위해 개발되었다.

여러 가지 모델들에는 공통적으로 5단계의 소프트웨어 모델이 있다. 그림 11-1에서 볼 수 있듯이, 성숙도가 높을수록 프로젝트관리 성과가 크다. 그러나 CMM과는 달리 일반적으로 통용되는 모델들 중에는 프로젝트관리 성숙도를 측정하기 위한 모델이 하나도 없다. 프로젝트관리 협회 표준국 이사인 빌 던칸Bill Duncan에 따르면, 통용되는 모델이 없으므로 프로젝트관리 협회 표준 위원회the Project Management Institute's Standards Committee에서 조직 프로젝트관리 성숙도 모델을 개발하여 PMI 표준으로 공표할 계획이라고 한다.

다음은 유효한 PMM 모델을 견본으로 추출하는 데 이용되는 여러 가지 단계들이다. CMM 단계의 각 명칭은 업계 전반에서 합의된 것이 없으므로 그대로 사용한다(다른 명칭을 괄호 안에 몇 가지 제시한다).

• 초기 단계(비정형) 공식적인 프로젝트관리 프로세스가 하나도 마련되어 있지 않다. 이 단계에서의 성공은 개인의 능력과 노력 여하에 달려 있다. 시스템과 절차에 대한 정의가 빈약하기 때문이다. 프로젝트는 하나하나가 독특하다고 인식된다. 프로젝트관리 프로세스는 뚜렷하지 않으며 여러 가지 프로젝트는 원가, 품질, 그리고 일정 문제로 특징지을 수 있다. 위험 요소나 이전 프로젝트에서 얻은 교훈에 대해서는 참고할 만한 과거의 기록이 없으므로 거의 관심을 갖지 않는다. 일정은 자원과 과거의 경험은 충분히 고려되지 않은 채 상의하달식으로 작성되는 경우가 많다. 회사 내부의 기능적인 영역을 서로 조화시키는 데에 대개 의사소통 문제가 따른다.

〈그림 11-1〉 성과 및 시간 측면에서 본 성숙도

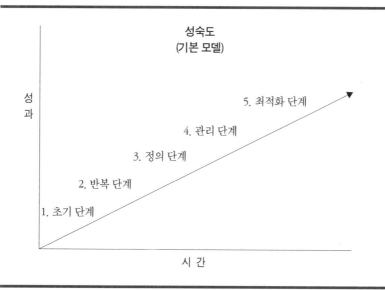

- **반복 단계(단축적, 계획적)** 기획, 일정 계획, 추적, 그리고 평가를 위한 프로젝트관리 시스템과 프로세스를 갖추는 것이 중요하다고 간주된다. 도구는 몇 가지 성능 문제에 대한 해결책으로 간주되지만, 완전히 통합된 형태로는 사용되지 않는다. 프로젝트 성공은 여전히 예측이 불가능하고, 비용 및 일정은 많은 프로젝트에 걸쳐 계속 변동이 심하다. 프로젝트관리 소프트웨어가 있으나 경험 및 종합저인 프로젝트관리 시아가 부족하기 때문에 사용 빈도는 매우 낮다. 일정에 관한 정보는 대체로 충분하지만, 데이터 베이스의 통합은 이루어지지 않는다.

- **정의 단계(조직적, 관리적)** 조직 내의 프로젝트관리를 다루는 방법은 정형화되어 있다. 프로젝트관리 시스템은 정의되고 문서화되었으며, 회사 시스템과 절차와 통합이 이루어진다. 추적 및 통제 시스템에 입력되는 정보는 더욱 안정적이다. 프로젝트 성과는 높은 정확성과 함께 예측이 가능해진다. 일정과 비용 성과도 향상되는 경향을 보인다. 범위관리가 크게 강조되는데, 이는 프로젝트관리의 기본으로 인식되기 때문이다. 데이터 베이스가 이용되지만 이를 관리하기는 매우 어렵다. 프로젝트관리에 사용되는 모델을 유지하는 데 많은 시간이 소요되는데, 이는 분석과 문제 해결에 기인한다.

- **관리 단계(통합적)** 프로세스관리는 측정되고 통제된다. 관리자는 주요 프로젝트에 관한 정보 유통과 연결되어 있고, 이를 통해 정보를 이용하고 해석하는 방법을 알고 있다. 시스템은 정보를 재가공하거나 형식에 따라 재정렬하지 않고도 통합된 관리 수준의 정보를 생산할 수 있다. 프로젝트 성과는 대체로 계획과 일치하므로 프로젝트 성공률은 높다. 통합 데이터 베이스가 있기 때문에 규모 산정과 벤치마킹을 목적으로 이용할 수 있다. 이러한 접근법은 관리 보고서를 작성해야 하기 때문에 시스템 내의 작업 패키지 수준(최하단의 관계 수준)은 실행할 작업에 대해 적절한 계획을 수

립하기에는 불충분할 수 있다. 그러므로 프로젝트를 완성하기 위해서는 보다 세분화된 작업이나 보완적인 점검표가 필요한 경우도 있다.

- **최적화 단계(순응적, 지속적)** 프로젝트관리 프로세스를 지속적으로 향상시킨다. 프로젝트 팀은 당연히 모델을 이용하여 일정과 예산을 작성하고 프로젝트 정보를 처리한다. 온라인상으로 과거 기록이 수록된 데이터 베이스를 이용하여 교훈과 학술적인 참고 자료와 산정 기준을 알아낸다. 정교한 시스템은 높은 수준의 관리 보고서 작성과 작업 현장의 추적의 필요성, 이 두 가지를 동시에 충족시킨다. 자원의 최적화는 프로젝트 측면에서뿐만 아니라 전사적 측면에서도 반드시 필요하다. 일정, 원가, 그리고 범위는 모두 통합되어 있다. 신뢰성 높은 각각의 프로젝트 정보는 전체 프로젝트의 집합체인 회사의 관점에서 분석할 수 있다.

논리적 접근법 중 하나는 그림 11-2의 설명과 같이 프로젝트관리 지식 체계의 지침에 의거하여 조직의 성숙도를 평가하는 것이다. 기존의 프로젝트관리 지식 체계 분야를 프로젝트관리 성숙도 모델의 구성 요소로 이용할 수 있다면 이상적이다. 바꾸어 말하면, 대표적 프로젝트 단계라고 할 수 있는 착수, 계획, 실행, 통제, 그리고 종료의 프로세스를 거치는 동안 조직이 프로젝트와 관련된 원가, 일정, 품질 등을 얼마나 효과적으로 관리하느냐 하는 문제다. 그런 식의 접근법은 다소 논의의 여지는 있지만 프로젝트관리의 본질을 다루는 것이라고 할 수 있다.

그러나 개별 프로젝트의 관리 방법과는 별도로 그림 11-3에 설명된 바와 같이 조직 자체에서 판단을 내릴 수 있어야 한다. 조직의 성숙도에 관한 기본적인 의문에 대해 답변할 수 있어야 한다. 예를 들어 회사가 다중 프로젝트를 어떻게 추적하는가? 통합 시스템을 이용하고 있는가? 회사 내부적으로 프로젝트 도구, 행정 및 계약에 대해 어떠한 지원을 받는가?

〈그림 11-2〉 프로젝트관리 성숙도 모델에서 이용할 수 있는 지식 영역

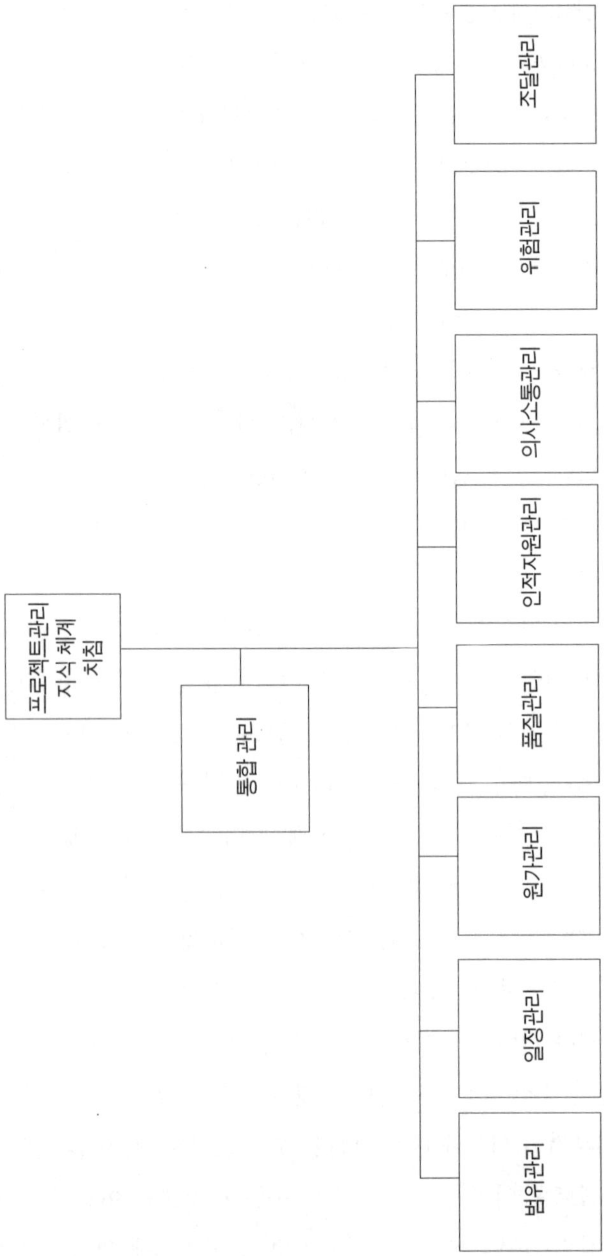

프로젝트관리
지식 체계
지침

통합 관리

범위관리　일정관리　원가관리　품질관리　인적자원관리　의사소통관리　위험관리　조달관리

회사는 프로젝트관리의 최신식 도구와 경향에 뒤떨어지지 않기 위해 어떠한 노력을 기울이고 있는가? 예를 들면 끊임없이 변하는 기법과 도구들을 계속 호환하여 사용할 수 있는 범세계적인 조직이 될 수 있겠는가?

〈그림 11-3〉 프로젝트 및 조직을 위한 프로젝트관리

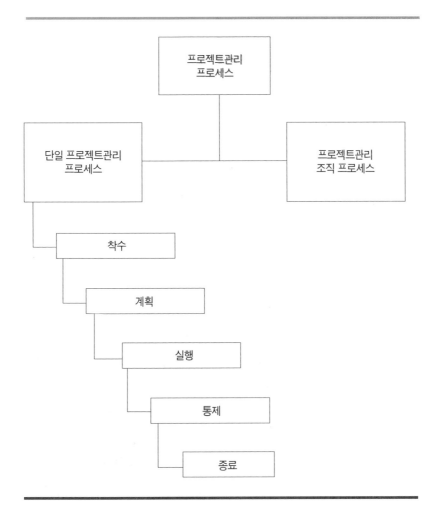

프로젝트 관리자를 어떻게 통제할 것인가? 즉, 이들이 조직 내의 누구에게 보고하고 어떻게 이들을 새로운 프로젝트 기법에 익숙해지도록 할 것인가?

모델을 이용한 성숙도 평가

성숙도 모델이 완전하려면, 프로젝트관리와 관계되는 역량과 광범위한 조직의 문제 두 가지에 집중해야 한다. 이것은 프로젝트관리 지식 체계의 모든 영역이 일반적인 프로젝트의 단계 속에 망라되어야 함을 의미한다. 그것은 또 프로젝트를 지원하는 사업을 검토해야 한다는 것이다. 그러한 방법 가운데 하나는 조직 문제 이외에 프로젝트관리 지식 체계를 프로젝트관리 프로세스와 교차시키는 설문 매트릭스를 만드는 것이다. 이것은 그림 11-4에 보이는 것처럼 프로젝트관리 협회의 연구 논문 '프로젝트관리의 이점*The Benefits of Project Management*'에 사용된 벤치마킹 설문서 작성에 이용되었다.

마이크로 프레임*Micro-Frame*이 개발한 모델은 이와는 달리 광범위한 조직의 문제에 관심을 기울인다. 이 모델의 프로젝트관리 성숙도 범주는 다음과 같다.

1. 리더십과 관리 프로젝트관리 기능의 최종적 효율성을 결정하는 인적 요인과 문화적 환경
2. 프로젝트 성과 관리 다중 프로젝트 조직 내부의 개별 프로젝트관리 및 통제
3. 문제/위험/기회 관리 프로젝트 데이터 분석을 설명하는 공식 프로세스와 잠정적 문제 관리, 위험 경감, 기회 이용에 대한 체계적 접근법

〈그림 11-4〉 프로젝트관리 벤치마킹 설문 사례

프로젝트관리 프로세스와 지식 분야	착수	계획	실행	통제	종료	프로젝트관리 조직 환경
범위관리	6	7	8	3	3	3
일정관리	1	2	12	1	1	1
원가관리	2	2	2	1	1	3
품질관리	1	2	3	3	3	1
인적자원관리	2	4	5	2	2	7
의사소통관리	5	3	12	7	2	1
위험관리	1	1	7	6	1	1
조달관리	1	1	1	1	1	2
통합관리	*	*	*	*	*	*

조사 보고서 '프로젝트관리의 이점'에 사용된 프로젝트관리의 구조적 벤치마킹 설문.
(숫자는 각 주제에 대한 설문의 수다)

* 는 질문하지 않았나 표시임. 조사보고서 착수 당시 통합관리는 PMBOK 내에 포함되어 있지 않았음.
이 표는 프로젝트관리 협회의 동의하에 윌리엄 입스<William Ibbs>와 파영춘의 논문 '프로젝트관리 조직의 벤치마킹'(1998)에서 인용·게재한 것임.

4. 다중 프로젝트관리 시스템 다중 프로젝트 프로세스와 시스템, 즉 프로젝트관리에 대한 제도적 체제
5. 관리정보 다중 프로젝트 조직의 프로젝트 정보의 흐름, 타이밍, 정보 내용, 그리고 정보매체
6. 정책과 절차 업무를 추진하는 방법을 설명하는 문서
7. 데이터 관리 프로젝트관리 데이터 기준
8. 교육과 훈련 프로젝트관리 관행을 정착시키는 데 이용하는 교육 훈련 프로세스 자료와 프로그램

이 8개 항목은 그림 11-5에서 볼 수 있듯이 42개 범주로 나누어지는데, 등급을 정한 후 성숙도 순위를 부여한다. 마이크로 프레임이 개발한 이 모델은, 단일 프로젝트관리와 관계 있는 전문 지식 분야에 주된 관심을 쏟는 것과는 달리 광범한 조직의 문제에 더욱 관심을 기울인다는 사실을 알 수 있다.

특별한 상황

1990년대 말 주요 기업들이 직면했던 Y2K 문제의 경우처럼 특별한 주의가 필요한 상황도 있다. 그들은 세기말에 컴퓨터가 월/일/연도 패턴에서 숫자 00이 2000이 아닌 1900으로 읽혀지는 해괴한 상황을 막아야 했다. 크게 혼동을 일으킨 데이터 시스템으로 인해 실제로 이러한 일이 벌어지면 기업들은 고객들이 불만을 품고 청구할 엄청난 금액의 손해 배상 청구와 소송 비용을 부담해야 한다. 이러한 프로젝트관리 상황은 독특한 것이므로 전반적으로 프로젝트관리 성숙도를 조사한다 해도 문제를 신속하게 해결하는 데 도움이 되지 않을 것이다.

〈그림 11-5〉 프로젝트관리 성숙도 사례

범주

리더십과 관리
- 임무
- 고객 중심
- 경력 포함
- 조직 구조

데이터 관리
- 책임
- 기능
- 경력

프로젝트 성과 관리
- 아키텍처
- 프로젝트 의사결정 지원
- 범위 관리
- 작업 승인
- 성과 기준(매트릭스)
- 목표 통제
- 규모 산정
- 자원 관리
- 일정 계획 개발

- 일정 관리
- 예산 작성
- 예산 관리
- 성과 측정 및 예측
- 변경 통제
- 품질 관리
- 하청 계약 관리
- 프로젝트 응용 도구

문제/위험/기회 관리
- 관리 프로세스
- 위험 관리

- 기회 관리

다중 프로젝트관리 시스템
- 조직 목표와의 연계
- 데이터 보전
- 의사결정 지원
- 시스템 규모 지원성

- 전문 지식 습득 및 재사용
- 프로젝트간 통합
- 인력 및 자원 관리
- 전사적 도구 및 절차

관리 정보
- 운영과의 관련성
- 기능간 데이터 통합

- 실적 집계
- 적시성과 정확성

정책과 절차
- 프로세스 모형
- 표준 절차

- 프로젝트관리 문서화

이 성숙도 모델에서 사용된 범주는 마이크로 프레임 테크놀로지*Micro-Frame Technology*에서 개발한 것이다.

이 표는 프로젝트관리 협회의 동의하에 론 레미*Ron Remy*의 논문 'Adding Focus to improvement Efforts with PM3' (1997)에서 인용 게재한 것임.

이러한 큰 혼란을 바로잡는 데는 특별한 조치가 필요하다. 한 가지 해결 방법은 특별히 이러한 형태의 프로젝트를 목적으로 하는 인증 프로그램을 사용하는 것이다. Y2K 프로젝트들의 경우, 미국 정보 기술 협회*the Information Technology Association of America*가 소프트웨어 생산성 콘소시엄*the Software Productivity Consortium*과 연계하여 ITAA2000이라는 프로그램을 개발하여 Y2K 문제를 해결할 수 있는 가장 뛰어난 기술을 보유하고 있는 회사를 알아냈다. 각 기업의 경영진들은 이 회사와 계약을 하거나 정식으로 승인된 제품을 구입하면 합법적인 절차와 프로세스가 갖추어진다고 확신한다. 즉, 이러한 절차와 프로세스를 적절하게 응용하면 프로젝트는 성공을 거두고 예정된 일자에 종결할 수 있다고 확신하게 된다.

프로젝트관리 성숙도의 결정 프로세스

한 조직의 성숙도를 평가하는 일은 절차를 적용하여 그 결과를 전달하는 것이다. 이에 관한 기본적인 방법을 소개하면 다음과 같다.

1. 초기 평가 적용할 PMM(프로젝트관리 성숙도) 프로세스에 대해 검토하고, 평가받은 조직에의 친숙도, 조사 대상 배포 결정, 과거 관련 평가에 대해 검토한다.
2. 킥오프 미팅 이 회의에서는 평가에 관여할 이해관계자들이 참석하여 평가의 목적과 범위, 조사 완료 일정에 대한 합의, 조사표 정렬 확인 등의 문제를 다룬다.
3. 정보 수집 및 초기 분석 이 단계에서는 조사 대상 자료의 수집 및 배포와 보완적 인터뷰로 이루어진다.

4. 취합 여기에는 자료 분석, 서면 보고서의 초안 작성 및 확정이 포함되는데, 이 보고는 구두로 할 수도 있다.

경험에 의한 성숙도 측정

조직의 의사결정권자들이 시간과 자원을 투자하려고 하지 않거나 프로젝트 성숙도에 대한 공식적인 연구에 필요한 경비를 꺼리는 경우, 단지 몇 시간 동안만이라도 검토해 보고 재조사해 보면 비공식적으로나마 평가를 내릴 수 있다. 내부 컨설턴트이건 또는 외부 컨설턴트이건 프로젝트관리와 조직 행동에 대해 교육을 받은 사람이라면 개략적으로나마 쉽게 평가를 내릴 수 있다. 신빙성 있고 신속한 평가방법은 다음과 같다.

1. 기본 구조, 방법론, 절차 프로젝트관리 지식 체계 지침을 프로젝트관리 능력을 평가하는 기초로 이용한다. 프로젝트관리 지식 체계의 절차와 비교할 때 조직 내의 프로젝트는 어떻게 수행되는가? 7장 '올바른 질문법'에서 제시하는 질문들을 참고한다.
2. 팀원들의 전문 지식과 능력 관리자와 전문가가 프로젝트관리에 대해 어느 정도 알고 있으며 어느 정도의 역량을 갖추었는지를 파악한다. 10장의 '프로젝트관리 역량'에서 설명하는 기준을 토대로 프로젝트 관련자들이 전문 지식과 역량을 어느 정도 갖추었는지를 평가한다.
3. 조직의 기초 사항 조직 내의 기술 및 행정적 지원, 프로젝트관리에의 집중도, 조직 차원의 보고 체제, 프로젝트 관리자의 관리 시스템 등 조직이 프로젝트관리 기초를 갖추었는지 평가한다. 프로젝트관리 지원 기능에 관한 자료는 5장을 참고한다.

다음 단계

일단 성숙도가 정해진 후에는 무엇을 해야 하는가? 예를 들어 경험적 법칙에 의해서든 과학적인 모델에 의해서든, 또는 독자적인 판단에 의해서든, 조직의 후원자들이 조직이 프로젝트관리에 완전히 성숙해지기 위한 단계에서 절반 정도—약 3단계 수준—의 단계에 이르렀다는 결론을 내린다고 치자. 그 다음 단계에서는 무엇을 해야 할까?

- **인식 제고, 홍보, 참여 권유** 프로젝트관리 성숙도 평가는 GPS(Global Positioning System, 위성을 토대로 하는 지상 확인 장치)를 판독하는 것과 같다. 그것은 우리의 현재 위치를 알려주지만, 우리가 가고자 하는 장소로 데려다 주지는 않는다. 조직의 성숙 수준을 알면 가장 효율적인 방법을 이용하여 완전한 프로젝트관리에 이르는 방향을 알 수 있다. PMM 평가가 프로젝트관리를 향상시켜 주지는 않지만 프로젝트관리에 대한 인식을 높이는 수단으로 이용할 수는 있다. 또 인식이 높아진다고 해서 문제가 해결되는 것도 아니지만, 회사 내부의 프로젝트관리 관행을 개선시키는 데 관심을 갖게 하는 데는 적격인 것이다. 회의와 토론회에서 이 문제를 제기하고 사보 등을 통해 홍보한다.
- **계획 수립** 평가를 통해 보완해야 할 분야를 지적한다. 예를 들어 회사에 위험관리 계획이 없을 경우, 구매 관리가 불안해지며 프로젝트 지원 오피스의 인력이 줄고 기술면에서도 뒤지게 되므로 이 분야를 개선의 우선 목표로 삼아야 한다. 프로젝트관리 성숙도를 증대시키는 계획에는 분명한 목적, 실행 전략, 이해관계자 관리 계획, 의사소통 계획, 활동 일정 등 우수한 프로젝트 계획이 담고 있는 모든 기초적인 사항이 포함되어야 한다.
- **실행, 통제, 조정** 대부분의 조직에서는 모든 것이 변화하기 때문에 프로

젝트관리 성숙도 개선 프로젝트도 통합이나 경영권 인수 발표, 구조 조정, 주주 변경, 또는 재원 삭감 등 프로젝트관리 자체를 어렵게 할 수도 있는 여러 가지 사건으로 인해 타격을 입을 수도 있다. 어느 프로젝트이든지 프로젝트를 기간 내에, 예산 한도 내에서 품질이 좋은 제품을 만들어내기 위해서는 여러 가지 시정과 조정이 불가피하다.

요약하면 프로젝트관리 성숙도는 프로젝트를 수행하는 데 있어서 조직의 효율성을 측정한다. 그것은 조직이 사업을 효율적으로 수행하는 방편으로서 프로젝트관리를 얼마만큼 수용했는지를 판단한다. 평가를 통해 조직은 프로젝트관리 현황에 대한 기초적인 상태를 인식하게 되며, 동시에 이를 향상시키는 단계를 설정하는 데 도움을 받게 된다.

프로젝트 관리자에 대한 금전적 보상과 동기부여 방법

원칙12 비즈니스의 성공과 직결되는 보상 정책은 프로젝트 관리자와 주요 팀원을 프로젝트에 계속 참여하게 하는 기본 요소로 프로젝트만큼 중요하다.

돈이라면 가능하지 않은 일이 없다. 돈을 통해 기술 습득, 업무 개발, 팀의 유연성, 지속적인 학습, 우수한 실적 등을 독려할 수 있다. 이 모든 것은 프로젝트를 성공적으로 관리하는 것과 깊은 관계가 있다. 금전적인 유인책이 프로젝트관리를 원활하게 한다는 것을 어떻게 확신할 수 있는 가? 실제로 보상 제도를 살펴보도록 하자.

과거의 보상 제도는 경력에 따라 시행되었다. 직위가 한 단계씩 올라감에 따라 책임과 권한이 커졌다. 급여 역시 승진과 보조를 같이했다. 그러나 오늘날 그 승진 사다리는 가로대가 부러진 채 땅바닥에 뒹굴고 있다. 과거의 급여 체제에 문제가 생긴 것이다.

계층적 급여 체제는 팀을 토대로 하는 업무 환경과 잘 어울리지 않는다. 프로젝트 팀은 프로젝트 완료에 대한 보상을 받는 것이며, 조직의 승진 사다리를 오르기 위한 노력에 대해 보상을 받는 것이 아니다. 과거의 기능적 계층 체계와 편협한 보수 등급으로 인해 프로젝트의 성격이 다양한 시장 상황에 보조를 맞추려는 조직의 노력은 제약을 받을 수밖에 없다. 그림 12-1은 팀 보상 정책을 입안할 때 고려해야 할 사항들을 설명하고 있다. 프로젝트 팀 보상 정책을 강구할 때 가장 먼저 고려해야 할 문제를 찾아내 보상 제도 입안을 위한 기초로 이용할 수 있을 것이다.

균등하고 유연한 제도를 입안하려는 경향 때문에 조직은 보상에 대해 광범위한 접근책을 실시하며 편협하고 제한적인 보수 등급제를 피해 왔다. 이로 인해 직위와 등급의 수가 줄어들었고, 급여 범위가 확대되어 관리자급이 아닌 여타의 사람들에게도 혜택이 주어졌다. 광범위한 환경에 적합한 세 가지 보수 체계를 소개하면 다음과 같다.

1. 기술을 기준으로 하는 보수 이 보수 형태는 능력을 갖춘 사람과 이들이 습득한 기술에 대한 보상이며, 이들이 수행하는 직무에 대해서만

〈그림 12-1〉 팀 보상 제도 입안에 따르는 주요 이슈들

- 팀 보상 형태 고려:수익 분배, 능력, 팀의 공적, 고정 금액, 혼합 형태
- 프로젝트 성과와 조직 성과와의 동일화
- 팀 인센티브 지급에 필요한 재원
- 팀 보수와 개인 보수와의 관계
- 다수의 팀 관여자에 대한 정책
- 각기 다른 도전에 대한 팀 사이의 공평성
- 팀 핵심 멤버와 비핵심 지원 인력 사이의 관계
- 팀원 대 비팀원에 대한 정책

적용한다. 회사는 특별한 배려로 보상의 대상이 되는 기술을 업무 수행의 필요 조건으로 삼아야 한다. 기술을 기본으로 하는 보수 체계를 통해, 역량이 증대되면 보수도 많아진다는 점을 직원들이 인지하게 된다. 그것은 또 이들이 자신들의 성장 욕구에 따라 근무하도록 유도한다. 프로젝트관리 기술의 개발 또한 프로젝트화한 회사에서 기술을 토대로 하는 보수 체계의 한 부분이 될 것이다.

2. **경력 개발을 기준으로 하는 보수** 광범위한 보수 체계 하에서 시행되는 경력 개발 보수 제도는, 직원들이 업무를 수평적으로 변경하여 유연성, 경험, 전문 지식을 증대하면, 이를 회사가 보상하는 것이다. 역할(관리자에서 직원으로), 전문적 기능(판매 담당에서 생산 담당으로), 생산 라인(A에서 B로), 프로젝트 형태와 규모(소규모 관리 프로젝트에서 대규모 건설 프로젝트로) 등이 변할 때 이러한 지급 체계를 사용할 수 있다. 보상은 일반적으로 조치를 취할 때 이루어지며 변경의 정도에 준한다. 이러한 직무 변경에 의한 평균 급여 증가율은 10%다. 경력 개발 보수는 팀을 토대로 하는 환경에서 효과가 매우 높을 수 있다. 그것은 기술을 토대로 하는 보수 체계와 같이 프로젝트에 참여하고 있는 사람들이 비즈니스에 대한 전문 지식을 넓혀 보다 유연한 팀을 만들도록 유인하기 때문이다.

3. **공로 상금** 한때 일정한 성과 기대치를 충족시키는 직원들에게 현금을 지급한 적이 있었는데, 이러한 지급 형태는 성과를 거두면 바로 보수로 연결된다. 이러한 공로 보상의 규모는 직원들의 관심을 끌 수 있는 정도면 충분하다. 따라서 공로 상금은 특수한 과업이나 프로젝트의 실행과 직접 관련이 있다는 점을 모두에게 분명히 해 두어야 한다. 이것은 특히 보수 체계의 최상층에 있으면서 뛰어난 실적을 토대로 자극을 더 받아야 할 사람들에게 적용된다.

이러한 세 가지 보수 형태는 기술 습득, 수평적 경력 개발, 팀 유연성, 지속적인 학습, 그리고 우수한 성과를 유인하는 방책이 되는데, 이 모두 프로젝트를 성공적으로 관리하는 것과 밀접한 관계가 있다. 이러한 보수 체계를 적절하게 시행하면 프로젝트를 성공시키고 그 결과 조직이 목표 하는 실적을 달성할 수 있다.

휴윗 어소시에이츠*Hewitt Associates*가 시카고 대학교 경영 대학원과 공동으로 추진한 연구는 이 사실을 증명해 준다. 이 연구에 나타난 437개 전문 무역 회사로부터 입수한 자료에 따르면, 직원의 성과를 관리하면서 우수한 성과에 대해 보상하는 정책을 실행하는 회사들은 전통적인 관리 방식과 보상책을 실시하는 회사의 실적을 크게 능가하는 경향이 있다고 밝혔다. 특히 성과 관리 정책을 실시한 205개 회사들이 그렇지 않은 232 개 회사들보다 우수한 성과를 올려 이윤 증대, 현금 유통 향상, 주가 상승, 직원당 판매량 증가, 전반적인 생산성 증대로 이어졌다는 사실을 밝히고 있다. 또한 실행 성과 관리 시스템을 새로 도입하여, 어려움에 처했던 회사들이 3년 내에 흑자 전환하여 주주 수익이 24.8%나 증가했고 직원당 판매액이 99,000달러에서 193,000달러로 향상되었다고 보고하고 있다.

유인책이 효과를 발휘하기 위해서는 다음과 같은 프로젝트 환경이 갖추어져야 한다. 즉, 주요 업무와 전문 지식이 상호 의존적이고, 그룹간에 긴밀한 상호 작용이 이루어져야 하며, 팀에 의한 문제 해결에 역점을 두고, 성과는 (대체적으로) 측정이 가능해야 한다. 그러나 팀을 토대로 하는 유인책을 실시하는 데에 문제점도 많다. 직원과 관리자는 새로운 개념에 대해 저항하는 경향이 있기 때문이다. 성공 여부는 주로 성과를 올바르게 측정하는 것과 성취 가능한 성과 기준을 정하는 데 달려 있다. 작업 프로세스에 대한 책임과 예상 결과 또한 적절하게 정렬해야 하며 그러한 시스템을 통해 개인의 성과에 대해 적절하게 보상해야 한다.

기술을 기준으로 하는 보수 체계

기술을 기준으로 하는 보수 제도는 수익 분배, 팀 인센티브, 변동 수당, 이윤 분배, 스톡옵션, 개인 유인책, 개별 인센티브 등 다른 보상 제도와 함께 이용되는 때가 많다. 가장 눈에 띄는 점은 수익 분배 방식을 취한다는 것이다.

연구에 의하면, 기술 기준 보수 체계를 이용하거나 이 체계를 많이 이용하는 회사들은 '종합적 품질 관리(TQM)' 운동 및 독립 관리 팀의 효율성을 증대하고자 하는 회사들이다. 국내 또는 외국에서 치열하게 경쟁 압력을 받는 회사들도 기술 기준의 보수 체계를 이행하고 기타 혁신책을 실험할 가능성이 많다.

오늘날 영구불변한 직업은 점차 사라지고 있으며, 보수 체계 역시 역동적이고 프로젝트 위주의 사업 방식으로 변화해야 한다. 과거의 보수 체계는 사람 중심이 아닌 일자리 중심(이미 소멸된 개념)이었으므로 이러한 새로운 환경에 적합할 수 없다. 초점이 일자리 중심에서 사람 및 프로젝트 임무 중심으로 옮겨지면, 임무를 수행할 수 있는 기술을 보유하고 측정 가능한 성과를 올리는 사람을 보상해야 하는 문제가 대두되는 것이다. 특히 프로젝트화한 조직에서는 계층적 보수 체계가 적당하지 않다. 그림 12-2는 간략한 매트릭스로, 시장 등급과 관련하여 역량과 성과에 따른 적절한 보상책을 제시해 준다.

향상된 성과와 높아진 인센티브는 기술과 실적 바탕의 보수 체계에서 높은 보수를 유지하게 된다. 그러나 새로운 보수 체계에는 함정이 있게

<그림 12-2> 역량과 성과에 따른 보상 방식

	낮은 성과	중간 성과	높은 성과
낮은 역량	MR 이하	MR 이하	MR 이하
중간 역량	MR 이하	MR	MR 이상
높은 역량	MR 이하	MR 이상	MR 이상

MR : 시장 가격

마련이다. 함정 몇 가지를 소개하면 다음과 같다.

1. 회사의 준비 미비 조직이 계층적 의사결정 프로세스에서 탈피하여 팀을 토대로 하는 비즈니스 체제로 전환하지 않는다면, 혁신적인 보수 계획은 장벽에 부딪힐 가능성이 있다. 조직의 계층 구조를 해체하고 문화적으로 변신한 후에 보수 정책을 대대적으로 개편하는 것이 가장 좋은 방법이다.

2. 새로운 인센티브 체계 모델인 슈퍼스타의 부재 보수 체계를 개정한다 해도 선두주자가 없으면 효과가 없다. 그 경우 성과가 높은 조직으로부터 역량 평가 기준을 구한 다음, 다시 이를 역량과 성과에 대한 이상적인 표준으로 이용할 수 있다.

3. 회사의 종합 정책과 관련된 보수 영역의 통제 불능 뛰어난 성과를 올린 사람이 회사 내에서 합리적이고 만족스럽게 여기던 사항을 엉망으로 만들 수 있다. 시장 가격이 성과가 뛰어난 직원을 보상하는 의도를 방해하지 않으면서도 보상액을 결정하는 데 이용된다면 보상 정책은 일정한 틀 내에 고정시킬 수 있다. 그러나 기술과 실적을 토대로 하는 보상 개념은 제약을 받는 구조를 완화시키고 보상 대상을 확대시킨다.

프로젝트는 성격상 팀에 의해 실행되는 것이므로 팀을 기준으로 하는 보상 정책을 통해 프로젝트와 조직의 성과를 최대화해야 할 필요가 있을 때 보상 제도는 효력을 발휘한다. 그러나 개개의 조직마다 특색이 있으므로 프로젝트 팀원들에 대한 보상 방식에 일괄적인 공식은 없다.

그러나 프로젝트 팀 보상 정책을 고안할 때 고려해야 할 제일 중요한 문제를 점검하여 보상 체계의 기초로 활용할 수 있다. 그러한 문제들은 그림 12-1에 설명되어 있다.

돈이 모든 것은 아니지만, 어느 현자의 말처럼 돈은 10대 자녀들에게도 영향력을 행사하게 해준다. 물론 많은 다른 요인들이 생산성에 영향을 끼친다. 그러나 프로젝트 위주의 조직에서 실제적인 의미를 갖는 보상책이 아닌 다른 많은 유인책들은 실패로 끝나거나 겉치레로 인식되기 쉽다.

10달러를 쓸 수 있다면

자원이 부족한 상황에서 일반적으로 현명한 경영진들은 보상 대책을 세우기 전에 자원을 어떻게 효과적으로 사용할 것인가를 생각하라고 권면한다. 인력 개발 분야에 사용할 재정이 부족하면 보상책, 각종 수단, 교육 훈련비 등은 선택적으로 지불해야 한다. 프로젝트관리에 적역인 사람을 프로젝트 관리자로 선임하면 프로젝트관리의 70%는 성공을 거둔 셈이기 때문이다. 일단 프로젝트관리에 적역인 관리자가 선발되면 보수 체계가 주요 이슈로 떠오르게 되므로 당사자는 프로젝트에 매력을 느끼게 되고 이를 끝까지 완성하게 된다.

프로젝트 관리자를 선발하는 기준은 10장에서 역량 문제를 다루면서 논의한 바 있다. 이 장에서 기본적으로 다루는 보수와 기타 동기 유발적인 요인들은 얼마나 선택을 바르게 하느냐에 달려 있다. 보수나 실행 단계에 있는 동기 유발적인 기술이 아무리 많아도 개인의 성격이 업무 수행에 맞지 않으면 아무 소용이 없다. 관리자를 선택한 후에 합당한 보수 정책을 고안하고 핵심적인 동기 유발적 요인들을 빠짐없이 망라하면 프로젝트 관리자들의 실적을 향상시키는 데 도움이 될 것이다.

금전 이외의 보상 체계

사람의 마음을 사로잡는 보상 제도야말로 프로젝트 관리자와 기타 중요한 프로젝트 요원들을 자극할 수 있는 확실한 수단이다. 그들은 이 보상 정책을 통해 안정감을 느끼고, 자신들의 일이 인정받고 있으며, 회사 내에서 자신의 입지가 강화되고 있음을 깨닫게 된다. '노력한 만큼 받는다' 라는 말대로 보상 정책을 실행하는 회사는 프로젝트의 중요한 자리에 고급 인력을 확보할 수 있다.

보상은 프로젝트 관리자를 자극하여 생산성을 높이고 근면한 분위기를 조성하여 비즈니스를 확대할 수 있을 만큼 충분해야 한다. 적어도 오늘날의 소비 위주의 사회에서는 직장을 결정하는 데 있어서 금전적인 요인이 높은 순위를 차지하기 때문이다.

그러나 동기 유발에 관한 연구 결과에 의하면, 금전이 실질적인 동기를 부여하지 못한다고 한다. 프레더릭 헬츠버그*Frederick Herzberg*는 자신의 대표적인 연구에서 금전을 사람들이 기대하는 다른 요인들과 같은 등급에 놓았다. 오히려 그는 사람들이 다른 요소(적당한 조명 및 작업 분위기와 관련된 물리적인 항목들)들이 미비하면 업무에 흥미를 느끼지 못한다고 주장했다. 그러므로 좋은 작업 환경과 시장 수준으로 보수를 많이 받는다고 해도 모든 사람들이 반드시 즐거워하지는 않는다는 것이다. 물론 사람들은 보상을 기대한다. 문제는 보상이 충분해도 한결같이 즐거워하지는 않지만, 그러한 요소들이 없을 경우 불만을 터뜨린다는 것이다.

헬츠버그의 오랜 세월에 걸쳐 효과가 입증된 이론에 신빙성이 있다고 가정할 경우, 이것은 후한 보수 정책만으로는 생산성을 증대시키는 결과를 낳지 않는다는 것이다. 그러므로 생산성을 높이기 위해서는 여러 가지 동기 유발적인 요소들을 잘 혼합시켜야 한다. 프로젝트 관리자는 도전적인 것을 좋아하고 흥미롭고 새로운 기회를 만들어낼 수 있는 사업을 추구하며, 공동 상승 효과를 창출해 낼 수 있는 상황을 기대한다. 대부분의 프로젝트 관리자들을 살펴보면 자수성가형이 많으며 많은 성과를 거둘 수 있는 상황을 선호한다. 또한 프로젝트 관리자들 중에는 인정받기를 열망하는 사람들도 있다. 그런 경우에는 훈장, 격려 및 명판이 중요할 수도 있다. 프로젝트 관리자와 기타 프로젝트 주요 인사들을 고무시키는 몇 가지 방법을 소개하면 다음과 같다.

- **긍정적인 피드백** 퉁명스럽고 완고한 프로젝트 관리자라 해도 자신들이 인정받고 있다는 사실을 깨닫게 되면 유쾌해지기 마련이다. 그러므로 연말 시상식이 있을 때까지 기다릴 필요가 없다. 시시때때로 서면으로 또는 대화를 통해 격려해 주고, 친근한 내용이 담긴 쪽지를 보내기도 하며, 몸짓으로 고마움을 표시하는 등 비공식적 형식을 통해서라도 칭찬해 주라. 최고 정상을 향해 뛰어난 성과를 얻고자 하는 프로젝트 관리자의 의지를 고무하는 데 큰 도움이 될 것이다.
- **직위** 조직에서 일을 성사시키는 사람들은 프로젝트 관리자들이다. 그들은 진행중인 모든 변화에 대해 실질적인 책임을 진다. 그들은 저명 인사

들과의 교제, 특별 수당, 작업 환경 면에서 자신의 직위에 어울리는 대우를 받을 만하다.

- **전략 계획 수립에 참여** 프로젝트 관리자들은 자신들이 적어도 부분적으로나마 스스로의 운명을 좌지우지하고 있다고 느끼고 싶어한다. 그들을 전략적인 단계, 즉 실행 이전의 단계에 참여시키면 "계획은 우리가 세우고 실행은 당신들이 한다"라는 불평을 완화시키는 데 도움이 된다.

- **지원** 프로젝트 관리자가 프로젝트를 에워싸고 있는 혼란을 잘 극복해 내기 위해서는 지원이 필요하다. 권력과 정치적인 지원은 상부로부터, 시스템, 절차, 그리고 재정적인 지원은 조직 자체로부터 받아야 한다. 지원을 받는다고 느끼는 프로젝트 관리자는 프로젝트 목표 달성에 대한 동기가 유발될 가능성이 높다.

- **명확한 지침** 프로젝트 관리자들은 기본 규칙이 무엇이고, 그러한 규칙 제정 방법과 규칙의 변경 가능 방법에 대해 알고 싶어한다. 명확한 목적과 방향은 임무 수행을 위한 기본 원칙이다.

- **개인적 취향** "사람이 다르면 대하는 방법도 다르다"는 말은 이 경우에 적용된다. 개개의 프로젝트 관리자마다 업무를 처리하는 방식이 다르다. 만약 관리자가 업무를 자유롭게 스스로 처리하는 유형이라면, 고위 관리자들은 책임과 범위를 분명하게 밝힌 프로젝트 헌장에 따라 관리자를 영입해야 한다. 한편 프로젝트 관리자가 참여하기를 좋아해서 "우리 함께 해 보자" 하는 유형이면, 중역들은 관리자와 때때로 자리를 동석할 준비를 해야 한다. 프로젝트 관리자는 사람들이 자신의 스타일에 적응하기를 기대한다.

점차 증가하는 연구 결과에 의하면, 오늘날 일자리를 찾는 사람들은 일과 삶의 문제를 금전보다 더 중요하게 여긴다고 한다. 이러한 현상은 프로젝트 관리자들도 마찬가지이다. 최근 미국 노동부가 집계한 실업률 수치를 보면 지난 25년 동안에 가장 낮다고 한다. "오늘날 구직자들은 최고 수준의 보수보다는 기업 문화와 장기 성장에 대해 더 많은 관심을 갖는다." 회계, 금융, 정보 기술 분야의 전문 인력 서비스 회사인 '로버트 하프 인터내셔널Robert Half International Inc.'의 조사 연구 책임자인 린 테일러Lynn Taylor의 말이다.

이미 근무하고 있는 프로젝트 관리자의 동기를 유발하는 데에도 같은 논리가 적용된다. 많은 프로젝트 관리자들은 높은 수준의 보수를 보장해 준다고 해도 부정적이고 경색된 작업 환경에서는 근무하려 하지 않는다. 재능이 뛰어난 사람들 중에는 보수는 적지만 전망이 밝고 보다 진보적인 기업 문화를 갖고 있는 회사에서 근무하려고 하는 사람들이 많다.

베이비 붐 시대에 태어나(1946-1965년 사이) 오늘날 성인이 된 많은 직장인들은 지난 10년 사이에 일어났던 기업 통합 열풍과 구조 조정을 감안할 때 장기적인 것, 즉 잠재력과 안정성에 가장 많은 관심을 보인다. 프로젝트 관리자들 중에는 단기적으로 최고의 보수를 보장받기보다는 승진 기회, 주식 매입 선택권, 자녀들의 교육비 지원, 교육 기회, 개인 또는 회사 실적과 연계된 보너스 제도, 퇴직금 적립 제도 등의 혜택을 고려하는 사람들이 많다. 또한 그들은 보다 친근하고 보다 유연한 직장―근무 시간 자유 선택 제도, 자유 복장제도, 재택 근무, 일자리 공유, 장기 휴가, 작업 현장 내부의 체육관 시설과 아동 보육 시설 등 인간적인 배려와 편의를 제공하는 직장―에 보다 높은 가치를 부여한다.

그러나 이러한 구성 요소들을 갖추고 있는 작업 환경은 매우 드물며, 지원, 개인 지도, 협조와 같이 눈에 보이지 않는 요소 또한 눈에 보이는 작업 환경 못지않게 중요하다. 가치를 인정받는다고 느끼는 직원들은 회사에 더욱 충성하고 성실히 일하기 때문이다. 이렇듯 직원들의 마음을 편안하게 해주는 작업 환경은 매우 기본적인 사항이 되었다. 임시 전문가들―프로젝트 관리자들이 이 경우에 속할 때가 있다―역시 긍정적인 작업 환경을 선호한다. 회사는 보상의 양적인 측면보다는 질적인 측면에 더욱 집중함으로써 기본적인 보수 제도와 특별수당 제도 외에 동기 유발적인 환경을 창출할 수 있어야 한다.

어려운 때의 동참

조직이 변화를 추구하는 단계에서 조직 개편, 구조 조정, 인원 감축과 그 밖에 사기를 떨어뜨리는 일과 직면할지라도 프로젝트 관리자들을 변화 프로세스에 개입시키면 오랫동안 조직에 더 머무르게 할 수 있다. 더치 홀랜드 *Dutch Holland*와 산지브 쿠마 *Sanjiv Kumar*는 《*PM Network*》의 논문(1996년 6월)을 통해 '전통적인 조직에서 전사적 프로젝트관리 원칙에 따라 통제받는 조직으로의 이행' 등 어려운 변화의 시기에 팀원 및 관리자들의 사기를 모두 높일 수 있는 참여 모델을 설계했다. 이들에 따르면, 조직 내 개인들은 자신들이 가야 할 방향 또는 조직이 지향하는 목표를 알아야 한다고 한다. 이들은 새로운 방법으로 작업을 수행하는 기술, 새로운 방향에 초점을 맞추게 하는 인센티브, 자신들의 성공을 보장해 줄 자원의 이용, 그리고 출발점을 알려주는 행동 계획 등을 필요로 한다. 조직 구성원들은 이 모든 요소들을 갖추어야만 자신들의 사업 수행 방법을 개혁하는 일에 충분히 동참하고 있다고 느낄 수 있다(그림 12-3 참조). 인센티브 또는 보상책이 빠지면, 모든 사항이 기본적으로 똑같은 상태에 머문다는 사실을 유의해야 한다.

인센티브가 다른 관리 요소에 미치는 상대적 영향

돈 이외에 다른 것도 중요하다

프로젝트 관리자들은 돈을 포함한 여러 가지 요인에 의해 동기를 부여받는다. 돈은 뛰어난 성과를 올리도록 자극하며 동시에 기술 습득, 경력개발, 팀의 유연성과 지속적인 학습에 대한 동기를 부여할 수 있다. 충분한 보수는 프로젝트 관리자와 기타 주요 프로젝트 관계자들을 적절하게 자극할 수 있다.

그러나 효과적인 보상 정책을 시행한다 해도 그것 한 가지만으로는 생산성을 증대시키지 못할 수 있다. 동기 유발에 대한 연구에 따르면, 금전이 실제적인 자극제가 아니라고 한다. 프로젝트 관리자와 팀이 생산성을 신속하게 증대시키려면 여러 가지 요인들, 즉 긍정적인 의견 수렴, 직위와 업무에의 지위 부여, 전략 문제에의 참여, 지원 능력, 명확한 지침, 개성 존중 등을 조화롭게 혼합해야 한다.

chapter 13

의 사 소 통 : 유 선 인 가 , 무 선 인 가 ?

원칙 13

전사적 프로젝트관리에서 의사소통은
조직 전체의 목표 정렬에서부터 개인간
의 의사소통을 망라한다.

KPMG/Peat Marwick의 고위 관리자인 레이 보데커 *Ray Boedecker*는 컴퓨터 하드웨어, 컴퓨터 통신망, 컴퓨터 소프트웨어, 응용 개발, 기술 전문가 등 고도로 복잡한 비즈니스 프로세스를 성공적으로 개발할 수 있었던 자신의 비법을 이렇게 설명한다. "기도하고, 힘껏 달려라. 기대치를 항상 조정하라. 그리고 의사소통하는 법을 배워라."

흔히 첨단 기술 프로젝트와 관련하여, 방법론과 도구가 논리적으로 연관된 프로세스를 통해 의사소통 데이터를 관리할 것이라고 가정한다. 그러나 실제로 그러한 방법론과 도구가 프로젝트에 관한 의사소통의 복잡성이 감안된 시스템에 완전히 통합되는 일은 드물다. 방법론과 도구는 미묘하고 허무한 인간적인 요소와 이러한 요소들이 의사소통에 미치는 영향을 고려하지 않는다.

프로젝트관리에서의 모든 일은 의사소통에 의존하는 만큼 프로젝트관리에서 의사소통은 매우 기본적인 요소이다. 누군가가 처음으로 프로젝트를 구상하면 의사소통을 반복하여 힘을 결집하고 프로젝트로 공식 제의되는 것이다. 프로젝트 승인은 의사소통에 따르는 두번째 장애물이다. 많은 관계자들이 그 아이디어에 동의해야 하기 때문이다. 프로젝트 착수 및 계획 단계에서는 결정을 내릴 수 있도록 정보의 교환 및 체계화에 관한 정보를 전달해야 한다. 이렇듯 성공적으로 프로젝트를 수행하려면 의사소통에 의존할 수밖에 없다. 데이터를 적시에 전달하고 매일 세심하게 조정해야 하기 때문이다. 프로젝트를 완료하여 고객에게 인도하는 것도 프로젝트 팀과 완료 프로젝트를 운영할 사람들 사이의 밀접한 상호 작용에 의존한다. 따라서 프로젝트의 성공은 의사소통의 질과 비례하는 것이다.

프로젝트 수행 단계에서 빚어지는 마찰은 대부분 원만한 의사소통이 이루어지지 않는 데서 그 원인을 추정할 수 있다. 의사소통이 제대로 이루어지지 않으면 난처한 일이 발생할 수 있다. 한 예로 건설중인 공장 현장에서 보내온 메모에 이렇게 씌어 있었다. "두번째 오버헤드 크레인의 구입 현황이 어찌 되었나요?" 토목 기계 공학에 관한 정보가 없는 기계 설계 담당 직원들은 그 메모를 흥미롭게만 생각할 뿐 제대로 대처하지 못하다가 뒤늦게 크레인 하나만으로는 공장 이곳저곳을 옮겨 다닐 수 없다는 사실을 깨달았다. 이 때문에 중요한 작업을 다시 해야 했고 많은 사람들이 얼굴을 붉혀야 했다.

논리 전제 탐구 : 가치 있는 시간과 노력의 투입

의사소통의 확고한 기반을 구축하기 위한 첫번째 단계는 기본 가정*as-sumption*을 정확하게 선별하는 것이다. 이것은 마치 여러 조직 내부에서 진행되고 있는 모든 의사소통 속에서 금을 찾아내는 일만큼 어려운 일이다. 의사소통이 일반적으로 옳다고 믿어지는 전제를 토대로 한다면, 소음 없이 명확하게 전달되고 수신될 가능성은 높아진다. 즉, 그것은 정보를 주고받는 사람들에게는 금덩어리인 셈이다. 의사소통이 제대로 이루어지면 다양한 전제하에서 운영하기 때문에 생기는 잘못된 결정을 줄일 수 있고 비용이 많이 드는 재작업을 하지 않아도 되는 것이다.

적절한 전제를 확인하여 이해관계자들에게 말로 전달하기는 쉽다. 예를 들어 보트 경기를 시작하기 전에 선수들에게 서로 공동 운명체라는 사실을 확실히 해두는 것처럼 간단한 일이다. 혹은 남성 4부 합창 단원들이 화음을 내기 위해 협력하는 것과 같다. 당사자들이 동일한 기본 전제에 입각한다면 상호 이해가 가능하다. 공통된 가정이나 전제에서 출발하면 효과적으로 의사를 전달할 수 있다. 그러나 공통된 가정을 찾는다는 것은 결코 쉬운 일이 아니다. 가정은 이를 믿는 사람들에게는 자명한 진리라고 생각되기 때문이다. 하나의 생각을 전달하려고 하는 사람에게 가정은 너무 분명한 것이어서 이를 남에게 이해시키려고 하지 않는다. 그로 인해 의사 전달 문제가 대두되는 것이다.

초소형 프로젝트, 제품 출시 프로젝트, 초대형 프로젝트

첫번째로 혼합된 전제를 사용했을 경우에 의사 전달 문제가 발생한다. 브라질의 극기 훈련 코스에 기술을 제공하는 미국 회사가 있었다. 시방서에는 벽체에 쓰일 여러 가지 판재 및 나무토막과 그 지역에서 구할 수 있는 고품질의 목재들이 준비되어 있었으며 자재에 대한 구체적인 설명이 첨부되어 있었다. 그러나 품질이 뛰어난 브라질 목재는 미국 업자가 의중에 둔 소나무보다 밀도가 훨씬 높았으며, 이 때문에 판재가 너무 무거워 설계대로 목재를 사용할 수 없었다. 또 목재로 짓는 '기어오르는 벽'은 예상보다 길이가 세 배나 더 길었다. 목재를 똑같이 본 것이 문제였다. 이처럼 틀린 전제 때문에 구멍을 약간 더 파야 했고, 시간과 경비가 더 소요되었다. 이 경우 목재의 밀도에 대한 공통된 가정이 없었던 것이다.

두번째로 뚜렷한 수요가 없는 제품을 생산했을 때 문제가 발생한다. 3M의 아트 프라이*Art Fry*는 1974년 어려운 회사 여건 속에서 포스트 잇 *Post-it* 접착제를 상품화하기 위해 여러 가지 장애를 극복하기 위한 조치를 취했다. 수많은 기술적, 정치적인 장애를 잘 처리했지만 시장을 조사해 본 결과, 그는 회사에서 생산한 포스트 잇 접착제에 대한 수요가 전무한 상황에 직면해야 했다. 마케팅 부서의 전제에 따르면, 종래의 조사로도 이러한 제품에 대한 수요를 충분히 측정할 수 있다는 것이었다. 프라이는 마침내 그 전제를 밝혀 제품이 너무 생소하여 소비자들이 실제로 사용해 보지 않으면 그 용도를 떠올릴 수 없을 것이라는 결론을 내렸다. 결국 3M은 견본을 무료로 배포하는 상업적인 노력 끝에 성공을 거둘 수 있었다.

마지막 사례는 대규모 프로젝트에 의사 전달 문제가 발생한 경우이다. 1993년 10월 19일 미국 연방 하원은 '초전도 초대형 입자 가속기 프로젝트*Superconducting Super Collider Project*'를 취소했다. 이것은 우주 생성에 관한 근본적인 문제에 해답을 얻기 위해 고안된 프로젝트로, 물리 소립자 분쇄기를 설치하는 110억 달러 규모의 엄청난 사업이었다. 그런데 다음의 적어도 세 가지 정확하지 못한 전제 때문에 프로젝트 수행 중에 의사소통에 장애가 생겼고, 결국에는 프로젝트가 폐기되기에 이르렀던 것이다.

1. 규모가 작기는 하지만 이와 유사한 프로젝트를 성공적으로 관리한 과학자들이라면 대규모 프로젝트가 지닌 특수한 난점을 성공적으로 다룰 수 있을 것이라는 전제 사실은 과학자들과 에너지성의 감독관들을 혼합해 놓았기 때문에 이들은 기본적인 프로젝트관리 문제와 정치적인 압력에 제대로 대처하지 못했음이 밝혀졌다.
2. 일반 대중들이 프로젝트를 지지할 것이라는 전제 대중들은 기본적으로 프로젝트 목표가 애매하면 무관심하고 당황해한다.
3. 팀의 구축과 행동적인 이슈는 과학 프로젝트와는 관련이 없다는 전제 프로젝트가 폐기되기 한 해 전인 1992년에야 SSC는 마지못해 몇 가지 팀 통합 세미나를 시작했고, 이러한 세미나들에 고위 관리 팀은 참석하지 않았는데, 사실은 이 사람들이 가장 큰 관심을 보여야 했다.

논리 전제 탐구:아주 쉽게 접근

효과적인 의사소통이 이루어지려면 결정을 내리게 된 근거를 밝혀내는 것이 관건이다. 그것은 수레 앞에 말을 놓는 것처럼 누구나 다 알고 있는 첫 단계다. '전제에 대한 인식'은 직관적인 능력이 아니라 결정을 좌우하는 가정을 찾아내는, 마치 탐정에게 필요한 능력에서 비롯된다.
전제를 밝혀내는 데 기초적인 방법들은 다음과 같다.

- **나의/우리의 전제** 새로운 상황에 부딪치면 직감으로 판단하지 말고 처음 생각하게 된 동기를 기록한다. 결정을 내리는 집단의 일원인 경우 그룹 사고groupthink를 하고 자신의 가정을 발표한다.
- **당신의/그들의 전제** 다른 당사자들과 협상할 때 그들의 입장을 알면 유리해진다. 솔직한 질문이 매사를 분명하게 할 때도 있다. 상대방의 가정을 알아보기 위해서는 탐구적인 질문이 필요하다.
- **기타 전제들** 아무도 생각해 보지는 않았지만 타당한 전제들이 있을 수 있으며, 브레인스토밍을 통해 여러 가지 가능성을 검토할 수도 있다.

명확한 전제는 명확한 의사소통을 뜻하는가?

관련자들이 모두 인정하는 명확한 전제는 장거리에서 우주를 관찰하는 지상 관측소와 비유할 수 있다. 구름 낀 날에 망원경을 실험하면 실패하기 마련이다. 의사소통도 가정이 명확하지 않으면 마찬가지다. 그러나 청명한 날씨처럼 투명한 전제라고 해서 항상 실험이 성공한다거나 장애 없이 의사소통을 할 수 있다는 것은 아니다. 이 두 가지는 모두 생각보다 훨씬 복잡한 프로세스를 가지고 있다.

의사소통 이론은 간단하고 잘 알려져 있지만, 바로 이 간단하다는 것 때문에 전달자의 사고 프로세스가 지치게 되고 실수할 가능성이 많다는 사실이 간과될 수 있다. 의사소통은 우리의 마음속에서 추상적인 지적 개념으로 시작한다. 그리고 그러한 개념은 다른 정신 프로세스를 통해 대개는 구두 또는 단어나 데이터 형태로 부호화한다. 그 부호는 어떤 매체를 통해 그 메시지를 받게 되어 있는 사람에게 전달된다. 전달 프로세스에서는 음량, 어법, 속도와 같은 요인들이 작용한다. 유선 전화나 공중

전자파 같은 매체는 의사소통 프로세스에 영향을 미친다. 의사소통 채널 상의 소음이 메시지를 왜곡하거나 어느 정도 이를 방해하기 때문이다. 그러므로 수신기를 조절하여 매체로부터 메시지를 추출해야 한다. 수신하는 측이 일단 메시지를 접수하면 부호를 풀어 해독하여 이를 지적 개념의 형태로 재구성한다.

의사소통 프로세스는 짧은 순간이지만 각 단계가 존재하며, 단계마다 의사소통을 방해할 가능성이 존재하는 것이다. 정보를 능률적으로 전달할 개연성은 극히 낮다. 개념화, 부호화, 전달, 매체, 수신, 해독, 또는 해석에 조금이라도 차질이 생기면, 모든 전제가 한 점으로 완전히 집중한다 해도 엄청난 의사소통 두절 상태가 야기될 수 있다. 정보를 효율적으로 전달하기 위해서는 모든 의사소통 단계가 효율적으로 운영되도록 관심을 가져야 한다.

의사소통이 효과적으로 이루어지지 못할 상황이라면 이러한 미묘한 프로세스에 유의하기 위해 사전 대책을 강구해야 한다. 결국 프로젝트의 성패 여부는 조직을 향해 날아가고 그 주위에서 소용돌이치며 빙빙 도는 의사소통 전파에 달려 있다. 불리한 조건을 다른 방향, 즉 건전하고 생산적으로 정보를 전달하는 방향으로 바꾸는 방법 몇 가지를 소개하면 다음과 같다.

프로젝트의 관점에서

프로젝트 관리자는 의사소통의 지도자 역할을 한다. 정보를 효율적으로 전달하는 대표적인 방법은 프로젝트 의사소통 계획을 이용하는 것인데, 여기에서는 원활하고 정확한 정보 유통을 보장하는 데 필요한 행동을 설명한다. 정보 공유의 핵심으로부터 일반적인 원칙과 개념을 분리하는 두 가지 단계를 기초로 프로젝트 의사소통 계획을 수립할 수 있다.

- **1단계 의사소통 계획** 이 계획 단계에서는 다음과 같은 의사소통 전제들이 세워져야 한다. "인트라넷 의사소통은 선호하는 채널이다. 실행 항목은 주기적인 조정 회의에서 결정된다. 의사소통 실행은 프로젝트 의사소통 정책으로, 정보를 전달받는 사람이 최초 의사소통에 응답하고, 이에 항변하거나 시정을 제의할 책임이 있다는 뜻이다." 일단 이러한 전제들이 세워지면 종합적인 의사소통의 흐름을 '누가, 무엇을, 언제, 어떻게'라는 관점에서 설명한다. '누가'는 프로젝트 관리자, 프로젝트 스폰서, 공급업자, 기능 관리자 등 프로젝트 이해관계자들을 가리킨다. 그 다음 개개의 이해관계자에게 적절한 정보의 종류, 정보를 전달하거나 접수해야 하는 시기, 의사소통 방법을 설명한다.
- **2단계 의사소통 계획** 이 단계에서는 정보의 흐름을 상세하게 계획한다. 이 계획은 모든 프로젝트 관계자들과 이들 각자의 정확한 역할(정보를 발송하고 승인하며, 정보를 받는)을 나타내는 매트릭스 형태로 표현된다. 1단계 계획이 의사소통의 배경을 설명하는 데 비해 2단계 계획은 정확하게 누가 어떤 행동을 취할 것인가를 설명해 준다.

조직의 관점에서

프로젝트화한 조직에서 고위 중역들은 적절한 의사소통 프로세스가 갖추어지도록 건전한 의사소통 분위기를 조성할 책임이 있다. 전사적 프로젝트관리의 본질 그 자체는 의사소통이 프로젝트 수준 및 조직 수준 두 가지 측면에서 효율성을 갖도록 보장해 주는 것이다. 그러한 의사소통이 행해지는 방법은 조직이 어떤 프로젝트 조직 구조를 이루고 있느냐에 달려 있다. 조직에서 프로젝트에 관심이 많은 사람이라면 누구든지 솔선 수범해서 프로젝트관리를 위한 1단계 계획을 개발해야 한다. 만약 5장에서 설명한 바와 같이 프로젝트 책임자가 있다면, 계획 입안 책임은 프로젝트 책임자에게 있다. 아니면 프로그램관리 오피스, 프로젝트관리 전문센터 또는 프로젝트 지원 오피스의 직무를 수행하는 누군가가 이 일을 맡아야 한다.

의사소통에 있어서의 몇 가지 미묘한 점들

의사소통은 목표가 달라지면 접근법도 달라지는 복잡한 프로세스이다. 다양한 장벽을 극복해야 하며, 상황이 크게 바뀌어도 정보를 효과적으로 전달할 수 있어야 한다. 의사소통에 따르는 미묘한 문제 몇 가지를 소개하면 다음과 같다.

데이터, 일치, 헌신에 대한 에너지 수준 측정

의사소통에 소요되는 에너지 수준은 의사소통 목적에 따라 다르다. 데이터 전달이 의사소통의 유일한 목적이라면 비교적 소음이 없는 매체를 통해 데이터를 정확하게 전달하는 시스템으로도 충분하다. 그러나 이전에 설정된 목적이나 목표에 대한 일치를 보장하기 위한 정보를 전달하는 게 목적이라면 에너지를 증대시킬 필요가 있다. 이 경우 수신자가 실제로 정당한 이유로 정보를 사용하고 해석하는지 확인하기 위해 피드백 루프가 필요하다. 일치를 보장하기 위해서는 단순히 데이터를 전달하기보다는 많은 노력을 기울여야 하는 것이다. 또한 의사소통 목적이 일치에 그치지 않을 때 보다 많은 에너지 수준이 요구된다. 의사소통 목적이 헌신, 복종 또는 열정적인 참여를 이끌어 내는 것이라면, 의사소통에 투입되는 에너지는 최고 수준이어야 한다.

보잉*Boeing*사를 유럽의 경쟁 상대인 에어버스*Airbus*보다 한 단계 앞서게 했던 777팀의 리더 필 콘디트*Phil Condit*와 알란 멀랠리*Alan Mulally*가 바로 그 경우이다. 그들은 리더로서의 대부분을 헌신을 유도하는 데 사력을 다했다. 즉, 팀에게 세계 항공 시장이 전례 없는 변화를 겪었다는 것과 보잉의 장래가 걸린 조마조마한 도전에 직면했음을 확인시키는 데 목표를 두었다.

"의사소통에 투자한 것을 그로부터 얻어낸다"라는 말이 유행이다. 그러므로 데이터 전달 수준의 노력만으로는 일치를 이끌어낼 수 없을 것이다. 또한 일치 수준의 의사소통 노력만으로는 직원들을 헌신하게 할 수 없을 것이다. 의사소통으로부터 목표한 것을 얻는 비결은 데이터 전달, 일치 또는 헌신 등 의사소통의 중요한 목적을 밝히고 그 목적을 만족시키기 위해 필요한 에너지를 의사소통에 투입하는 것이다.

의사소통에 장애가 되는 요인

프로젝트 의사소통의 노정에는 장애물이 많다. 이러한 장애물은 개별적으로 또는 집단적으로 돌출하여 우회하게 하고 시간을 낭비하게 한다. 프로젝트에 관한 의사소통에 방해가 되는 몇 가지 장애물을 소개하면 다음과 같다.

- 지리적 요인 프로젝트 작업은 점차 여러 곳으로 확대되어 가고 있다. 전자통신이 더욱 발전하고 여행 경비 절감이라는 압력을 받기 때문이다. 이

론적으로는 전파를 통한 의사소통이 가능하다고 하지만, 지리적으로 확산된 프로젝트 업무는 개인간의 직접적인 의사소통이 용이하지 않게 되고, 따라서 프로젝트관리의 중요한 내용들도 원활하게 전달되지 못하게된다. 지리적인 문제를 해결하는 방법으로는 의사소통 감사, 화상 회의, 전원이 참석할 수 있는 정기적인 회의가 있다.

• **개인적인 성향** 개인의 관심, 자아, 그리고 개인적인 취향은 프로젝트 의사소통에 큰 혼란을 초래한다. 이러한 것들은 권력과 정치 형태로 나타나 6장에서 논의한 바와 같이 이해관계자들에게 큰 영향을 미친다. 누구든지 출신 배경이 다르고 정보를 각기 다른 방법으로 처리하기 때문에 프로젝트 정보를 전달하는 사람에게 특별한 부담을 주게 된다. 개인적인 취향이 다양하므로 개인의 의사를 존중하는 접근법, 즉 프로젝트 관계자들의 개성을 고려한 접근법이 필요하다.

• **문화** 루마니아 사람들이 고개를 위아래로 끄덕이면 무엇인가를 부정하거나 거부한다는 뜻이다. 또한 어떠한 사실을 인정하거나 찬성을 표시할 때는 머리를 앞뒤로 흔든다. 그러므로 루마니아 사람과 대화할 경우 이들의 긍정과 부정, 찬성과 거부 표시를 구별하기 위해서는 주의를 크게 집중해야 한다. 문화적인 관습 때문이다. 미국 사람들은 아주 낯선 사람에게도 이름을 부르면서 친근하게 대하지만 일본인들은 정중하게 형식을 갖춘다. 그들은 가족을 제외하고는 이름을 부르는 일이 거의 없다. 미국에 근무하는 일본인 중역들 중에는 지역 문화에 따라 '밥' 이나 '테드' 같은 별칭을 사용하고 이름을 비공개하는 사람도 있다. '이타이푸 비나쵸날 수력 발전 프로젝트*Itaipu Binational Hydroelectric Project*'는 파라과이와 브라질을 연결하는 프로젝트로 이 프로젝트가 아니었으면 두 나라는 파라나 강에 의해 분리되었을 것이다. 1980년대에 댐이 건설되는 과정에서 두 나라는 언어와 문화 때문에 갈등을 겪기도 했다. 포르투갈어를

사용하는 인구 1억 3천만 이상의 고도로 산업화된 브라질과 불과 인구 300만의 스페인어를 사용하고 농업에 종사하는 파라과이는 서로 융화되기가 힘들었던 것이다. 그러자 두 나라의 문화 차이가 프로젝트에 큰 영향을 주고 있다는 사실을 파악하고는 공식적으로 '문화 프로젝트'를 출범시켜 언어와 이질적인 문화를 극복할 수 있었다.

상황이 다른 경우

의사소통은 여러 가지 배경과 환경에서 발생하며, 상황에 따라 의사소통의 과제가 달라진다. 즉, 프로젝트 의사소통 계획은 상황이 달라질 때마다 다른 요건을 고려해야 한다.

1. 같은 시간, 같은 장소 '무대에서, 현장감 있게' 진행되는 회의, 의견 발표, 일대일 토론, 그리고 당사자들이 참석한 가운데 전개되는 행사가 바로 이 경우에 속한다. 이러한 상황에 조직적으로 대처하기 위해서는 전자 칠판과 같은 시청각 수단 또는 표준 플립차트 등 적절한 도구를 사용해야 한다. 장비를 충분히 갖춘 회의실, 접견실, 휴게실 등과 같이 용이하게 의사소통할 수 있는 곳과 사생활 보호를 동시에 만족시킬 수 있는 기능적 배치도 조직의 필수 사항이다. 의견 발표 능력 숙달, 회의 관리, 개인적 지도 역량에 대한 훈련도 별도로 갖추어야 할 사항이다.

2. 다른 시간, 다른 장소 의사소통이 동시에 행해지지 않는 이 경우에는 자동 응답기, E-메일, 컴퓨터 회의 등의 방법을 사용할 수 있다. 이러한 수단들을 사용하면 지역적으로 멀리 떨어져 있어도 각기 다른 시간에 정보를 발송하고 접수하면서도 조직적인 상호 작용이 가능하게

된다. 이에 대한 대부분의 훈련은 현장에서 이루어진다. 그러나 발송 대상 선정, 응답 지침에 관한 훈련이 이루어져야 하며 음성 메일보다 E-메일을 선호한다거나 그 반대의 경우 등을 고려해야 한다.

3. 같은 시간, 다른 장소(온라인) 전화는 멀리 떨어져 있는 사람과 의사소통을 가능하게 해주는 도구로 오랫동안 많은 도움이 되었다. 장거리를 연결하는 다른 방법으로는 화상 회의가 있다. 단점은 실제로 상대방과 연결하는 것과 전화 규약을 지키기가 통상적으로 어렵다는 것이다. 또한 비디오를 통해 회의를 할 경우 지역적으로 떨어져 있는 회의를 관리한다는 게 문제가 된다. 필요하다면 컴퓨터를 통해 다른 컴퓨터와 온라인상으로 대화를 할 수 있다.

4. 같은 장소, 다른 시간(근무 교대) 직원들이 같은 시간에 근무하지 않는 사무실은 근무 교대의 전형적인 형태다. 같은 장소에서 직원들은 근무 시간을 자유롭게 선택하거나 교대할 수 있으며 교대 작업의 성격상 직원들의 사무실 출입이 잦다. 이 경우에는 E-메일, 음성 메일 등이 유용한 수단이며, 공식적인 일일 의사소통 방식(교대 보고, 일상적인 통지 사항을 게시판에 게재, 점검)도 유용하다.

프로젝트와 기업 전반에 관해

의사소통의 질은 프로젝트를 추진하는 데 주요한 성공 요인이다. 실제로 프로젝트관리에서 발생하는 모든 문제의 해결 여부는 의사소통을 얼마나 효과적으로 하느냐에 달려 있다. 그러므로 프로젝트 차원에서 특별한 관심을 가지고 원활하고 정확한 의사소통이 이루어지도록 해야 한다. 2단계 프로젝트 의사소통 계획은 원활하고 정확한 의사소통을 가능하게 하는 효과적인 방법이다. 그 원리를 전사적 차원의 프로젝트관리에 적용하면, 즉 조직 차원에서 적용하면 보다 광범위하게 의사소통을 전개할 수 있다.

chapter 14

모 든 것 의 종 착 점

 원칙14 프로젝트관리는 계속 새로운 모습을 기대하는 변화에 대한 요구에 부응할 것이다.

　저술가 톰 피터스*Tom Peters*는 '별난 미래'에 대한 자신의 예측이 아무리 어리석다 해도, 자신이 처음 구상한 비전이 표면적으로는 성급해 보였지만, 실제로 자신은 보수적이었다는 사실이 현실적으로 입증되었다고 말한 바 있다. 모든 일은 그가 처음에 생각했던 것보다 놀라우리만큼 빨리 일어났다. 이렇듯 미래를 예측한다는 것은 이를 직업으로 하는 사람에게조차 어려운 일이다.

　피터스는 꽤 오랫동안 프로젝트관리에 대해 찬사를 보내고 있다. 그는 프로젝트관리는 사업을 추진하고 회사를 성과 위주의 사고방식을 갖추도록 하는 한 방법이라고 생각한다. 그는 프로젝트를 토대로 하거나 전사적 프로젝트로 변신하는 프로세스에 있는 회사들을 그 예로 든다.

그 중에는 EDS, CNN, Imagination, Oticon, Ingersoll-Rand와 Union Pacific Railroad 같은 회사들이 있다.

1992년 피터스는 프로젝트관리에 대해 '다가오는' 으뜸 기술이라고 지적한 바 있다. 산업이 계속 성장한다고 볼 때, 이제 우리에게 2천년대가 다가왔으므로 프로젝트관리는 더 이상 다가오는 것이 아니라 이미 도래했음이 분명하다. 프로젝트관리는 조직 전반에 확산되고 있으며, 이 끊임없는 변화의 시기에서 점차 기본적인 관리 기술로 인식되고 있다. 프로젝트관리 복음은 이처럼 점점 확산되어 변하는 세태에 적응해 가고 있다. 이와 관련하여 21세기 전반에 일어날 수 있는 상황에 대해 설명해 보고자 한다.

세계화

지구 곳곳의 많은 기업들은 여러 해 동안 진행되어 오고 있는 세계화 운동의 영향을 받고 있다. 광활한 무대에서 세계적으로 손꼽히는 각 업계 최고의 주역들은 자신의 영역을 확고히 굳혀 가고 있다. 규모가 작은 회사들은 국제적인 조직들과 관계를 맺어 시대에 뒤지지 않도록 할 것인지, 아니면 세계 시장으로부터 이탈하여 세계 거대 기업의 촉수 속에서 지역에 한정되어 생존할 것인지를 선택해야 한다. 프로젝트는 사회적, 정치적 영향을 받는 것이므로 그 규모 역시 커지는 추세에 있다. 프로젝트관리가 국제 시장을 통해 더욱 확산됨에 따라 정보의 적시성과 정확성이 중요해지고 있으며 이종(異種) 문화 팀들을 조정해야 하는 큰 부담을 갖게 되었다. 따라서 주요 전문 조직들은 국제 수준의 프로젝트관리를 정착시켜 수익을 올려야 하는 것이다. 벡텔, EDS, IBM, ABB와 같이 프로젝트화한 기업들의 경우도 마찬가지로, 이들 기업들은 프로젝트를 성공적으로 마무리하고 프로젝트와 관련된 기술을 다른 회사에 전수해 줌으로써 기업을 운영해 간다. 비교적 작은 규모인 프로젝트관리 교육 프로그램 전문 업체인 ESI(조지 워싱턴 대학과 관련되어 있음), 프로젝트관리 소프트웨어 업체인 프리마베라*Primavera* 또한 국제적 고객지원 체제와 전문 지식을 갖추어야 한다는 압력을 받고 있다.

프로젝트관리 협회와 같은 조직들도 프로젝트관리와 관련된 모든 조직을 고려하여 공식적인 지식 체계의 확대를 꾀하고 있다. 프로젝트관리에 관한 국제 심포지엄에 관여하는 PMI와 관계를 맺고 있는 세계 포럼 *the Global Forum* 또한 세계적 프로젝트관리에 따르는 이종 문화 문제를 다루고 있다. PMI를 포함한 전 세계 표준 조직들로 구성된 특별 세계 프로젝트관리 표준 위원회는 국제 표준화를 지향하고 있다. 전 세계의 프로젝트관리 조직들은 세계화에 따른 어려움을 완화하기 위해 어느 때보다도 더욱 긴밀하게 정보를 교환하게 될 것이다.

세계화 추진의 주체와 방법

프로젝트관리는 그 모습이 변하고 있다. PMI의 조사 결과에 의하면 프로젝트관리에 종사하는 여성의 수가 증가하고 있으며(PMI 자격증 위원회의 '프로젝트관리 계획(PMP)' 조사 응답자 중 18%가 여성이었다) PMI 일반 회원의 여성 비율도 급증하는 추세에 있다. 사회적 대형화를 예측하는 사람들은 1990년대 초 이후 시장에서의 여성들의 힘이 증대될 것이라고 예고해 왔다. 이러한 추세는 다음 세기에도 계속되어 여성이 여러 가지 프로젝트관리 노력에서 남성을 능가하게 될 것이다.

1995년에 실시된 한 조사에 의하면, 《PM Network》 지의 평균 독자층은 44세의 남성이었다고 한다. 그런데 점차 평균 연령이 하향하고 있다고 한다. 프로젝트관리 행사가 열리는 회의장 복도를 지나다 보면 이러한 사실을 확인할 수 있는데, 특히 소프트웨어 개발이나 그 밖의 새로운 기술과 관련되는 프로젝트의 현장을 방문해 보아도 마찬가지 현상을 볼 수 있을 것이다.

프로젝트 팀들도 더욱 이종 문화의 양상을 띨 것이다. 특히 세계 각지에서 모인 여러 전문 분야의 그룹들이 실제로 프로젝트를 관리할 때 그러한 현상이 두드러질 것이다. 따라서 프로젝트 팀원은 다양성에 대한 새로운 인식과 이종 문화적인 환경의 관리 역량을 확대해 나가야 한다. 미국의 인종은 계속 다양해지고 있으며 금세기 중반에 이르면 백인이 미국 내에서 소수를 차지하게 될 것이라고 예측한다. 흑인계, 아시아계, 히스패닉계 미국인을 합치면 백인계 미국인의 수를 크게 앞지를 것이다. 따라서 미국 내에서도 팀원들 사이의 다양성은 늘어날 추세다.

프로젝트에 심취하는 사람들도 계속 증가할 것이다. 이들은 자신이 어느 팀에 속해 있든지 팀의 승리를 위해 열정적으로 경기에 임하는 NBA 선수들과 같은 존재들이다. 프로젝트에 심취한 사람들은 회사 내부와 외부의 고용 시장 양쪽에서 끊임없이 기회를 포착하려고 한다. 이들은 중세 길드 시대의 장인과 같이 회사나 직장이 아닌 일 자체, 즉 프로젝트관리라는 전문 직종에 최선을 다한다. 따라서 프로젝트관리 전문가는 회사뿐만이 아니라 업종, 경제 영역, 국경을 더욱 자주 넘나들 것이다.

'빛보다 더 빠르게'

시간은 어디에서나 동시에 존재하는 것이므로 전세계에서는 프로젝트를 마감 시간에 맞추어 완료할 것을, 그것도 동시에 완료할 것을 요구한다. 프로젝트 완료 시간에 대한 이 아코디언식 압력으로 인해 어떤 사건이 일어날 경우, 보다 동시적이며—유사한 활동들이 동시에 많이 진행된다—보다 신속한 반응을 보이게 된다. 점차 증가하는 시간 압박을 해결하는 데에 세계화는 유리하게 작용한다. 이제 프로젝트는 세계 곳곳에 전략을 적절하게 배분함으로써 하루 24시간 동안 큰 성과를 거두어들일 수 있다. 예를 들어 설계는 인도에서 하고 물자는 유럽에서 조달하여 아르헨티나에서 조립할 수 있다. 옛날 대영 제국이 그러했던 것처럼 프로젝트 사업은 결코 해가 지지 않는다.

하루를 24시간 이용하는 추세는 더욱 늘어날 것이며, 이러한 추세는 프로젝트관리와 일치한다. 달력의 페이지를 넘기는 것이나 똑딱거리는 시계와의 전쟁이 바로 프로젝트의 성격과 유사하기 때문이다. 이러한 시작과 끝이 있는 성격 때문에 프로젝트는 다른 운영 형태에 비해 주목을 받는 것이다. 시간이 사업의 성공 여부를 평가하는 중요한 측정 기준이 되므로 프로젝트는 더욱더 성공의 길잡이로 인식되는 것이다.

기술

기술의 발전은 끊임없이 프로젝트관리 능률을 촉진시키는 효과를 가져다 준다. 특히 원거리 통신 시스템이 세계적으로 더욱 신뢰를 얻게 되면, 프로젝트는 보다 신속하고 효율적으로 관리될 수 있을 것이다. 수준 높은 이미지와 문서 없이 업무를 처리하는 능력 또한 번거로운 절차를 줄이고 생산성을 높여줄 것이다. 팩스는 박물관에 전시될 것이고, 인터넷은 정보를 제공할 뿐만 아니라 키 몇 번만 두드리면 놀라울 만큼 강력한 소프트웨어가 될 것이다. 인터넷이 실용적인 전력선만큼 신뢰를 받게됨에 따라 독립형 고성능 마이크로 컴퓨터가 더욱 인기를 끌 것이며, 따라서 언제든지 컴퓨터 통신망을 이용하면 신형 소프트웨어를 이용할 수 있을 것이다.

프로젝트관리 소프트웨어, 특히 단일 프로젝트관리의 경우는 사용하기가 더욱 쉬워질 것이다. 다중 프로젝트 상황과 전사적 환경에서 더욱 복잡한 소프트웨어도 이용할 수 있을 것이다. 지금 몇몇 소프트웨어 패키지를 통해 기업 전체를 토대로 하는 프로젝트 통제를 제의하고 있지만, 미래의 패키지는 다른 회사 시스템과의 공유 영역을 제공하여 다중 프로젝트를 통합적으로 관찰할 수 있게 될 것이다. 이러한 시스템은 고도로 유동적이기는 하나 회사가 현재 사용하고 있는 관련 시스템과 조화를 이루기 위해서는 설치할 때 커스터마이징 주문에 맞추어야 할 필요가 있을 것이다.

한편 기술이 발전하면 프로젝트에 관한 의사소통과 데이터 취급이 용이해지겠지만 프로젝트 자체는 더욱 복잡해질 것이다. 따라서 고도의 전문화가 필요하며 동시에 프로젝트 관련자들은 지식 기반을 넓혀야 한다. 이들은 기초 기술, 프로젝트관리 시스템, 그리고 프로젝트 수행과 관련된 조직의 문제 등 여러 주제에 정통해야 할 것이다. 기술이 프로젝트의 요구를 충족하지도 못하면서 복잡성만 가중시키면 위험이 더 커진다. 이러한 상황은 프로젝트 기술의 통합, 지원 시스템, 프로젝트 팀, 그리고 조직 전체에 더욱 부담만 가중시키는 결과를 초래하게 된다.

전사적 프로젝트관리 문화를 향해

프로젝트관리의 급상승은 1980년대 품질 운동과 유사한 궤도를 보이고 있다. 품질 관리(품질 기준에 미달되는 부품은 거부)는 품질 보증으로 발전하여(개개의 부품보다는 프로세스 자체를 검사), 여러 형태의 총체적 품질 경영(뛰어난 성과를 얻기 위해 조직의 모든 부문을 올바르게 관리하는 것)으로 발전했다.

지금까지 프로젝트관리의 핵심은 단일 프로젝트관리 기법에만 제한되어 있었으나 최근에는 다중 프로젝트관리에 대한 관심이 더욱 높아지고 있다. 앞으로는 전사적 프로젝트관리처럼 더욱 전체적인 견해에 초점을 맞출 것이다. 프로젝트관리를 조직적으로 이용하는 문제에 대해 주요 기업들이 새롭게 자각하고 있지만, 사실 이 개념은 이미 1990년대 초부터 널리 통용되어 왔다. 그럼에도 불구하고 대부분의 기업들이 시류에 편승하는 데는 몇 년이 더 걸릴 것이다.

이제 미래의 기업들은 스스로를 계층적, 기능적 조직으로 인식하지 않고, 끊임없이 변하면서 계속 부활하는, 그리고 보다 신속하고 보다 저렴하고 효율적으로 완성되어야 하는 프로젝트 포트폴리오로 구성된 기업으로 인식하게 될 것이다. 따라서 기업은 프로젝트관리 문화를 구현하게 될 것이며, 프로젝트 관리자는 프로젝트관리의 기초에 정통하게 될 것이며, 당연히 프로젝트관리 개념을 단일 프로젝트와 회사 전체 프로젝트의 두 가지 상황에 적용하게 될 것이다. 프로젝트관리는 기업 문화의 일부로 정착할 것이며, 이제 그 문화는 전통적 기업과는 달리 통합 시스템, 훈련된 직원 등 제도화된 지원을 통해 더욱 강화될 것이다.

지난해 성탄절 만찬과 같은 경험

과거에는 통용되었던 것이 앞으로는 통용되지 않을 수도 있다. 과거에는 그다지 효과가 없었던 것이 훌륭한 해결책으로 변할 수도 있다. 이미 한 해가 지나 기억에도 없는 지난 해 성탄절 만찬처럼 작년의 프로젝트 역시 그렇다. 작년 성탄절에서 몇 가지 교훈을 얻기는 하겠지만, 올해는 사정이 크게 달라질 것이다. 예를 들어 언제나 맛있는 애플 파이를 만들어 오던 할머니가 금년 성탄절에는 만들 수 없을지도 모른다. 이집트 출신 무슬림 교환 학생 두 명이 만찬에 참석할 것이다. 사촌 프레니에게 칠면조 알레르기가 생겼다. 게다가 늘 음식을 준비하던 아버지는 병원 당직을 서게 된다. 성탄절 만찬과 마찬가지로 올해의 프로젝트는 비록 작년에 수행되었던 프로젝트이긴 하지만 많은 변화를 겪게 될 것이다.

1980년대 자동차 시장은 개념 구상에서 시장 진입에 이르기까지 5년이 걸렸다. 점진적으로 개선이 되었지만 1990년대에 달성되었던 24개월 이내 수준에는 도달하지 못했다. 생산 주기를 60% 줄이기 위해서는 낡은 생산 방법을 폐기하고 비약적인 기술 발전을 실현해야 했다. 미지의 해역을 항해하기 위해서는 민첩성과 긴급 대책이 핵심 요소이다. 위험 평가는 점차 복잡해진다. 항상 변화하는 상황에 적응하기 위해 전략은 유연해야 한다.

많은 프로젝트의 경우, 변화는 올해의 성탄절 만찬이나 다음 해의 신차 모델보다 훨씬 역동적으로 일어난다. 새로운 제품을 생산하기 위해 조립 라인 전체를 폐기해야 했던 제조업체들도 있었다. 카본 복사지, 타이프라이터, 카뷰레이터, 백과사전 등을 생산해 해는 제조 업체의 입장이 되어 보라. 아마 과거의 경험은 새로운 대체 생산품을 고안해 내는 데 도움이 되지 못했을 것이다. 프로젝트화된 새로운 세계에서 생존하고 발전하기 위해서는 새로운 시각이 필요하다.

정글로 돌아가기

모든 프로젝트 노력은 더욱 치열해질 것으로 보인다. 현대를 사는 우리들은 이웃과의 주차 문제를 두고 경쟁을 해야 하는 등 언제나 치열한 경쟁 관계 속에 놓여 있다. 비즈니스를 하는 과정에서도 세계 곳곳에서 경쟁을 해야 하므로 새로운 욕구를 충족시키기 위해서는 새로운 제품과 서비스가 필요하다. 또한 불안정하게 끊임없이 변화하는 물리적 환경뿐만 아니라 이러한 변화와 밀접한 관계가 있는 경제 상황에 대해서도 적응을 해야 한다. 그 한 가지 방법은 정글의 세계로 되돌아가는 것이다. 잡아먹히지 않기 위해 사력을 다하는 정글의 세계에서처럼 기업들은 시간을 투자하여 철저하게 점검하고, 새로운 기회를 포착하기 위해 항상 채비를 갖추어야 한다.

이처럼 자극으로 가득찬 현실 세계에서 생존하기 위해서는 융통성 있는 정치적 전략, 유연성 있는 기업 운영, 고도의 능률적인 정보 시스템, 그리고 내부 의사결정 프로세스가 필요하다. 정글의 세계처럼 야만적인 환경에서는 위기 대책이 필수적이다. 프로젝트는 회사의 전략 방향과 일치되도록 보다 전략적인 면에 집중해야 하며, 이를 위해 전략을 더욱더 감지해야 하는 프로젝트 관리자와 보다 프로젝트식으로 사고하고 생활해야 하는 고위 중역이 공동으로 책임을 져야 한다.

내부로부터의 직업적 전망

프로젝트 책임자, 지도자 및 조언자로서의 프로젝트 관리자, 회사의 모든 직원은 프로젝트 관리자라고 할 수 있다. 세상은 급변하고 있다. 프로젝트 분야는 비즈니스를 추진하기 위한 기본적인 수단에서 미래의 가장 역동적인 직종으로 매우 빠른 속도로 변화해 가고 있다. 이것은 프로젝트 관리직에 종사하는 사람들에게는 놀라운 사실이 아니다. 《*PM Network*》 칼럼니스트 그레그 헛친스*Greg Hutchins*가 프로젝트 관리자들에게 '미래에 대해 어떻게 생각하느냐' 는 질문을 던지자 그들은 다음과 같이 답변했다.

"21세기 프로젝트관리는 두 개의 상호 모순적인 추세로 특징지어질 것이다…새로운 기술이 출현하여 프로젝트 팀원들이 점차 효율적인 방법으로 세계를 통괄하는 업무를 수행할 수 있을 것이다…적극적인 청취, 협상 방법, 갈등 해결, 문제 해결, 의사소통, 영향력 행사, 그리고 기타 리더십 기법 등 프로젝트관리 기술을 다시 중시하게 될 것이다."

— 윌리엄스 루글스*Williams S. Ruggles*, PMI 회장,

루글스 어소시에이츠*Ruggles & Associates*

"지금까지는 프로젝트에 관여하는 사람들의 수를 명확하게 파악할 수 있었지만 가까운 미래에는 관리자, 엔지니어, 경영자, 심지어 비서 등 많은 사람들이 프로젝트 관리자가 될 것이다."

— 브루스 테일러*Bruce Taylor*, GTW 부사장

"미래의 프로젝트관리의 리더는 여러 지역으로 분산되어 있는 팀까

지 관리하게 될 것이다. 24시간 근무하면서 인도, 유럽, 북미 지역에서
업무를 수행하는 프로젝트 팀을 세계 곳곳에 배치하는 것은 일상적인
일이 될 것이다."

—스티브 와이드너*Steve Weidner*, 보잉 사 매니저

"전통적인 장기 계획은 일일 업무 처리 방식에 비해 효율성이 더 떨
어져 보이며 때로는 불가능하거나 심지어 위태로워 보이기까지 한다.
시간의 흐름에 따른 조직의 발전에 대한 책임을 누가 질 것인가? 이것
은 프로젝트 관리자의 몫이다…… 복잡한 프로젝트가 한창 수행중일
때 직면하는 혼란스러운 상황은 오히려 조직의 발전에 최상의 기회를
제공해 준다."

—밥 드레슬러*Bob Dressler*, OD 컨설턴트

"미래를 염두에 둔다면, 교사는 가장 중요한 프로젝트 관리자일 수
있다. 우리의 미래는 수업을 계획하고 강의실을 관리하면서 품질 향
상 팀 모임에 참석하고 새로운 기술을 연구하면서 학생 개개인의 발전
을 위해 역량을 집중할 수 있는 이들의 능력에 달려 있다."

—행크 린드버그*Hank Lindborg*, 국립 품질 향상 연구원 회장

"'프로젝트 관리자'라는 단어는 모순된 용어가 될 것이다. 현존하
는 것을 변화시키고 새로운 것을 창안해야 할 필요성은 먼 미래에도
계속되겠지만, 기술은 그러한 변화를 실현하는 방법을 바꾸고 있다.
좌뇌가 수행하는 많은 능력은 논리적이고 법칙에 토대를 두고 있으며
고도로 체계적이라고 하지만 컴퓨터가 내장된 아날로그에 자리를 내
어주고 있다. 이러한 구조는 현재 프로젝트 관리자가 수행하는 관리

기능의 많은 부분을 제거하게 될 것이다. 정보 집중화 프로젝트는 가장 먼저 새로운 기술을 이용할 것이다. 시간이 경과함에 따라 IT 프로젝트에는 이를 완성하는 데 필요한 인력이 점차 줄어들 것이며 프로젝트 관리자 역시 여기에 포함될 것이다."

―스탠 스미스*Stan Smith*, 밀레니엄 마케팅 사장

"미래의 관리자들은 자원을 용이하게 동원하여 통합하는 전문가들이다. 그들은 기술적 문제를 직접 통괄하는 지휘자이거나 해결사가 아니다. 그들은 그저 '프로젝트 관리자'일 뿐이며, 시스템과 프로세스 개발, 자원 개발, 임무, 팀의 역동성을 이해할 필요가 있을 것이다."

―페이지 카터*Page Carter*, 시립대학 교수

"미래의 프로젝트관리에서는 인적자원관리 능력을 필요로 할 것이다. 미래의 프로젝트 관리자는 고객이 가장 원하는 것을 파악해 내고 그것을 만들어 제공할 수 있는 기술 능력을 확보해야 한다."

―존 랄*John Rall*, 랄 어소시에이츠*Rall and Associates*

"나는 프로젝트관리의 미래를 상호 작용 시스템의 순환으로 본다. 즉, 컴퓨터를 이용하여 재택 근무를 하면서 의사를 소통하고 상담하는 사람들이 더욱 증가할 것이다. 생활의 질 문제가 더욱 중요한 문제를 차지하게 될 것이다…. 현장에서 근무하는 시간은 줄어들 것이고 집에서 근무하는 시간이 많아질 것이다. 업무는 프로세스 지향적이 될 것이며 직원들 중에는 전문가가 더욱 많아질 것이다. 강하고 거대한 회사와 함께 강한 초소형 회사가 존재할 것이며, 중간 규모의 회사는 많지 않을 것이다. 프로젝트관리는 성과를 거두게 되어 있다. 왜냐하

면 대규모 회사들이 소규모 회사들의 강점을 이용하는 방법이기 때문이다. 새로운 기술을 효과적으로 이용하는 회사와 기술의 변화를 거부하는 회사의 차이는 명확해질 것이다."

—펜 스타우트*Pen Stout*, 스타우트 컨설팅*Stout Consulting* 대표 컨설턴트

추세 따라잡기

일상적인 업무를 통해서든 몇 년이 걸리는 장기적인 사업을 통해서든 얼마든지 프로젝트관리 방식의 경향을 따라갈 수 있다. 인터넷을 활용하여 매일 프로젝트관리 진행 사항을 확인할 수 있는 각종 정보들을 얻을 수 있으며, 월례 회의, 잡지, 사보를 통해 관련 소식을 차곡차곡 모을 수도 있다. 분기별로는 다양한 표준 위원회와 프로젝트 경향을 파악하기 위한 벤치마킹 포럼이 개최되며, 해마다 연례 회의를 열어 프로젝트관리의 현황과 전망을 종합한다.

물론 프로젝트관리 변화에 뒤지지 않는 한 가지 방법은 전문 협회와 접촉하는 것이다. 가장 잘 알려져 있는 단체는 미국에 본부를 둔 프로젝트관리 협회(PMI)와 유럽에 본부를 둔 국제 프로젝트관리 협회(IPMA)로, 세계 각지의 단체와 접촉하고 있다. PMI는 멀리 뉴질랜드, 한국과 아라비아 만에까지 지부를 두고 있으며, IPMA는 유럽 협회(기본적으로 한 국가에 협회 하나)들의 연합체로서 역시 세계 각국에 회원 단체를 두고 있다. 그 밖의 국가들도 독자적인 독립 협회를 두고 PMI와 IPMA 같은 국제적인 조직들과 협력 관계를 유지한다. 오스트레일리아, 인도, 남아프리카 공화국의 경우도 마찬가지다.

이러한 전문 프로젝트관리 협회들이 프로젝트관리 추세를 따라가기

위해서는 해야 할 일이 많다. 개인 및 기업의 회원들이 프로젝트관리 추세에 뒤지지 않는 것은 물론, 이보다 앞서야 한다는 필요성 때문에 각 협회들은 특별한 책임의식을 갖고 있다. 이를 위해 그 동안에도 도움이 될 만한 사업을 많이 했지만, 아직도 할 일이 많다. PMI 표준국 이사 빌 던칸*Bill Duncan*은 이렇게 말한다. "프로젝트관리 지식 체계 지침이 10만 부 이상 출간되었는데, 매달 PMI 웹사이트에서 그 지침을 다운로드받기 위해 거의 4천 명 정도가 등록합니다. 우리가 긁어 부스럼을 만들고 있는 게 아닌지 모르겠습니다. 이미 얻은 명성으로 만족해야지요. 마음은 끌립니다만, 우리가 할 일은 아니지요."

세계 각지에서 열리는 프로젝트관리 포럼과 협회의 위원회에서 논의하고 있는 몇 가지 주제들을 소개하면 다음과 같다.

- **전사적 차원의 프로젝트관리 표준** 대부분의 프로젝트관리에 관한 문헌과 안내서는 단일 프로젝트관리에 역점을 두고 있다. 조직이 프로젝트에 의한 관리를 채택함에 따라 조직 차원에서 프로젝트관리를 다루는 안내서가 필요하다.
- **프로젝트관리 성숙도 모델** 11장에서도 논의한 것처럼, 한 조직 내 프로젝트관리 성숙도를 판단하는 매개 변수 정의에 대해 업계 전체에서 합의한 사항은 없다. 몇 가지 모델이 통용되고 있기는 하지만, 업계 전반을 통괄하는 기준을 마련하기 위해서는 전문 조직의 후원을 받아야 한다.
- **프로젝트 관리자 역량** 호주 프로젝트관리 협회(AIPM)와 영국의 프로젝트 관리자 협회(APM)가 프로젝트 관리자의 역량을 설명하는 기준을 발표했다. 그러나 이러한 기준들을 업계 전반에 적용할 것인지 여부에 대해서는 아직 국제적으로 합의된 사항은 없다. 역량 기준에 대해서도 연구가 지속되어야 한다.

- **프로젝트 범주 또는 프로젝트 유형학** 프로젝트 유형학은 건설 프로젝트, 소프트웨어 개발, 조직 개혁 등으로 프로젝트 형태를 분류하고 설명한다. 프로젝트 관리자에게 정식으로 증명서를 발급하기 위해서는 프로젝트 유형학이 정립되어야 한다. 몇몇 산업 분야의 특수한 저서들 중에서 이 문제를 다루고 있기는 하지만 용어를 표준화하기 위해서는 프로젝트관리 협회 전체의 의견이 필요하다.
- **갱신과 확장 분야** 현재의 표준에 대해 주기적으로 이의를 제기하고 이를 갱신해야 한다. 특정 산업체들은 특정 프로젝트 유형에 맞는 표준을 요구하기도 한다. 즉, 앞으로 전문적 관행과 대화를 촉진하기 위해서는 전문 조직 지침이 필요하다.
- **제품 인증** 프로젝트관리 제품 및 서비스 납품 업자들은 공인된 전문 협회로부터 제품을 인증받거나 공식적으로 증명해 주기를 바란다. 그럴 경우 제품을 구입하는 조직들도 자신들의 공급 업체가 정당한 자격을 갖추었다는 사실을 확인하고 신뢰할 수 있다. 그러나 전문 조직 모두 자진하여 제품 인증 서비스를 제공해 주려고 하지 않는다.

위에 열거한 국제 프로젝트관리 협회들의 주요 의제들은 프로젝트관리 적용 분야에서 새로운 장을 만들어 줄 것이다. 프로젝트관리를 핵심 전략 무기로 사용할 조직들에게 있어서 프로젝트관리의 추세를 아는 일은 매우 기초적인 일이며 중요한 일이다. 이를 위한 가장 실질적인 방법은 다른 전문가나 전문 조직을 끊임없이 벤치마킹하는 것이다.

벤치마킹

1994년 이후 세계의 많은 기업들이 '포춘 500 프로젝트관리 포럼'에 참석하고 있다. 이들 기업들은 1년에 3, 4회 회합을 갖고 데이터를 비교하면서 경험담을 주고받는다. PMI로부터 일부 지원을 받는 이 그룹은 주로 포춘 500대 기업들로 이루어져 있다. 노스웨스턴 뮤추얼 라이프, 모토로라, 페덱스, 아메리칸 에어라인, 시티뱅크, 스프린트, AT&T, IBM, 얼라이드 시그널, 엘리 릴리, 후지츠, 인텔, NCR, 나이넥스, 허니웰, 벨 아틀란틱, GM, 듀퐁, EDS 등이 지난 수년간 이 회합에 참석했던 기업들이다. 당시 유에스 웨스트*US West*의 레이 파워스*Ray Powers*와 디즈니랜드의 밥 틸*Bob Teel*이 시작해서 컨설턴트 프랭크 토니*Frank Toney*의 기술 지원을 받은 이 벤치마킹 그룹은 다음 가정을 토대로 했다.

- 연간 매출이 10억에서 1550억 달러에 이르는 대규모 조직의 프로젝트관리에 초점을 둔다. 일반적으로 벤치마킹 포럼에 참여하는 회사들은 프로젝트화된 조직을 위주로 하지 않는다. 다시 말해서 그들은 프로젝트관리를 제품의 생산 수단으로만 이용한다.
- 포럼의 주요 관심사는 상근 관리자를 필요로 하는 대규모 프로젝트이다. 그러므로 이 포럼에는 약한 매트릭스 조직이나 위원회는 포함되지 않는다.

포럼은 수시로 프로젝트관리 협회를 통해 자체 연구한 결과를 발표한다. '대규모 전문 조직들의 프로젝트관리 그룹의 성공 사례'(1997, PMI)라는 제목의 책으로는 처음 발간된 이 연구에는 주요 성공 요인들을 상세히 기록해 놓았는데, 프로젝트관리 종사자들에게는 작업 성과를 올리는 데 참고가 되는 정보를 제공해 주고, 연구원, 전문 강사와 기타 프로젝트관리 전문가들에게는 기본적인 벤치마킹 데이터를 제공해 준다.

벤치마킹을 하는 대부분의 프로젝트들은 '벤치마킹 조직'을 알아내려고 노력하는데, 이러한 조직은 다른 조직이 모방하려는 모델로 이용된다. 기능적 효율성을 높이기 위해 프로젝트 그룹을 이용한다는 생각은 비교적 새로운 것이므로 결론을 이끌어낼 수 있는 일반적으로 인정된 정보는 찾아볼 수 없다. 본 연구의 목표는 다음과 같다.

- 조직원들이 프로젝트관리 리더를 기준으로 자기 조직의 실적을 평가할 수 있도록 벤치마킹 기준을 제공
- 비슷한 상황에 있는 다른 조직들과 비교할 수 있는 데이터 베이스의 생성
- 참여자들이 부딪치는 문제점과 어려운 상황을 규명
- 기능 조직의 프로젝트관리를 성공시키는 주요 성공 요인들과 핵심적 사업 관행을 확인
- 모든 참여 그룹들이 혜택을 받을 수 있도록 지식 체계를 확장
- 개개의 참여자들에게 가치 부여

목표를 향한 벤치마킹

'포춘 500 프로젝트관리 벤치마킹 포럼'의 파급 효과로 정보 기술 프로젝트에 필요한 프로젝트관리 데이터 및 관행을 비교하는 데 관심을 갖는 그룹이 나타났다. 여기에는 정보 기술 완제품 회사와 정보 기술을 주로 사업 수단으로 이용하는 회사 등 두 종류의 회사가 있다. 그 그룹은 정보 기술 프로젝트 분야의 이슈를 목표로 집중적인 토론을 희망했다.

다른 그룹들은 벤치마킹을 목표 접근 방식으로 이용할 수 있다. '미국

건설 기술자 협회*the American Association of Civil Engineers*' 와 '전기 전자 협회*the Institute of Electrical and Electronics*' 같은 조직들은 협회 내에 프로젝트관리 포럼을 두고 있는데, 건설 업계, 소프트웨어 업계와 견적 엔지니어 협회도 마찬가지다. 비공식 네트워크를 통해 업계 정기 간행물에 광고를 게재하거나 인터넷을 통해 독립적인 그룹을 조직할 수도 있다.

프로젝트관리의 확산은 놀랄 일이 아니다

프로젝트관리가 많은 조직들에게 확산되어 간다고 해서 놀랄 일은 아니다. 결국 시간과의 경쟁이 프로젝트의 품격을 정하며, 시작과 끝이 있다는 이 특징 때문에 프로젝트는 다른 일상 업무와 구별된다. 시간은 성공을 평가하는 중요한 측정 수단이 된다. 시간에 쫓기고 정보로 가득찬 이러한 환경은 가속화될 것이며, 신속, 저비용, 효율성 이 세 가지를 만족시키는 제품이 강력한 경쟁적 우위를 보일 것이다. 끊임없이 발전해 가는 추세에 뒤지지 않고 이를 프로젝트관리에 응용하는 기업이 손에 땀을 쥐게 하는 21세기의 시대에서 생존할 수 있을 뿐만 아니라 계속 번창해 나갈 수 있을 것이다.

기업 경쟁력 강화를 위한 새로운 해법, Enterprise Project Management

"프로젝트관리는 한마디로 뭘 말하는가?"

"프로젝트관리자(PM)가 해야 하는 가장 중요한 역할은 무엇인가?"

매번 강연을 할 때마다 받는 질문이다.

"글쎄…? 그 복잡한 걸 한마디로?"

이런 질문을 받을 때마다 역자가 나름대로 생각하고 정리한 것은 "프로젝트관리는 오케스트라 연주이고 프로젝트 관리자는 오케스트라 지휘자"라는 답이다. 오케스트라가 여러 다양한 악기 연주자들의 조화를 통해 아름다운 음악을 만들어내듯, 프로젝트관리도 다양한 자원과 시간, 제약 조건들을 조화시켜 프로젝트의 목표 달성을 위하여 부단히 생각하고 움직이는 것을 의미하는 것이 아닐까 하는 점에서 그렇다. 둘 사이에 다른 점이 있다면 프로젝트는 사전연습이 없이 치르는 실전이라는 것뿐이다.

오랫동안 프로젝트관리 분야에 종사하며 '카오스적인 기업 환경'이라는 말을 실감해 왔다. 기업 환경이 변화무쌍하게 변화해옴에 따라 프로젝트 또한 많은 변화를 거쳐 왔다. 과거에는 전혀 존재하지 않았던 형태의 프로젝트가 생겨나고, 24시간 쉼 없이 진행되는 글로벌 프로젝트 Global Project도 이젠 흔히 볼 수 있다. 이렇듯 급속하게 변화하는 혼돈스러운 기업 환경에서 이제까지의 프로젝트관리 기법이 과연 실효를 거둘 수 있을까 하는 의문이 마음 한구석에 솟아오를 때쯤 역자는 이 책의 저자인 딘스모어 박사가 〈PM Network〉지에 기고한 칼럼을 만났다.

그 순간 이제까지의 의문이 일시에 해소되었다. 몇 편의 칼럼을 읽고 나서 역자는 주저하지 않고 기대에 부풀어 이 책을 주문했다. 단숨에 이 책을 훑어보면서, 그간 단편적으로 정리되지 않은 채 머릿속에 남아 있던 생각이 차곡차곡 정리됨을 느꼈고, 이 책을 번역하여 여러 사람들이 공감할 수 있게 했으면 좋겠다는 욕심이 강하게 일었다.

EPM(Enterprise Project Management , 전사적 프로젝트관리)은 특정한 관리기법이 아니라, 경영 철학이라고 해야 옳을 것같다. EPM을 도입하기 위해서는 조직을 재구성해야 할 뿐 아니라, 업무 처리 방법을 바꾸어가고 기업 활동에 대한 근본적인 생각까지도 바꾸어야 하기 때문이다. 전사적 프로젝트관리는 특정한 소프트웨어를 도입한다거나 전문인력 몇 명을 확보하는 것으로 끝나는 일이 아니다. 대부분의 업무가 프로젝트화되어 있는 오늘날의 조직은 결국 '성공적인 프로젝트관리＝비즈니스 성공' 이라는 등식에 따라 사활이 좌우된다.

문제는 무엇이 성공적인 프로젝트관리를 가능하게 하는가 하는 점이다. 아무리 혼신의 힘을 다해 열심히 한다 해도 동네 축구는 동네 축구일 뿐이다. 프로 세계에 진출하고 더 나아가 국제 대회에 출전하기 위해서는 기초 체력과 기량을 쌓고 전문적인 전술과 전략에 대해 연구하고 탄탄한 팀워크를 구축해야 한다.

이 책 안에는 프로젝트에 참여하는 구성원의 세부적인 개인기와 전술에 대한 얘기보다는, 팀 전체의 기초 체력을 튼튼히 하기 위한 방법과 성공적인 팀을 만들고 유지시키는 방법 , 그리고 이 팀을 통해 성공적인 프로젝트와 비즈니스를 수행하는 지침과 방안이 소개되어 있다. 프로젝트화된 조직의 경영자나 고위 임원들, 상급 매니저가 꼭 알아야 할 내용이 체계적으로 정리되어 있는 것이다.

이 책 안에는 세계 유수 기업이 어떻게 EPM을 도입했고 그를 통해 어떻게 조직적인 대응을 하였는가에 대한 설명이 담겨 있다.

우리나라의 경우 체계적으로 EPM을 도입 · 적용한 사례는 아직 그리 많지는 않지만, 몇몇 선도적 기업들은 이미 도입했거나 도입을 적극적으로 추진중이다. 국내 시중 은행 중에서 가장 선도적으로 외국인 투자에 의한 변화를 시도한 '제일은행'은 EPM 도입의 모범사례로 꼽힌다. 또한 LG CNS와 같은 대규모 시스템 통합 업체들도 수 년간에 걸쳐 PMO(프로그램관리 오피스)조직을 유지하며 전사적 프로젝트관리 기법을 도입 · 운영해 오고 있다. 최근에는 한국전력공사와 같이 전통적인 프로젝트관리에 익숙한 조직들도 EPM을 적극 도입하고 있다.

EPM은 조급한 마음으로 시도한다고 해서 단시일 내에 가시적인 결과를 얻을 수 있는 기법이 아니다. 따라서 이 책은 조직에 새로운 경쟁력을 불어 넣을 수 있는 EPM 기법을 체계적이고 순차적으로 도입하는 데 좋은 길잡이가 될 것이다.

이 책이 번역되어 세상에 태어나기까지 도움을 준 여러분, 특히 프로젝트관리의 중요성을 일찌감치 감지하고, 한국 기업의 경쟁력 향상에 큰 도움이 될 수 있는 이 전략적 경영기법에 눈을 돌려 출간해준 주식회사 한언에 큰 감사를 드린다.

2003년 9월, 옮긴이 박영민

부록 · APPENDIX

◑ 1장

- "The Software Selection Project", 1996년 9월호 《PM network》, PMI의 자넷 캐빈스가 맥스 화이어슈타인과 인터뷰한 내용이다.
- ISO 지침 10006 중 품질관리 항목 프로젝트 품질관리 지침 참고. 자세한 사항은 홈페이지(www. ansi. org)에 접속해 보라.
- PMI 표준 위원회에서 발간한 '프로젝트관리 지식 체계 지침'(Project Management Institute, 1996).
- "The Global Status of the Project Management Profession", 뉴올리언스에서 열린 1995년도 국제 포럼 회의록(Project Management Institute, 1996).
- H. Kent Bowen, Kim B Clark, Charles A 공저, "Make Projects the School for leaders", 1994년 9-10월 《Havard Business Review》.
- '포춘 500 벤치마킹 포럼' 자료는 '포럼' 회의 내용에 대한 필자의 주해를 토대로 했다. 여러 차례 열렸던 이 '포럼'의 결과는 프랭크 토니와 레이 파워스가 공동 집필한 《대규모 전문 조직들의 프로젝트관리 그룹의 성공 사례Best Practices of Project Management Groups in Large Organizations》라는 단행본(Project Management Institute, 1997)에 수록되어 있다.

◑ 2장

- MOBP 개념은 1996년 필자가 《PM Network》에 게재한 "Up and Down the Organization"에서 처음 제시되었다. 1996년 출판된 "On the Leading Edge of Management:Managing Organizations by Projects" 9-11쪽, 1996년 6월 출간된 "Toward Corporate Project Management" 10-13쪽, 1996년 9월 출간된 "Tom Peters is Behind the Times" 10-11쪽.
- "Management of Projects : A Giant Step Beyond Project Management", 1996년 6월 루돌프 보츠낙이 《PM Network》에 게재했다.

◑ 3장

- 프로몬에 관한 자료는 1998년 2월 27일에 카로스 스타이퍼트와의 개인 인터뷰에서 얻은 것이다.
- 프로젝트를 기업의 전략과 일치시킨다는 생각은 필자가 1997년 2월 《PM Network》 17-18쪽에 기고한 칼럼 "Lining up the Corporate Ducks"에서 처음 논의되었다.

❹ 4장

- 경영자 세션의 개요는 1997년 10월 《PM Network》 22-23쪽에 게재된 필자의 정기 기고 "Socking Project Management to Your Organization: First, You've Got to Get Their Attention"에서 처음 공개되었다.

❺ 5장

- 프로젝트 오피스의 여러 가지 형태와 역할은 1997년 9월 《PM Network》 18-19쪽에 게재된 필지의 기고문 "O Give Me a Home"에서 처음 발표되었다.
- 1997년 9월 19일 밀워키에서 열린 'the Forum 500 Project Management Benchmarking'에 참석한 대표들의 개인적인 기록에도 언급되어 있다.

❻ 6장

- 이해관계자에 대한 기초 사항은 1995년 12월 《PM Network》 9-10쪽에 게재된 필자의 기고 문 "Will the Real Stakeholders Please Stand Up?"에서 논의되었다.

❽ 8장

- PMI 표준 위원회가 발간한 '프로젝트관리 지식 체계 지침'(Project Management Institute, 1996).

❾ 9장

- 1997년 11월 17-18일간 마이애미 비치에서 열린 "Transitioning for Maximum Corporate Agility"에 관한 'AMA 실무 포럼'의 주해. IBM의 우수 프로젝트 센터 관리자인 Sue Guthrie의 "Project Management Education:Consistent and Flexible for Bottom-line Value", Hewlett-Packardd의 Randy Englund의 "Creating an Environment for Successful Projects: The Quest to Manage Project Management", Pfizer의 Debbie Hinsel의 "Effectively Building and Managing a Team Culture"가 발표된 주제문 속에 포함되었다.

❿ 10장

- Ron Waller, PMP, "A Project Manager Competency Model", "Proceedings of the 28th Annual Project Management Institute Seminar&Symposium"(Project Management Institute, 1997) 453쪽.
- Lynn Crawford, "Project Management Competence for the Next Century", Proceedings of the 1997 Project Management Institute Seminar & Symposium(Project Management Institute 1997) 411-416쪽.
- APM과 IPMA 모델에 관한 정보는 '프로젝트관리 포럼 웹사이트 www.pmforum.org/prof/standard.htm #CERTIFICATION'(1998. 1. 24.)에 올려진 자료에서 발췌했다.

◯ 11장

- Ron Remy, "Adding Focus to Improvement Efforts with PM3", 1997. 7. 《PM Network》 43-47쪽. Micro-Frames Technologies가 PM3라고 하는 PM 성숙도 모델을 개발했는데, 유사한 5계단식 접근법을 이용한다.
- Anita Fincher, "Projenct Management Maturity Model", Proceedings of the 1997 PMI Seminars&Symposium(Project Management Institute, 1997) 1028-1035쪽.
- Jeannette Cabanis, "760Days and Counting…." 1997.12. 《PM Network》 46쪽.
- Capability Maturity Model for Software, SEI Technical Reports 91-TR-024(1991. 8. Software Engineering Institute).
- C. W. Ibbs&Young-Hoon Kwak 공저, Benchmarking Project Management Organizations. 1998. 2. 《PM Network》 49-53쪽.

◯ 12장

- Danielle McDonald&Abbie Smith 공저, "A Proven Connection:Performance Management and Business Results", 1995. 1-2월호, 〈Compensation & Benefits Review〉 59-64쪽.
- Fred Herzberg, "One More Time:How Do You Motivate Employees?", 〈Harvard Business Review〉, 46, 1(1968) 53-62쪽.
- Dutch Holland&Sanjiv Kumar 공동 투고, "Employee Engagement in Reengineering" 1996. 6월호, 《PM Network》 35-39쪽.

◯ 13장

- Ray Boedecker, "Communications:The Project Manager's Essential Tool", 1997. 12월호 《PM Network》 19-21쪽.
- Bud Baker, "Communication, Commitment, and the Management of Meaning", 1997. 12월호, 《PM Network》 35-36쪽. Baker는 Wright Satate University의 MBA Project Management Program 책임자다.

◯ 14장

- Jeannette Cabanis, "Envisioning the Next Century", 1997. 9월호, 《PM Network》 25-31쪽.
- Paul C. Dinsmore, "Toward a Corporate Project Management Culture:Fast-Tracking Into the Future", Proceedings of the 1997 PMI Seminars&Symposium (1997 Project Management Institute) 447쪽.

프로젝트관리를 지원하는 전문 조직들

프로젝트관리 협회
Project Management Institute, PMI
Four Campus Boulevard Newton Square, Pennsylvania 19073-3299U.S.A.
TEL 610/356-4600, Fax 610/734-4647 E-Mail: pmieo@pmi.org http: www.pmi.org

PMI는 다음 조직들과 협정을 맺고 있다.

AACE International
TEL +304/296-8444, Fax 304/291-5728

호주 프로젝트 관리 협회
Australian Institute of Project
Managers, AIPM
TEL +61/02-9960-0058, Fax +61-02-9960-0052

미국 건설관리 협회
Construction Managment Association of
America, CMAA
TEL +703/356-2622, Fax 703/356-6388

일본 엔지니어링
Engineering Advancement Association
of Japan, ENAA
TEL +81/3-3502-4441, Fax +81-3-3502-5500

산업공학 협회
Institute of Industrial Engineers, IIE
TEL +770/449-0460, Fax 770/263-8532

아일랜드 프로젝트관리 협회
Institute of Project Management, IPM-Ireland
TEL +353/1-661-4677, Fax +353-1-661-3588

국제 프로젝트관리 협회
International Project
Management Association, IPMA
TEL +45/45-76-46-76, Fax +45-45-76-80-20

한국 프로젝트관리 기술협회
Korean Institute of Project
Management and Technology,
PROMAT
TEL +82/2-510-5835, Fax +822-510-5380

실적 관리 협회
Performance Management
Association, PMA
TEL +714/443-0373, Fax 714/443-0374

캐나다 프로젝트관리 협회
Project Management Institute
of Canada
TEL +403/229-9708, Fax 403/281-3068

러시아 프로젝트관리 협회
Russian Project Management
Association, SOVNET
TEL +7/095-133-24-41,
Fax +7/095-131-85-29

서호주 프로젝트관리 협회
Western Australian Project
Management Association, Inc., WAPMA
TEL +619/383-3849, Fax 619/383-3849

이 외에 프로젝트 관련 분야에 있는 다른 많은 조직들에서도 프로젝트관리에 관한 정보를 제공해 주고 있다.
대체로 지역 소재 도서관이나 해외 웹사이트를 탐색하면 다음에 소개하는 조직들과 기타 전문 조직 및
기술 조직들을 바로 접속하여 정보를 수집할 수 있다.

- American Society for Quality Control
- American Society of Civil Engineers
- Construction Industry Institute
- National Association for Purchasing Management
- National Contract Management Association
- Society for Human Resource Management

가능 프로세스 ················· 25
가정 ····························· 230
개선 프로세스 ·················· 25
개인 지도 ·················· 178-181
경력 개발을 기준으로 하는 보수 ··· 216
경영자 세션 ·················· 77-81
경영진과 역량 측정 ·············· 185
　간결한 프로젝트관리 지침 ···· 133-134
　경영진과 프로젝트관리 ····· 125-126
　경영진을 위한 자가 진단 ······ 137-138
　모범 보이기 ·················· 135
　빈틈없이 보이기 ············ 126-131
　원칙 ························· 125
　지속적 교육 ··············· 138-139
　프로젝트 스폰서로서의 경영진의 주요 책임
　························· 135-136
경쟁 ···························· 250
계약과 관련된 질문 ·············· 133
계층 구조 ······················ 144
　계층적 급여 체계 ·············· 214
계획 ······················ 102, 149
　긴급 대책 ···················· 249
　전사적 프로젝트관리에서의 계획 ··· 75
공로 상금 ······················ 216
관계와 권한 ···················· 109
관리 기법에 대한 지식 습득, 원칙 ······ 140
교육
　교육 기법으로서의 개인 지도 ····· 178-181

교육 내용 ··················· 173-177
교육 프로그램 준비하기 ········· 169-172
대화식 프로그램 ·············· 175-177
원칙 ························· 164
자체 개발할 것인가, 외부 전문 기관을 활용할 것
인가? ····················· 172-173
중역들에 대한 교육 계속 ·········· 138-139
특정 분야에 관한 교육 프로그램을 제작할 때 고려
할 요소 ···················· 177-178
프로젝트관리 교육 과정 ········· 166-167
프로젝트관리 교육 프로그램 및 교육 대상 170
훈련이 필요한 그룹 ············ 167-168
교육 프로그램에 필요한 정보 수집 ·········· 169
교육 프로그램의 목표 설정 ·········· 169
교육 프로젝트 ··················· 169
구현 ···························· 76
　비즈니스 계획에서 프로젝트 구현까지 49-51
국제 품질 표준 ··················· 32
국제 프로젝트관리 협회 ·········· 31, 254
권한 ······················ 108-111
균형 성과표 ····················· 60
그레그 헛친스 ··················· 251
그룹 통합 ······················ 177
근대적 프로젝트관리 ·············· 36
근무 교대 ······················ 240
긍정적인 피드백 ················· 222
기능 조직 ······················ 144
　프로젝트 조직과 기능 조직 ········ 32-33

프로젝트화 조직으로의 이행 ·············· 68

기술 ·············· 246

기술을 기준으로 하는 보수 체계 ·············· 218

기업의 비전과 프로젝트, 원칙 ·············· 47

기획 담당 임원 ·············· 99

긴급 대책 ·············· 248

노스웨스턴 뮤추얼 라이프 ·············· 28

논리 전제 탐구 ·············· 230-233

대규모 전문 조직들의 프로젝트관리 그룹의 성공 사례 ·············· 257

대인 관계를 위한 기량 연마 ·············· 110

대화식 프로그램 ·············· 175-177

더치 홀랜드 ·············· 225

데비 힌젤 ·············· 176

독립 프로젝트 팀 ·············· 86-87

돌발 사태 관리 ·············· 63-64

돌발 사태를 알아내기 위한 사전 검토 ·············· 63

동기 유발 ·············· 221-225

딜로이트 앤 투쉬 ·············· 22

레이 보데커 ·············· 228

로버트 뮬러 ·············· 27

루마니아 ·············· 238

루슨트 테크놀로지 ·············· 136

인증 프로그램 ·············· 189

리엔지니어링을 넘어서(햄머) ·············· 24

린 테일러 ·············· 224

마감 시간 ·············· 246

마이크로 프레임의 성숙도 모델 ·············· 206-209

마이클 햄머 ·············· 24, 26

리엔지니어링을 넘어서 ·············· 24, 26

마지 콤브 ·············· 70

마크 호건 ·············· 176

마틴 오셜리반 ·············· 49

매트릭스 조직 ·············· 144

맥스 화이어슈타인 ·············· 29

모리스 타박스블라트 ·············· 69

목표를 둔 벤치마킹 ·············· 258

문화와 의사소통 ·············· 238

문화적 변화 ·············· 73

미국 연방 하원 ·············· 231

미국 정보 기술 협회 ·············· 210

밥 드레슬러 ·············· 252

밥 스토리가드 ·············· 30

방법론 ·············· 104

범세계적 프로젝트관리 ·············· 31-32

범위관리 ·············· 145

범위관리에 관련된 질문 ·············· 131

벤치마킹 ·············· 256-259

설문 ·············· 207

변화 ·············· 243

경영 방식의 변화 ·············· 68

변환 프로세스 ·············· 25

보상 ·············· 214

경력 개발을 기준으로 하는 보수 ·············· 216

기술을 기준으로 하는 보수 ·············· 215-216

원칙 ·············· 214

팀 보상 정책 ·············· 215

보잉 ·············· 237

브루스 테일러 ·············· 251

비즈니스 건전도 평가 ·············· 60

비즈니스 성과 목표 ·············· 73

빌 던칸 ·············· 200, 255

사고방식 ·············· 46

사고방식의 변화 ·············· 34-35

프로젝트관리 사고방식 ·············· 82

사일로 사고 ·············· 34

사전 면담 ·············· 79

사전 설문 조사 ·············· 79

산지브 쿠마 ···································· 225

상황이 다른 경우의 의사소통 ············· 239-240

생산성 ······································· 45

선후행 도형법 ······························· 148

설득 ····························· 65, 74, 75

　이해관계자들 설득하기 ·············· 118-121

세계 프로젝트관리 포럼 ·················· 31

세계화 ··································· 243-244

세드릭 루이스 ····························· 27

소프트웨어 ······························· 247.

　일정 관리용 ························· 29-30

　프로젝트관리용 ························ 43

수 구테리 ································· 90

수호천사 접근법 ························· 52-55

스탠 스미스 ······························· 253

스테판 스프링클 ··························· 22

스티브 와이드너 ··························· 252

스폰서 ···················· 52-56, 135-136

　스폰서와 역량 테스트 ·················· 185

승진 사다리 ······························· 214

시카고 대학교 경영 대학원 ·············· 217

시티뱅크 ···················· 27, 69, 100, 257

실리적인 역점 ····························· 43

아메리칸 에어라인 ························ 100

아메리칸 익스프레스 ·················· 53, 135

아웃소싱 ································· 177

아트 프라이 ······························· 231

안정성 ····································· 224

알란 멀랄리 ······························· 237

앨빈 토플러의 미래의 충격 ·············· 9장

얼라이드시그널 ·················· 27, 100

에드슨 부에노 ····························· 179

역량 모델

　선택 ··························· 189-190

역량 모델에 포함해야 할 대상 ········ 187-190

역량 모델에 포함해야 할 대상 ·········· 187

역량 모델을 프로젝트에 응용 ·········· 188

역량 측정 ······························· 182-184

　역량은 어떤 이점이 있는가 ·········· 185-187

　역량은 측정 가능한가 ·············· 193-195

　원칙 ····································· 182

역량 ······································· 255

　역량과 권한 ························· 108-110

　역량과 프로젝트의 성공 ·············· 190-191

　역량을 갖추는 방법 ·············· 195-196

　역량을 갖추어야 할 사람 ·········· 191-193

　역량이란 무엇인가 ·············· 184-185

역량과 프로젝트의 성공 ·················· 191

영향력 ································· 112-113

예시 접근법 ······························· 176

온라인을 통한 의사소통 ·················· 240

외부 이해관계자 ························· 115

우선 순위 부여 ························· 56-58

운영 담당 임원 ························· 99

워렌 베니스 ······························· 23

원가 산정 ································· 152

원가 예산 편성 ························· 152

원가관리 ································· 151-152

　원가관리와 관련된 질문 ·············· 132

원인 결과 도표 ························· 153

원칙

　교육 ····································· 164

　관리 기법에 대한 지식 습득 ·········· 140

　경영 방식의 변화 ······················ 68

　경영진의 역할 ························· 125

　기업의 비전과 프로젝트 ·············· 47

　보상 정책 ······························· 214

　새로운 프로젝트관리 ·················· 242

역량 …………………………………… 182

의사소통 ……………………………… 228

이해관계자 관리 ……………………… 107

프로젝트관리 성숙도 ………………… 197

프로젝트 지원 오피스 ………………… 84

핵심 에너지 …………………………… 34

위험

식별 …………………………………… 59

평가 ………………………………… 58-60

위험 평가 ……………………………… 58

위험관리 ……………………………… 158

위험관리에 대한 의사결정 트리 접근방식 … 158

윌리엄스 루글스 ……………………… 251

유인책 ………………………………… 217

의사소통 계획 ………………………… 235

의사소통 ……………………………… 74

논리 전제 탐구 …………………… 230-233

데이터, 일치, 헌신에 대한 에너지 수준 측정

……………………………………… 236-237

원칙 ………………………………… 228

의사소통과 관련된 질문 …………… 132

의사소통에 장애가 되는 요인 …… 237-239

의사소통의 질 ……………………… 240

조직의 관점에서 보는 의사소통 …… 235-236

중요성 ……………………………… 228-229

프로젝트의 관점에서 보는 의사소통 234-235

의사소통관리 ………………………… 157

이스라엘 전기 ………………………… 30

이타이푸 비나쵸날 수력 발전 프로젝트 …… 238

이해관계자 관리를 위한 단계별 절차 …… 115-118

이해관계자 ……………… 56, 78, 143

역량 측정의 이점 ………………… 185-187

이해관계자 관리 …………… 107, 108-113

이해관계자 규정 ………………… 107-108

이해관계자는 누구인가 ………… 78, 114-115

이해관계자들에게 프로젝트관리 기법 인지시키기

……………………………………… 120-121

이해관계자에 의한 참여 …… 74-75, 118-120

인적자원관리 ………………………… 155

인적자원관리와 관계된 질문 ……… 133

일관성 ………………………………… 171

일본 …………………………………… 238

일정 계획 ……………………………… 149

일정 관리용 소프트웨어 …………… 29-30

자격증 ………………………………… 186

10장 역량 참조

자원 기획 ……………………………… 152

자원 막대 그래프 …………………… 156

작업 환경 ……………………………… 224

전략

교육 프로젝트 전략 ………………… 169

비즈니스 계획에서 프로젝트 구현까지 … 49-51

프로젝트를 전략과 일치시킴 …… 58, 62-63

전략 계획

전략적 프로젝트 계획 …………… 62-63

프로젝트관리자와 전략 계획 ……… 223

전문 지식을 검증하는 시험 ………… 189

전사적 관리 ………………… 37, 44-46

시스템 ………………………… 21, 42-43

전사적 프로젝트관리 문화 ………… 248

전사적 프로젝트관리 …… 34, 35, 36, 37, 44-46

전사적 프로젝트관리 개요 ………… 175

전사적 프로젝트관리 관점에서 답변해야 할

역량에 관한 질문 ………………… 191

전사적 프로젝트관리로 전환하는 데 따르는 위험

……………………………………… 81-82

전통적 프로젝트관리와 전사적 프로젝트관리의

차이점 …………………………… 39

전사적 프로젝트관리의 단계별 구현 …… 74-77

전사적 프로젝트 관리자의 역량 기준 …… 255

전사적 프로젝트관리의 장려 …… 135-137

전사적 프로젝트관리의 특성 …… 37-40

혼합 형태 …… 100

전사적 프로젝트관리의 단계적 구현 …… 74

전사적인 데이터 뱅크 이용 …… 62

전제에 대한 인식 …… 232

전화 …… 240

절차 …… 104

정량화 …… 59

정치 …… 111-112

제품 인증 …… 256

제프 코리크나이 …… 49

조달관리 …… 159

조직 구도 …… 23

조직 변환 프로젝트 …… 72

조직과 의사소통 …… 235

　조직과 권한 …… 108

　조직의 프로젝트관리 성숙도 …… 197

　프로젝트 조직과 기능 조직 …… 32-33

　프로젝트 포트폴리오 …… 40

존 랄 …… 253

존 페퍼 …… 69

주요 성공 요소 …… 70-73

지식 기반과 권한 …… 109

지식 체계 …… 142-143, 174, 194, 244

　프로젝트관리 지식 체계 과정 …… 174

　프로젝트관리 지식 체계에 의한 질문 사항
　…… 131-133

　프로젝트관리 지식 체계와 프로젝트관리 성숙도 모델
　…… 204

질문 사항

　경영진이 제기할 질문 사항 …… 127-131

프로젝트관리 지식 체계에 의한 질문 사항
…… 131-133

책임 할당 매트릭스 …… 133

체계적인 이해관계자 관리 …… 113

초전도 초대형 입자 가속기 프로젝트 …… 231

최고 경영진의 몫, 프로젝트관리 책임 …… 48-49

출력 역량 …… 195

카네기 멜론 대학교의 능력 성숙도 모델 …… 200-203

칼 아이센버그 …… 48

컴퓨터 …… 103-104

킥오프 워크샵 …… 175

태스크 포스 …… 144

테스트 …… 76

톰 피터스 …… 40, 120. 242

투입 역량 …… 194

팀 보상 문제 …… 177

팀 통합 …… 176

팀 통합을 위한 조직 융화 …… 177

팀원들에 대한 보수 체계 …… 220

팬 스타우트 …… 254

퍼시 바네빅 …… 69

페덱스 …… 100

페이지 카터 …… 253

페트리샤 피터스 …… 49

포스트잇 …… 231

포춘 500 프로젝트관리 벤치마킹 포럼 …… 48, 256

　주요 성공 요소 …… 70

　토의한 내용 …… 43

　프로그램관리 오피스 …… 93

　프로젝트 지원 오피스 …… 88

품질 기능 정렬 …… 56-57

품질관리 …… 152

　품질관리와 관련된 질문 …… 132

프랭크 토니 …… 48, 190

프레더릭 헬츠버그 ·················· 221-222

프로그램 관리 오피스 ··············· 92-95

프로그램 관리 ·························· 27

프로몬 ·································· 64

프로세스 순서도 ······················ 153

프로세스 역량 ························· 195

프로세스관리 ························· 25

프로젝트

  규명 ····························· 21, 22

  모든 일은 프로젝트 ··············· 21

  전략적 프로젝트 계획 ············· 62

  정렬 ··························· 55-63

  프로젝트와 프로세스 ············· 24-28

  프로젝트의 공헌도 ············· 60-62

  프로젝트의 전략적 정렬 ········· 65-67

  헌장 ··························· 63, 66

프로젝트 관리자

  보수 ························· 220-221

  역량 테스트 ····················· 193

  특징 ························· 243-245

  프로젝트 관리자와 의사소통 ······· 234-235

프로젝트 관리자를 위한 명확한 지침 ········· 223

프로젝트 관리자의 개인적 취향 ········ 223-224

프로젝트 관리자의 관리 기법 ····················· 174

프로젝트 관리자의 직위 ··············· 223

프로젝트 단계별로 제기하는 질문 사례 ···· 129-131

프로젝트 목표 ························· 63

프로젝트 분류 체계 ················· 73-74

프로젝트 생명 주기 ··················· 142

  프로젝트 단계별로 제기하는 질문 사례 129-131

프로젝트 생명 주기의 개념 단계에서의 문제점 129

프로젝트 생명주기의 예 ················ 142

프로젝트 수행자들의 역량 수준 ······· 191-193

프로젝트 오피스 ····················· 45

독립 프로젝트 팀 ················· 86-87

원칙 ···························· 84

프로젝트관리 전문센터 ············· 90-92

프로젝트 오피스 만들기 ············ 102-105

프로젝트 지원 오피스 ·············· 87-90

프로젝트 책임자 ················· 95-98

프로젝트 유형학 ······················· 256

프로젝트 일정관리 ················· 148-151

  일정관리에 관련된 질문 ··········· 132

프로젝트 조직 ························ 144

프로젝트 조직과 기능 조직 ·········· 32-33

프로젝트 조직에 관한 AMA 경영자 포럼 ······· 171

프로젝트 참여자들 ···················· 115

프로젝트 책임자(CPO) ··········· 95-98

프로젝트 챔피언 ······················ 114

프로젝트 헌장 ························ 63

프로젝트관리 감사 ···················· 66

프로젝트관리 기초 과정 ············· 166, 174-175

프로젝트관리 성숙도 ··········· 197-199, 255

  경험에 의한 성숙도 측정 ················· 211

  과학적인 접근법인가 아니면 겉핥기식 검토인가

  ···································· 199-200

  성숙도 모델 ················ 200-211

  성숙도의 결정 프로세스 ·········· 210

  성숙도 향상을 위한 다음 단계 ···· 212-213

  원칙 ···························· 197

  특별한 상황 ····················· 208

프로젝트관리 성숙도 모델에서의 정의 단계·····202

프로젝트관리 성숙도 모델의 관리 단계········202

프로젝트관리 성숙도 모델의 반복 단계········ 201

프로젝트관리 성숙도 모델의 초기 단계········ 201

프로젝트관리 성숙도 모델의 최적화 단계······ 203

프로젝트관리 성숙도 범주 ······ 206, 208, 209,

프로젝트관리 성숙도 ··················· 210

프로젝트관리 전문센터 ·················· 90-92

프로젝트관리 지식 체계 지침 ·········· 31, 142

프로젝트관리 지식 체계에 의한 질문 사항 ··· 131

프로젝트관리 협회(PMI) ······ 27, 30, 244, 251

    대규모 전문 조직들의 프로젝트관리 그룹의

    성공 사례 ························· 257

    인증 프로그램 ····················· 189

    프로젝트관리 지식 체계 지침 ········· 142

프로젝트관리 ······························ 9~10장

    간결한 프로젝트관리 지침 ······ 133-134

    경영진과 프로젝트관리 ········· 125-126

    기초 ·························· 142-145

    범세계적 프로젝트관리 ··········· 31-32

    실생활에의 응용 ·············· 179-180

    전사적 프로젝트관리 문화 ··········· 248

    전통적 프로젝트관리와 전사적 프로젝트관리의

    차이점 ····························· 39

    프로젝트관리 기법을 이해관계자들에게 인지시키기

    ·························· 120-121

    프로젝트관리 벤치마킹 설문 사례 ········· 207

    프로젝트관리를 수행해야 하는 부서 ····· 84-85

    프로젝트관리 소프트웨어 ·················· 43

    프로젝트관리 시류 ····················· 27

    프로젝트관리에 관한 전문가 견해 ··· 251-253

    프로젝트관리에 필요한 전문 지식과 기량 ····38

    프로젝트관리 영역의 통합 ·········· 160, 161

    프로젝트관리 원칙 ····················· 21

    프로젝트관리의 형태 ··············· 36-37

    프로젝트관리 추세 ····················· 9

    프로젝트관리 추세 따라잡기 ········· 254-256

프로젝트관리를 지원하는 전문 조직들 ··· 264-265

    그리고 검증된 역량 ·················· 186

프로젝트관리에 관한 영국 표준 ·············· 48

프로젝트관리에 종사하는 여성들 ········ 244-245

프로젝트에 심취한 사람들 ················· 245

프로젝트와 프로세스 ···················· 24-28

프로젝트의 공헌도 계산 ················ 60-62

프로젝트의 전략적 정렬 ············· 65-67, 73

필 콘디트 ······························· 237

하버드 비즈니스 리뷰 ······················ 23

행크 린드버그 ·························· 252

헌신 ··································· 236

헨리 키신저 ···························· 108

현장 학습 ······························· 181

현장감 있는 의사소통 ···················· 239

호주 프로젝트관리 협회 ·················· 193

화상 회의 ······························ 238

활동 순서 규정 ························· 148

훈련 컨설턴트 ·························· 172

훈련을 필요로 하는 사람들 ········· 167-169, 170

휴윗 어소시에이트 ····················· 217

휴렛팩커드 ···························· 172

3M ································ 30, 231

ABB ·························· 29, 69, 70

At&T ··························· 27, 136

DEC 역량 모델 ························· 188

EDS ···················· 44, 48, 100, 134, 243

IBM ···················· 30, 171, 257

    프로젝트 관리자 인증 ················· 189

ISO 10006 품질 관리 ·················· 154

ITAA2000 ··························· 210

johnson Controls ······················ 31

McDonald's Corporation ················· 30

MOBP(프로젝트에 의한 조직 관리) ········ 35, 37

PDCA ······························ 26

PM Network ············ 26, 225, 245, 251

SWOT 분석 ··························· 57

Y2K 전환프로젝트 ················· 186, 208

저자 폴 C. 딘스모어

딘스모어 어소시에이츠 회장. 프로젝트관리와 조직변화에 관한 최고의 전문가로 꼽힌다. 공인된 프로젝트관리 전문가로서 그는 프로젝트관리협회(Project Management Institute, PMI)로부터 여러 차례 공로상을 수상했으며, PMI의 특별 연구원을 겸하고 있다. 북미, 남미, 유럽, 아프리카에 이르기까지 종횡무진 누비면서 프로젝트관리 컨설팅과 강연으로 분주한 그는 《AMA 프로젝트관리 핸드북》을 비롯한 숱한 저서와 논문을 발표하였으며, 현재 리우 데 자네이루에 살고 있다.

역자 박 영 민

프로젝트관리와 관련한 컨설팅, 교육, 소프트웨어 등 솔루션 사업을 추진하고 있는 한국피엠소프트(주)의 대표이사로 재직중이며, 지난 20여 년간 여러 산업의 다양한 프로젝트관리에 대한 경험과 지식을 갖고 있는 프로젝트관리 전문가이다. 한국프로젝트관리 기술회의 이사를 겸하고 있으며, 프로젝트관리 강연과 국제활동을 통해서 정보와 새로운 지식에 대한 교류에 주력하고 있다.

Our Mission

一. 우리는 새로운 지식을 창출, 전파하여 전 인류가 이를 공유케 함으로써 인류문화의 발전과 행복에 이바지한다.

一. 우리는 끊임없이 학습하는 조직으로서 자신과 조직의 발전을 위해 쉼 없이 노력하며, 궁극적으로는 세계적 컨텐츠 그룹을 지향한다.

一. 우리는 정신적, 물질적으로 최고 수준의 복지를 실현하기 위해 노력하며, 명실공히 초일류 사원들의 집합체로서 부끄럼없이 행동한다.

Our Vision   한언은 컨텐츠 기업의 선도적 성공모델이 된다.

저희 한언인들은 위와 같은 사명을 항상 가슴 속에 간직하고
양질의 책을 만들기 위해 최선을 다하고 있습니다.
독자 여러분의 아낌없는 충고와 격려를 부탁드립니다.

- 한언가족 일동 -

HanEon's Mission statement

Our Mission

一. We create and broadcast new knowledge for the advancement and happiness of the whole human race.

一. We do our best to improve ourselves and the organization, with the ultimate goal of striving to be the best content group in the world.

一. We try to realize the highest quality of welfare system in both mental and physical ways and we behave in a manner that reflects our mission as proud members of HanEon Community.

Our Vision   HanEon will be the leading Success Model of the content group.